Der Europäische Rechnungshof –
Rechtsstellung und Befugnisse

Europäische Hochschulschriften Recht

European University Studies in Law

Publications Universitaires Européennes de Droit

Band/Volume **6130**

Karsten-Kristian Heudtlaß

Der Europäische Rechnungshof – Rechtsstellung und Befugnisse

PETER LANG

Bibliografische Information der Deutschen Nationalbibliothek
Die Deutsche Nationalbibliothek verzeichnet diese Publikation in der Deutschen Nationalbibliografie; detaillierte bibliografische Daten sind im Internet über http://dnb.d-nb.de abrufbar.

Zugl.: Hamburg, Univ., Diss., 2019

D 18
ISSN 0531-7312
ISBN 978-3-631-80359-2 (Print)
E-ISBN 978-3-631-80585-5 (E-PDF)
E-ISBN 978-3-631-80586-2 (EPUB)
E-ISBN 978-3-631-80587-9 (MOBI)
DOI 10.3726/b16455

Diese Publikation wurde begutachtet.

www.peterlang.com

Vorwort

Die vorliegende Arbeit hat der Fakultät für Rechtswissenschaft der Universität Hamburg im Jahr 2018 als Dissertation vorgelegen.

Mein Dank gilt meinem Doktorvater Herrn Prof. Dr. Armin Hatje, der die Themenstellung angeregt und die Dissertation betreut hat. Hierbei möchte ich insbesondere seine Unterstützung und seinen wissenschaftlichen Rat bei der Bearbeitung der Dissertation hervorheben, die diese Arbeit ermöglicht und stets vorangebracht haben. Darüber hinaus möchte ich mich bei Herrn Prof. Dr. Thomas Bruha bedanken, der sich dazu bereit erklärt hat, das Zweitgutachten für diese Arbeit zu übernehmen.

Weiterhin möchte ich mich auch bei meinen Gesprächspartnern aus dem Europäischen Rechnungshof sowie dem Bundesrechnungshof und dem Rechnungshof der Freien und Hansestadt Hamburg bedanken, deren Hilfsbereitschaft und Unterstützung maßgeblich zu den Ergebnissen dieser Arbeit beigetragen hat.

Zuletzt gilt mein Dank meiner Lebensgefährtin und meiner Familie, die mich bei meinem Dissertationsvorhaben fortwährend unterstützt, die Arbeit kritisch gelesen und so ebenfalls einen wichtigen Teil zu dieser Dissertation beigetragen haben.

Hamburg, August 2019
Karsten-Kristian Heudtlaß

Inhaltsverzeichnis

Abkürzungsverzeichnis

AEUV	Vertrag über die Arbeitsweise der Europäischen Union
COREPER	Ausschuss der Ständigen Vertretung der Mitgliedstaaten
EAG	Europäische Atomgemeinschaft
ECOFIN	Rat für Wirtschaft und Finanzen
EEF	Europäische Entwicklungsfonds
EFSI	Europäischer Fonds für strategische Investition
EFWZ	Europäischer Fonds für währungspolitische Zusammenarbeit
EGKS	Europäische Gemeinschaft für Kohle und Stahl
EGV	Vertrag über die Gründung der Europäischen Gemeinschaft
EIB	Europäische Investitionsbank
EU	Europäische Union
EuG	Europäisches Gericht erster Instanz
EuGH	Europäischer Gerichtshof
EuP	Europäisches Parlament
EuRH	Europäischer Rechnungshof
EURORAI	Europäische Organisation der Regionalen Externen Institutionen zur Kontrolle des Öffentlichen Finanzwesens
EUROSAI	Europäische Organisation der Obersten Rechnungskontrollbehörden
EUV	Vertrag über die Gründung der Europäischen Union
EZB	Europäische Zentralbank
GASP	Gemeinsame Außen- und Sicherheitspolitik
INTOSAI	Internationale Organisation der Obersten Rechnungskontrollbehörden
ISA	International Standards on Auditing
JASPERS	Gemeinsame Hilfe bei der Unterstützung von Projekten in europäischen Regionen
MFR	Mehrjähriger Finanzrahmen
MUS	Monetary-Unit-Sampling
OLAF	Europäisches Amt für Betrugsbekämpfung
ORKB	Oberste Rechnungskontrollbehörden
SSM	Einheitlicher Bankenaufsichtsmechanismus

„Finanzkontrolle als ‚Treuhänder des Volkes', ‚Sachwalter der Allgemeinheit' und Anwalt der Öffentlichkeit."[1]

1 *Blasius,* DÖV 1988, 819, 823

I. Einleitung

Die Finanzkontrolle eines Staates oder im Falle der Europäischen Union eines Staatenverbundes teilt sich in die interne und die externe Finanzkontrolle auf.[2] Die interne Finanzkontrolle befindet sich dabei innerhalb der zu kontrollierenden Einrichtung oder Institution selbst.[3] Die externe Finanzkontrolle gehört dagegen nicht der zu kontrollierenden Einrichtung oder Institution an, sondern ist eine separate Kontrolleinrichtung innerhalb der Verfassungsstruktur eines Staates.[4] Hinsichtlich der internen Finanzkontrolle ist die Unabhängigkeit bestmöglich zu gewährleisten, wobei eine organisatorische Abhängigkeit durch die Zugehörigkeit zu der kontrollierten Einrichtung oder Institution unvermeidbar ist.[5] Primäraufgabe der externen Finanzkontrolle ist es, die Funktionsfähigkeit der internen Finanzkontrolle zu kontrollieren und festzustellen.[6] So funktioniert ein effektives Finanzkontrollsystem nur in einem Wechselspiel zwischen interner und externer Finanzkontrolle. Die externe Finanzkontrolle dürfte dabei entscheidenden Anteil an der letztendlichen Gewährleistung der Haushaltszuverlässigkeit eines Staates haben. Die Finanzkontrolle ist dabei ein „unerlässlicher Bestandteil eines Regelsystems, [um] Abweichungen von der Norm und Verletzungen der Grundsätze der Gesetzmäßigkeit, der Wirtschaftlichkeit, der Zweckmäßigkeit und der Sparsamkeit der Gebarung so rechtzeitig aufzuzeigen, dass korrektive Maßnahmen im einzelnen Fall ergriffen, die verantwortlichen Organe haftend gemacht, Schadensersatz erlangt oder Maßnahmen ergriffen werden können, die eine Wiederholung derartiger Verstöße in der Zukunft verhindern oder zumindest erschweren."[7] Finanzkontrolle trägt innerhalb der Verfassungsstruktur eines Staates folglich vordergründig der ordnungsgemäßen Mittelverwendung Rechnung und schafft darüber hinaus eine Transparenz der Mittelverwendung, die eine Korrektur umgehend ermöglichen soll. So kann eine „sachgerechte und wirksame Verwendung öffentlicher Mittel, das Streben nach

---

2 Eine vertiefende Differenzierung und Entwicklung von interner und externer Finanzkontrolle ist zu finden bei *Edds* in: Geist, State audit, S. 164ff.

3 Vgl. § 3 Nr. 1 der Deklaration von Lima, abrufbar unter (Stand 10.10.2018): http://www.intosai.org/issai-executive-summaries/detail/detail/News/issai-1-the-lima-declaration.html.

4 Ebd.

5 Vgl. § 3 Nr. 2 der Deklaration von Lima.

6 Vgl. § 3 Nr. 3 der Deklaration von Lima.

7 § 1 der Deklaration von Lima.

einer straffen Wirtschaftsführung, die Ordnungsmäßigkeit der Verwaltungstätigkeit und die Information sowohl der staatlichen Stellen als auch der Öffentlichkeit durch die Veröffentlichung von objektiven Berichten für die Stabilität und Fortentwicklung der Staaten"[8] dienen. Darüber hinaus schafft eine „ordnungsgemäße und rationelle Verwendung öffentlicher Mittel eine der wesentlichen Voraussetzungen für die richtige Handhabung der öffentlichen Finanzen und die Wirksamkeit der von den zuständigen Behörden getroffenen Entscheidungen."[9]

Der Europäische Rechnungshof ist das Leitorgan der europäischen externen Finanzkontrolle.[10] Er blickt mittlerweile auf eine Entwicklung von 40 Jahren zurück, in denen sich die Europäische Union selbst und die Bedeutung von Finanzkontrolle auf europäischer Ebene erheblich weiterentwickelt haben. In Zusammenhang mit dem EuRH lässt sich die Bezeichnung des „Hüters der Finanzen"[11] finden. Dies ist eine Bezeichnung, die sich bei den Organen der EU häufiger wiederfindet.[12] Schon diese Tatsache vermittelt den Eindruck, dass die Finanzkontrolle in der EU einen besonderen Stellenwert hat. Unterstützt wird dieser Eindruck darüber hinaus durch die Stellung des EuRH als eines der obersten Unionsorgane.[13] Dieser Status ist für ein Rechnungsprüfungsorgan nicht selbstverständlich; so gehören Rechnungsprüfungsorgane in den Mitgliedstaaten nicht immer zu den obersten Staatsorganen. An dieser Stelle sei nur auf den Bundesrechnungshof verwiesen, der eine Art Zwischenstellung zwischen Verfassungsorgan, oberstem Bundesorgan und einer einfachen Verwaltungsbehörde einnimmt.[14]

Diese Arbeit soll nach 40 Jahren europäischer Finanzkontrolle durch den EuRH die Struktur, die Befugnisse und die Prüfung des EuRH näher beleuchten.

---

8 Präambel der Deklaration von Lima; zur Bedeutung der Öffentlichkeit und der Veröffentlichung von Prüfungsberichten siehe *von Mutius* in: Zavelberg, Kontrolle der Staatsfinanzen, S. 312ff.; *Friedmann* in: Piehl, Europa in Ostdeutschland, S. 265.

9 Ebd.

10 *Aigner*, ZParl 1978, 186, 187.

11 Vgl. dazu die Darstellung des EuRH auf seiner Internetseite, wo die Bezeichnung „Hüter der Finanzen" auf jeder Seite erscheint, abrufbar unter (Stand 10.10.2018): http://www.eca.europa.eu/de/Pages/ecadefault.aspx.

12 Vgl. so zum Beispiel die Kommission als „Hüterin der Verträge", *Martenczuk* in: Grabitz u. a., EUV/AEUV Kommentar, Art. 17 AEUV Rn. 15ff.; *Schmidt/Schmitt von Sydow* in: Groeben u. a., Europäisches Unionsrecht, Band 1 Kommentar Art. 17 EUV, Rn. 32ff.

13 Vgl. Art. 10 Abs. 1 EUV.

14 Vgl. zu der Problematik: *Butzer* in: Hillgruber u. a., BeckOK GG, Art. 114 GG Rn. 12; *Kube* in: Maunz u. a., Grundgesetz Kommentar, Art. 114 GG Rn. 62f.

Dabei soll nach einer kurzen Darstellung der Entstehung des EuRH und seiner Entwicklung über die letzten 40 Jahre die rechtliche Einordnung in das europäische Organgefüge im Vordergrund stehen. Im zweiten Teil sollen die konkreten Befugnisse des EuRH bei der Rechnungsprüfung herausgearbeitet und analysiert werden, wie der EuRH im Rahmen dieser rechtlichen Voraussetzungen arbeitet und seine Rolle im Verfassungsgefüge der Europäischen Union ausfüllt.

Als Grundlage dieser Arbeit sollen einerseits die einschlägige Literatur wie auch vor allem die Veröffentlichungen des EuRH selbst dienen. Tatsächlich beschäftigen sich zahlreiche Autoren mit den rechtlichen Voraussetzungen, die hinsichtlich des EuRH durch den europäischen Gesetzgeber getroffen wurden. Rechtliche Befugnisse sind zwar elementar zur effektiven Aufgabenwahrnehmung, entscheidend dürfte jedoch sein, inwieweit die rechtlichen Voraussetzungen nationalen Finanzkontrollstandards genügen und inwieweit sich die rechtlichen Festsetzungen bei der Aufgabenwahrnehmung in die Realität umsetzen lassen. Exemplarisch dürfte dafür einerseits die Unabhängigkeit der Mitglieder des EuRH sein. Hier lässt sich an keiner Stelle eine Analyse finden, die die Schwächen der europäischen Unabhängigkeitsregelungen konsequent aufdeckt, bewertet und diese auch einem Vergleich mit internationalen Finanzkontrollstandards unterzieht, um letztlich bewerten zu können, ob die Unabhängigkeit der Mitglieder des EuRH rechtlich und tatsächlich vollständig gewährleistet ist. Andererseits wird beispielsweise im Rahmen der Befugnisse immer wieder auf die vertrauensvolle Zusammenarbeit mit den Mitgliedstaaten verwiesen, wie sie mittlerweile in Art. 287 Abs. 3 AEUV geregelt ist. Offen bleibt jedoch die Frage, inwieweit eine solche in der Realität überhaupt besteht, was für eine Rolle sie für die Arbeit des EuRH spielt und inwiefern sich seit der Gründung des EuRH die Zusammenarbeit zwischen den Rechnungsprüfungsbehörden weiterentwickelt hat. Während die Literatur als Grundlage dient, sollen Einblicke inform von Gesprächen mit Mitgliedern des EuRH und nationaler Rechnungsprüfungsbehörden dazu dienen, die rechtlichen Voraussetzungen mit den tatsächlichen Gegebenheiten und Abläufen vergleichen zu können. Gezielte Gespräche mit Mitgliedern des EuRH sowie auch nationaler Rechnungshöfe und in diesen gewonnene Einblicke in den Prüfungsablauf des EuRH vor Ort sollen dazu dienen, die Rechtsstellung und die Befugnisse des EuRH näher zu beleuchten und damit über die Analysen der bisherigen Literatur hinauszugehen. Immer wieder wird sich in dieser Arbeit folglich in den Feststellungen auf Äußerungen und Eindrücke bezogen, die durch die geführten Gespräche und erhaltenen Einblicke im EuRH und in den Gesprächen mit Mitgliedern nationaler Rechnungsprüfungsbehörden gewonnen wurden. Eine ausdrückliche Nennung der Interviewpartner soll dabei nicht geschehen, vor allem auch um in den Gesprächen möglichst umfangreiche und ungefilterte Erkenntnisse zu gewinnen, die in dieser Arbeit genutzt werden sollen.

Der EuRH ist ein Organ, das sich über 40 Jahre seines Bestehens rechtlich und tatsächlich immens weiterentwickelt hat; eine Fortentwicklung, die sich in der sich stetig weiterentwickelnden Normierung der EU wiederspiegelt. Aufgrund des wachsenden Haushalts der EU ist davon auszugehen, dass der EuRH in der Zukunft eine große Bedeutung für die EU und die Transparenz der europäischen Mittelverwaltung einnehmen wird. Daher sollen in dieser Arbeit die Stärken und Schwächen der europäischen Finanzkontrolle beleuchtet werden und aufgezeigt werden, an welchen Stellen noch Weiterentwicklungsmöglichkeiten und Nachbesserungsbedarf besteht.

1. Externe Finanzkontrolle in der Europäischen Union

Der EuRH ist ein Organ, das erheblich weniger im Vordergrund europäischer Aufmerksamkeit steht als beispielsweise die Kommission oder das EuP. Daher gilt es im ersten Teil dieser Arbeit vor allem herauszuarbeiten, inwieweit sich die rechtliche und tatsächliche Bedeutung des EuRH im Laufe der letzten 40 Jahre verändert hat. Die Einnahmen und die Ausgaben der Europäischen Union beliefen sich im Jahr 2014 jeweils auf ungefähr 143 Milliarden Euro.[15] Auch wenn das nur ungefähr 1 Prozent der jährlichen Wirtschaftsleistung der Mitglieder der EU ausmacht,[16] hat sich der Haushaltsrahmen der EU um ein Vielfaches vergrößert. Kurz nach Einführung des EuRH lagen die Einnahmen und Ausgaben der EU im Jahr 1978 jeweils bei umgerechnet ungefähr 12 Milliarden Euro.[17] Die Zahlen lassen sich aufgrund der wachsenden Anzahl von Mitgliedstaaten und einer fortschreitenden europäischen Entwicklung nur eingeschränkt vergleichen, verdeutlichen jedoch, dass die Europäische Union einen stark gestiegenen und immer noch weiter steigenden Haushalt zu verwalten hat. Ein Großteil des Haushaltes fließt dabei in die Mitgliedstaaten zurück,[18] um vor allem gezielt

---

15 Vgl. die Haushaltsangaben der EU, abrufbar unter (Stand 10.10.2018): http://ec.europa.eu/budget/figures/interactive/index_de.cfm.

16 Vgl. *Magiera* in: Grabitz u. a., EUV/AEUV Kommentar, Art 311 AEUV Rn. 32; *Niedobitek* in: Streinz u. a., EUV/AEUV Kommentar, Art. 311 AEUV Rn. 30.

17 Siehe Anhang 4 im EU-Haushalt 2008 Finanzbericht, S. 93, die Rechnungseinheit ECU wird dabei im Verhältnis 1:1 in Euro umgerechnet.

18 Nach Angaben der Europäischen Union fließt 94 Prozent des Haushaltes unmittelbar und mittelbar zurück an die Mitgliedstaaten zur Förderung von Programmen und Projekten, während nur 6 Prozent der Ausgaben für die Verwaltung in der EU verwendet werden, Informationen abrufbar unter (Stand 10.10.2018): https://ec.europa.eu/

strukturschwächere Gebiete, die einheimische Wirtschaft, Forschung und Technologie in der Europäischen Union sowie natürliche Ressourcen zu fördern und alles in allem die Wettbewerbsfähigkeit Europas im internationalen Vergleich zu steigern.[19] Vor 1977 wurde die externe Kontrolle[20] europäischer Finanzen durch den Kontrollausschuss sowie den Rechnungsprüfer der Europäischen Gemeinschaft für Kohle und Stahl ausgeübt.[21] In den Mitgliedstaaten wurden die nationalen Rechnungshöfe tätig.[22] Der EuRH wurde im Jahr 1975 gegründet,[23] nachdem die Idee der Einrichtung eines übergeordneten Rechnungsprüfungsorgans bereits 1973 durch das Europäische Parlament eingebracht worden war.[24] Der Haushalt der Europäischen Gemeinschaft begann sich zu dieser Zeit auf Eigeneinnahmen zu stützen[25] und so war der Ruf nach einer eigenständigen, den nationalen Standards vergleichbaren Finanzkontrolle eine logische Folge. Der EuRH hatte zum Zeitpunkt seiner Gründung keine organschaftliche Stellung[26] und kann wohl als erster Schritt zu einer intensiveren gemeinsamen europäischen Finanzkontrolle gedeutet werden. Die stetige Vergrößerung der finanziellen europäischen Ressourcen ließ den Ruf nach einer entsprechend qualifiziert

---

germany/eu60/verwaltungsmoloch_de ; Daraus resultiert, dass Schwierigkeiten häufig auch bei der Mittelvergabe und-verwaltung in den Mitgliedstaaten auszumachen sind, vgl. dazu *Friedmann* in: Piehl, Europa in Ostdeutschland, S. 266f.

19 Hinsichtlich der Ausgabenbereiche der EU empfiehlt sich ein Blick auf die Prüfungsgebiete des EuRH, der im Rahmen seines Jahresberichtes eine Unterteilung der verschiedenen und wichtigsten Ausgabenbereiche vornimmt.

20 Vgl. zur Unterscheidung von interner und externer Kontrolle: *Waldhoff* in: Calliess u. a., EUV/AEUV Kommentar, Art. 285 AEUV Rn. 2; *Bieber* in: Groeben u. a., Europäisches Unionsrecht, Band 4 Kommentar, Art. 287 AEUV Rn. 3ff.

21 Vgl. *Aigner*, Plädoyer für einen Europäischen Rechnungshof, S. 15; *Ehlermann*, Der Europäische Rechnungshof, S. 10ff.; *Laffan*, J. Common Mark. Stud. 1999, 251, 254.

22 Vgl. *Aigner*, Plädoyer für einen Europäischen Rechnungshof, S. 15.

23 Gründung des Rechnungshofes durch Vertrag zur Änderung bestimmter Finanzvorschriften, ABl. der Europäischen Gemeinschaften Nr. L 359/1 vom 31.12.1977; der Europäische Rechnungshof nahm seine Tätigkeit schließlich im Jahr 1977 auf, vgl. dazu *Theato/Graf*, Das Europäische Parlament und der Haushalt der Europäischen Gemeinschaft, S. 110.

24 Vgl. *Ehlermann*, Der Europäische Rechnungshof, S. 16; *Laffan*, J. Common Mark. Stud. 1999, 251, 254; *Inghelram*, Common Mark. Law Rev. 2000, 129, 129.

25 Vgl. *Freytag*, Der Europäische Rechnungshof, S. 89; *Laffan*, J. Common Mark. Stud. 1999, 251, 259; *Mader*, Verteidigungsrechte im europäischen Gemeinschaftsverwaltungsverfahren, S. 289.

26 Den Organstatus erlangte der Europäische Rechnungshof erst im Rahmen des Vertrags von Maastricht.

ausgestalteten Finanzkontrolle lauter werden.[27] Im Laufe der Jahre gewann der EuRH als Kontrollorgan zunehmend an Bedeutung. Dies führte im Jahr 1993 innerhalb des Vertrags von Maastricht dazu, dass der EuRH zu einem gleichberechtigten Organ der Union wurde.[28] Diese rechtliche und politische Aufwertung wurde durch den Vertrag von Amsterdam weiter vertieft, indem die durch die organschaftliche Stellung des EuRH bereits implizierte Aktivlegitimation vor dem EuGH vertraglich niedergelegt wurde.[29] Der EuRH war nun also auch vertraglich ermächtigt, Verfahren vor dem EuGH anzustrengen.

2. Grundprinzipien und Aufgaben des Europäischen Rechnungshofes

Der EuRH ist ein Organ, dessen Aufgaben sich grundlegend von denen anderer Organe unterscheiden. Er hat als Rechnungsprüfungsbehörde in der EU keinerlei eigene gestaltende Befugnisse.[30] Er ist das unabhängige finanzielle Kontrollorgan der Europäischen Union, das vollumfänglich und unabhängig alle finanziellen Vorgänge, bei denen Geld der Gemeinschaft betroffen ist, systematisch kontrolliert und überprüft. Dabei ist der EuRH als unabhängiger Zuarbeiter des EuP tätig,[31] das im Rahmen seiner Haushaltskontrollbefugnisse ohne die Stellungnahmen und Kontrollen des EuRH seinen Aufgaben gar nicht ausreichend nachkommen könnte. Gerade diese unabhängige Stellung des EuRH macht eine Einordnung in das Gewaltengefüge der EU schwer, schließlich handelt es sich beim EuRH weder um ein klassisches Legislativ-, noch ein Exekutivorgan und, auch wenn der Name es zumindest vermuten lassen könnte,[32] ist der EuRH ebenso kein Judikativorgan.

---

27 Vgl. *Desmond*, Managing the finances of the European Union, S. 5.; *Ehlermann*, Der Europäische Rechnungshof, S. 16.

28 Vgl. *Friedmann*, Der Europäische Rechnungshof und die Wirtschafts- und Finanzhilfen der EU für Mittel- und Osteuropa, S. 21; *Harden u. a.*, Eur. Public Law 1995, 599, 600; *Inghelram*, Common Mark. Law Rev. 2000, 129, 130; *Laffan*, J. Common Mark. Stud. 1999, 251, 263.

29 Vgl. *Friedrich/Inghelram*, DÖV 1999, 669, 673f.

30 Vgl. *Schneider*, Externe Finanzkontrolle in Deutschland, S. 3.

31 In diesem Zusammenhang soll keinerlei Abhängigkeit zum EuP festgestellt werden, sondern es wird sich lediglich auf das kooperative Verhältnis von EuRH und EuP bezogen.

32 Vgl. dazu vor allem die englische Bezeichnung des „Court of Auditors".

Schon auf mitgliedstaatlicher Ebene ergeben sich bei der Einordnung der Finanzkontrollorgane Probleme hinsichtlich einer eindeutigen Zuordnung.[33] Die Einordnung von Rechnungshöfen war schon immer eine kontrovers geführte Diskussion, in der bis heute verschiedenste Einordnungen vertreten werden. Mit Blick auf die nationalen Rechnungsprüfungsbehörden in den einzelnen Mitgliedstaaten muss man feststellen, dass die nationalen Ausprägungen verschiedene Einordnungen der jeweiligen Rechnungsprüfungsbehörden zulassen. Teilweise sind die Rechnungshöfe in einigen Mitgliedstaaten als Teil der Judikative tätig.[34] In anderen Mitgliedstaaten stellt sich dagegen eine eindeutige Zuordnung der Rechnungshöfe als schwierig heraus, da die Rechnungshöfe Aufgaben der Exekutive und Legislative vereinen.

In dieser Arbeit soll eine Einordnung des EuRH vorgenommen werden, die einerseits die Rechtsstellung des EuRH im Verhältnis zu den anderen Unionsorganen und andererseits auch das Verhältnis gegenüber nationalen Rechnungsprüfungsbehörden verdeutlicht. Im Vordergrund der dogmatischen Einordnung des EuRH soll vor allem eine funktionelle Betrachtung des EuRH stehen. Dabei sollen die Funktionen des EuRH im Organgefüge der EU herausgearbeitet werden, um die Funktion von Rechnungshöfen generell und die Funktion des EuRH innerhalb der EU in die Gewaltenteilungsstruktur einzuordnen. Die Frage, die sich diesbezüglich geradezu aufdrängt, ist, welche Funktion der EuRH innerhalb der EU einnimmt und wie sich diese im Laufe der Jahre verändert hat, sodass ihm beispielsweise eine organschaftliche Stellung zuerkannt worden ist? Darüber hinaus gibt eine funktionelle Einordnung Aufschluss über die Bedeutung der externen Finanzkontrolle innerhalb der EU, die diese im Laufe der Zeit gewonnen hat.

Daneben soll auch die Stellung des einzelnen Rechnungsprüfers in der EU untersucht werden. Im Zentrum der Regelungen in den Art. 285 ff. AEUV steht die Unabhängigkeit des EuRH und seiner Mitglieder, für die Mitglieder darüber hinaus konkretisiert in ihrer Weisungsunabhängigkeit und Inkompatibilität.[35]

---

33 Vgl. bezüglich der Problematik des Bundesrechnungshofes bei: *Kube* in: Maunz u. a., Grundgesetz Kommentar, Art. 114 GG Rn. 59ff; *Butzer* in: Hillgruber u. a., BeckOK GG, Art. 114 GG Rn. 13.

34 So beispielsweise in Griechenland, siehe dazu Art. 94 Abs. 1 sowie Art. 98 der griechischen Verfassung, oder Italien, siehe dazu Art. 103 Abs. 2 der italienischen Verfassung, sowie die judikativen Ausprägungen des spanischen Rechnungshofes in Art. 136 Abs. 2 S. 2 der spanischen Verfassung, vgl. zur Einordnung näher *Bergel*, Rechnungshöfe als vierte Staatsgewalt?, S. 133f.

35 Vgl. Art. 286 Abs. 3 u. 4 AEUV.

In diesem Teil soll im Fokus stehen, inwieweit die Unabhängigkeit der einzelnen Rechnungsprüfer im Rahmen der rechtlichen Voraussetzungen umgesetzt werden konnte und auch den Anforderungen internationaler Rechnungsprüfungsstandards entspricht. Hierbei sollen vor allem noch bestehende Schwächen der Unabhängigkeit der Mitglieder des EuRH auf europäischer Ebene herausgearbeitet werden.

Konkret ist die Aufgabe des EuRH, dessen Mitglieder durch den Rat ernannt werden, die Überprüfung der Ausgaben und Einnahmen der Europäischen Union auf Rechtmäßigkeit, Ordnungsmäßigkeit und Wirtschaftlichkeit. Das sind Begriffe, die den internationalen Standards der Rechnungsprüfung entsprechen.[36] Zweck ist es, eine größtmögliche Transparenz des Unionshaushaltes für den einzelnen Unionsbürger zu schaffen und eine effektive Mittelverwendung zu gewährleisten.[37]

Die Unabhängigkeit der Mitglieder des EuRH stellt eine der zentralen Eigenschaften dar. Sie teilt sich nach der gesetzgeberischen Vorstellung in eine persönliche, sachliche und wirtschaftliche Unabhängigkeit.[38] Verankert ist diese einerseits in Art. 285 Abs. 2 S. 2 AEUV und andererseits vertiefend in Art. 286 Abs. 3, Abs. 4 AEUV. Dabei dürfen Mitglieder des EuRH Weisungen einer Regierung oder einer anderen Stelle nicht entgegennehmen und darüber hinaus keiner entgeltlichen oder unentgeltlichen Tätigkeit neben der Rechnungshoftätigkeit nachgehen. Damit sollen jegliche Interessenskonflikte, die durch eine andere Tätigkeit hervorgerufen werden könnten, vermieden werden. Einzuordnen wäre diese Regelung als Ausgestaltung der persönlichen und sachlichen Unabhängigkeit. Generell ist dies natürlich insofern notwendig, als ein Kontrollorgan wie der EuRH nur dann effizient arbeiten kann, wenn dieser nicht Interessen anderer berücksichtigt und bereit ist andere Unionsorgane, Mitgliedstaaten und auch Private, die Unionsgelder erhalten, ausnahmslos zu kontrollieren. Auch nationale Rechnungshöfe nehmen ihre Aufgaben daher in vollständiger Unabhängigkeit wahr.[39] Fraglich bleibt, inwieweit diese Unabhängigkeit abseits der bloßen Formulierung und der eher selbstverständlich erscheinenden Grundsätze aus Art. 286 AEUV tatsächlich gewährleistet werden kann und inwieweit der EuRH dabei an mitgliedstaatliche Standards anknüpft. Mögliche Defizite der

36 Vgl. § 4 Nr. 3 der Deklaration von Lima.

37 Vgl. § 1 der Deklaration von Lima.

38 So unterscheiden auch *Niedobitek* in: Streinz u. a., EUV/AEUV Kommentar, Art. 286 AEUV Rn. 6; *Brück/Kühne*, DÖV 1977, 24.

39 Vgl. zu den Unabhängigkeitsanforderungen §§ 5–7 der Deklaration von Lima.

Unabhängigkeit sollen im weiteren Verlauf noch eine Rolle spielen. Die Unabhängigkeit der Mitglieder des EuRH könnte beispielsweise durch eine Abhängigkeit vom Rat gefährdet sein. Schließlich werden die Mitglieder gemäß Art. 286 Abs. 2 AEUV des EuRH durch den Rat ernannt und auch eine Wiederernennung ist möglich.[40] Hierin liegt nur ein Ansatz, der dazu geeignet erscheint, genau solche persönlichen Abhängigkeiten entstehen zu lassen, die durch die Vorschrift des Art. 286 AEUV gerade vermieden werden sollen. Es stellt sich dementsprechend die Frage, ob gewisse Defizite im Rahmen der Unabhängigkeit vielleicht auch hinzunehmen sind oder innerhalb der Befugnisse des EuRH keine entscheidende Rolle spielen, da eine unabhängige Finanzkontrolle trotzdem gewährleistet ist und daneben auch nationalen Standards entsprochen wird.

3. Prüfungsablauf des Europäischen Rechnungshofes

Des Weiteren soll der Prozess der Rechnungsprüfung und Finanzkontrolle durch den EuRH näher beleuchtet werden. Dabei stellt sich die Frage, in welcher Weise neben den Kontrollmöglichkeiten gegenüber anderen Unionsorganen und Institutionen auch die Mitgliedstaaten und insbesondere Private, die Unionsgelder erhalten, von der Kontrollmöglichkeit des EuRH erfasst und vor allem wie diese Befugnisse in der Realität umgesetzt werden. An dieser Stelle könnten sich einerseits Konkurrenzprobleme zwischen dem EuRH und den nationalen Rechnungshöfen ergeben und darüber hinaus die Mitgliedstaaten oder Private den Zugang zu erforderlichen Informationen und Unterlagen verweigern.[41] In Art. 287 Abs. 3 UAbs. 1 S. 3 AEUV formuliert der Gesetzgeber, dass der EuRH und nationale Rechnungshöfe vertrauensvoll zusammenarbeiten sollen.[42] Grundsätzlich können nationale Rechnungshöfe nach Art. 287 Abs. 3 UAbs. 1 S. 4 AEUV aber entscheiden, ob sie an einer Prüfung des EuRH teilnehmen wollen. Diese Formulierung erscheint als Kompromiss zugunsten der nationalen Rechnungshöfe unter Wahrung ihrer Unabhängigkeit gedacht,

---

40 Siehe dazu *Magiera* in: Grabitz u. a., EUV/AEUV Kommentar, Art. 286 AEUV Rn. 5. *Graf*, Die Finanzkontrolle der Europäischen Gemeinschaft, S. 75; *Ternes*, Die Finanzkontrolle in der Europäischen Gemeinschaft, S. 55.

41 Vgl. Urteil des EuGH vom 15.11.2011 - C-539/09, Rn. 23., zur Verweigerung Deutschlands auf Prüfungsanfrage des EuRH für einen Kontrollbesuch zur Kontrolle der Mehrwertsteuereinnahmen der BRD.

42 Bereits 1978 sah *Heinrich Aigner* das Zusammenarbeiten des EuRH und der mitgliedstaatlichen Finanzkontrolle als unabdingliche Voraussetzung für eine erfolgreiche Finanzkontrolle des EuRH, vgl. *Aigner*, ZParl 1978, 186, 191.

damit diese einerseits bei einer Prüfung im eigenen Zuständigkeitsbereich nicht übergangen werden können und keine Kompetenzverkürzung stattfindet und andererseits wiederum nicht verpflichtet sind, sich an der Prüfung des EuRH beteiligen zu müssen. Es stellt sich jedoch diesbezüglich die Frage, ob nicht möglicherweise umgekehrt sogar eine Mitwirkungspflicht der nationalen Rechnungshöfe zugunsten des EuRH besteht oder zumindest bestehen müsste, damit der EuRH seine Befugnisse vollumfänglich ausüben kann. Die Formulierung der vertrauensvollen Zusammenarbeit erscheint in diesem Zusammenhang unbestimmt und auslegungsbedürftig und es dürfte die Frage bleiben, welche Rolle die Zusammenarbeit der Rechnungshöfe in der europäischen Haushaltskontrolle tatsächlich spielt.

Fraglich ist, ob der EuRH in seiner Arbeit nicht von den nationalen Kontrollbehörden abhängig ist. Schließlich besteht für den EuRH zwar die Möglichkeit an Ort und Stelle und somit auch eigenständig zu kontrollieren, der Umfang einer solchen Kontrolle dürfte jedoch sehr zeit- und ressourcenaufwendig sein. Deutlich praxisrelevanter erscheint es demnach, dass der EuRH in mancher Angelegenheit die Möglichkeit wahrnimmt, sich relevante Unterlagen aushändigen zu lassen und diese nicht vor Ort zu kontrollieren. Dabei scheint es jedoch durchaus sinnvoll und notwendig, den Weg zu diesen Unterlagen über die nationalen Kontrollbehörden zu gehen und im Übrigen Kontrollergebnisse der nationalen Rechnungskontrollbehörden zu berücksichtigen und zu verwenden. Haben diese jedoch keine Mitwirkungspflicht, dann dürfte die Arbeit des EuRH zumindest erschwert sein, sollten diese ihre Mitarbeit verweigern. Zudem würde sich nachfolgend die Frage stellen, inwieweit der EuRH seine Befugnisse gegenüber den Mitgliedstaaten geltend machen kann, schließlich besteht die Möglichkeit eines Vertragsverletzungsverfahrens nur seitens der Kommission.[43] Zuletzt stellt sich die Frage, ob der EuRH überhaupt eine Möglichkeit hat, sich gegen eine Verweigerungshaltung beispielsweise von privaten Adressaten einer Kontrolle zu wehren? Die rechtlichen Möglichkeiten und Grenzen der Durchsetzung seiner Zugangsbefugnisse erscheinen unter dieser Maßgabe problematisch. Ist die fehlende Aktivlegitimation im Rahmen des Vertragsverletzungsverfahrens ein Versäumnis der Europäischen Union bei der Entwicklung des gesetzlichen Grundgerüstes des EuRH? Ist diese Abhängigkeit zur Kommission umgekehrt nicht wieder problematisch für die generelle Gewährleistung der Unabhängigkeit des EuRH?

---

43 Vgl. Art. 258 Abs. 2 AEUV.

4. Prüfungsdarstellung des Europäischen Rechnungshofes

An die Analyse der Prüfungs- und Zugangsbefugnisse des EuRH schließt sich zuletzt die Frage an, inwieweit dieser im Rahmen seiner Prüfungsdarstellung Einflussmöglichkeiten hat. Der EuRH veröffentlicht seine Prüfungen im Rahmen von Berichten, den Jahres- und Sonderberichten, sowie Stellungnahmen.[44] Die Veröffentlichung seiner Berichte und Stellungnahmen soll vor allem die Transparenz und damit eine der wichtigsten Funktionen der Finanzkontrolle fördern.[45]

Es stellt sich die Frage, wie weit die Wirkung der Finanzkontrolle des EuRH reicht. Zieht man eine Bilanz aus der Möglichkeit an Maßnahmen und Prüfungsergebnissen, die vom EuRH getroffen werden können, muss festgestellt werden, dass der EuRH keinerlei verbindliche repressive Handhabe gegenüber anderen Organen, Mitgliedstaaten oder Privaten hat.[46] Die Berichte und Stellungnahmen des EuRH entfalten keinerlei Rechtswirkung nach außen, sondern dienen lediglich als Grundlage für weitergehende Rechtsakte anderer Organe. Die Tatsache der fehlenden rechtlichen Verbindlichkeit erscheint jedoch nicht der Bedeutung des Handelns des EuRH gerecht zu werden. Denn gerade seine Berichte und Stellungnahmen können weitgreifende Wirkung auf einzelne Unionsorgane haben.[47] Das zeigt sich insbesondere auch in dem Recht anderer Unionsorgane, auf Berichte oder Stellungnahmen des EuRH selbst Stellung zu nehmen[48] und der häufigen Ausübung dieses Rechts seitens dieser Organe. Trotzdem kennt die internationale Finanzkontrolle auch das Modell des sanktionsbefugten Rechnungshofes, der dadurch eine verantwortungsvolle Aufgabe im Organgefüge eines Staates einnehmen kann.[49] Deshalb erscheint es durchaus denkbar, dass der EuRH, ohne die Möglichkeit verbindliche Maßnahmen treffen zu können, keinen ausreichenden Einfluss hat, um als das „finanzielle

---

44 Vgl. zu den verschiedenen Veröffentlichungsformen Art. 287 Abs. 4 AEUV.

45 Vgl. zur Veröffentlichung der Berichte und Stellungnahmen Art. 29 der Geschäftsordnung des EuRH, ABl. der Europäischen Union Nr. L 103/1 vom 23.04.2010, in Verbindung mit Art. 70 der Durchführungsbestimmungen zur Geschäftsordnung des EuRH; zum Zweck der Veröffentlichung von Prüfungsberichten vgl. die Präambel der Deklaration von Lima.

46 *Hilf*, Die Organisationsstruktur der Europäischen Gemeinschaften, S. 19.

47 So auch *Graf*, Die Finanzkontrolle der Europäischen Gemeinschaft, S. 92f.; *Ternes*, Die Finanzkontrolle in der Europäischen Gemeinschaft, S. 86.

48 Das sog. „Kontradiktorische Verfahren".

49 Vgl. dazu die Rechnungshöfe, die in ihrer Stellung einfache Rechnungsprüfungsbefugnisse mit Elementen der rechtsprechenden Gewalt vereinen (siehe unter Fn. 6).

Gewissen“[50] der Europäischen Union tätig zu werden.[51] Eine Erweiterung der Befugnisse in der Prüfungsdarstellung könnte also durchaus als Möglichkeit gesehen werden, die Rolle des EuRH weiter zu stärken. Wiederum darf hierbei nicht außer Betracht bleiben, dass eine solch offensive Rolle eines Rechnungshofes auch Einschränkungen mit sich bringen kann. Es ist jedenfalls davon auszugehen, dass verbindliche Handlungsinstrumente den EuRH funktionell innerhalb der Gewaltenstruktur der EU anders verorten würden und auch die Rechtsschutzmöglichkeiten gegen den EuRH erheblich erweitern würden. Ob darüber hinaus auch die Unabhängigkeit und die Zusammenarbeit mit anderen Unionsorganen und Mitgliedstaaten durch derartige Kompetenzveränderungen berührt sein könnten, erscheint zumindest nicht ausgeschlossen.

5. Rechtsstellung und Befugnisse

Zusammenfassend lässt sich sagen, dass sich diese Arbeit im Schwerpunkt mit der Rechtsstellung des EuRH und dem Prozess der Finanzkontrolle durch den EuRH in der Europäischen Union beschäftigen wird. Nach einer Einordnung in das Gewaltengefüge der Europäischen Union, in der vor allem eine funktionelle Betrachtung des EuRH im Vordergrund stehen soll, wird dann das Prüfungsverfahren und die Ergebnisdarstellung genauer beleuchtet. Dabei sollen der Maßstab grundsätzlicher Standards der Finanzkontrolle bezogen auf Unabhängigkeit und Funktionalität von Rechnungsprüfungsorganen als Orientierung dienen, um die Regelungen hinsichtlich des EuRH beurteilen zu können. Darüber hinaus sollen die konkreten Prüfungsbefugnisse des EuRH untersucht und erörtert werden, inwieweit der EuRH ausreichende Möglichkeiten hat, seine Rechte durchzusetzen. In diesem Zusammenhang soll im Rahmen seiner Ergebnisdarstellung festgestellt werden, inwieweit die Prüfungsergebnisse des EuRH Wirkung auf andere Unionsorgane entfalten und damit der Voraussetzung nachkommen, die Haushaltszuverlässigkeit der Europäischen Union steigern zu können. Am Ende der Arbeit soll eine Bewertung der rechtlichen Stellung des EuRH und seiner Mitglieder sowie der Ausgestaltung und Verwirklichung seiner Befugnisse stehen, die ermöglichen soll, Weiterentwicklungsperspektiven des EuRH herauszustellen, die sich ansatzweise bereits in dieser Einleitung wiedergefunden haben.

---

50 So bezeichnete der Präsident des Europäischen Gerichtshofs *Hans Kutscher* den Europäischen Rechnungshof 1977 zum Zeitpunkt der Aufnahme seiner Tätigkeit.

51 Dazu *O'Keeffe* in: Curtin u. a., Institutional dynamics of European integration, S. 185.

II. Entwicklung der Finanzkontrolle in der Europäischen Union

Schon Anfang der 70er Jahre wurden die Rufe nach einem EuRH lauter.[52] Die bisherige Finanzkontrolle der Europäischen Gemeinschaft war an ihre Grenzen gestoßen.[53] Die Generierung von Eigeneinnahmen der Gemeinschaft und der damit erforderliche Aufwand zur Verwaltung und Überprüfung des Haushaltes konnte durch die bisherigen Institutionen der Europäischen Gemeinschaft nicht mehr ausreichend gewährleistet werden.[54] Die immer häufiger werdenden Betrugsfälle ließen die Forderung nach einer verbesserten Finanzkontrolle lauter werden.[55] Der größte Teil der damaligen Mittel floss in den Agrarsektor, wobei die Verwendung dieser Mittel „völlig unzureichend kontrolliert wurde".[56] So entwickelten sich beispielsweise Praktiken, Waren aus dem Agrarbereich aus der Europäischen Gemeinschaft auszuführen, um eine Vergütung für die Ausfuhr zu erhalten und diese dann wiederum unter falscher Bezeichnung erneut in die Gemeinschaft einzuführen.[57] Letztlich mangelte es bei dieser und weiteren ähnlichen Vorgehensweisen an einer geeigneten als Finanzkontrolle

---

52 *Aigner*, Plädoyer für einen Europäischen Rechnungshof, S. 26ff.

53 Vgl. *Aigner*, ZParl 1978, 186, 186.

54 *Gräfe* in: Schiffer, Verfassung, Verwaltung, Finanzkontrolle, S. 351.

55 Vgl. dazu *Chavaki*, ZEuS 1999, 431, 452; *Prieß/Spitzer*, EuZW 1994, 298, näher zur Betrugsbekämpfung in der Gemeinschaft und das Vorkommen von Betrugsfällen; *Desmond*, Managing the finances of the European Union, S. 32f., der immer noch auf eine aktive Rolle des EuRH in der Betrugsbekämpfung hinweist, allerdings nur verbunden mit der Prüfungs- und Kontrollverteilung; *Weitendorf*, Die interne Betrugsbekämpfung in den Europäischen Gemeinschaften durch das Europäische Amt für Betrugsbekämpfung (OLAF), S. 3; 28, wobei an dieser Stelle schon darauf hingewiesen werden muss, dass der EuRH in Abgrenzung zum OLAF keine Betrugsbekämpfungsbehörde ist.

56 *Aigner*, Plädoyer für einen Europäischen Rechnungshof, S. 79; besonders eindringlich formulierte der Kontrollausschuss im Rahmen der Kontrolle des Sozialfonds: „*Der Kontrollausschuss kann abschließend nur feststellen, dass er in Folge der Hindernisse nicht mehr in der Lage ist, seinen Aufgaben im Zusammenhang mit den Ausgaben des Europäischen Sozialfonds in zufriedenstellender Weise nachzukommen, und sich zur Rechtmäßigkeit und Ordnungsmäßigkeit dieser Ausgaben und zu ihrer Übereinstimmung mit den Grundsätzen einer ordnungsgemäßen Finanzgebarung zu äußern, dies umso weniger, als die Ordnungsmäßigkeit der Ausgaben des Sozialfonds praktisch nicht Gegenstand einer Kontrolle anhand von Belegen sein kann.*", vgl. *Aigner*, ZParl 1978, 186, 189.

57 *Aigner*, Plädoyer für einen Europäischen Rechnungshof, S. 89.

tätigen Instanz, die derartige Fehlerquellen durch die Aufdeckung struktureller Schwächen bereits von vornherein erschwert, um den Haushalt der Europäischen Gemeinschaft in Zukunft zuverlässiger zu machen. Als Reaktion darauf forderte die Kommission Maßnahmen von den Mitgliedstaaten, um diesen Praktiken in Zukunft vorzubeugen.[58] Dabei darf man die Betrugsbekämpfung nicht mit der Finanzkontrolle gleichsetzen, vielmehr können diese nur abhängig voneinander sein. Ein Finanzkontrollorgan wie der EuRH ist nicht dafür da, unmittelbar Betrugsfälle aufzudecken, sondern vielmehr zu überwachen, wo Gelder der Europäischen Union hinfließen und ob dies innerhalb der gesetzlichen Vorschriften geschieht.[59] Betrugsfälle sind damit nur eine der möglichen Fehlerquellen, die bei der Mittelverwendung vorliegen können. Stellt der EuRH strukturelle Missstände fest, weist er auf diese hin und versucht damit, auf eine Verbesserung der Situation und eine Verringerung der Fehlerquote hinzuwirken. Der einzelne Betrugsfall steht somit nicht im Vordergrund der Kontrolle, sondern liefert lediglich Hinweise, ob beispielsweise die Vergabevorschriften geändert oder die Kontrollen verschärft werden müssen. Trotzdem können und sollen Maßnahmen eines Rechnungshofes am Ende dazu dienen, dass sich eben auch die Vergabe- und Kontrollstrukturen verbessern und dadurch Betrugsfälle verringert werden.[60]

1. Europäische Finanzkontrolle vor dem Europäischen Rechnungshof

Vor der Gründung des EuRH setzte sich das europäische Finanzkontrollsystem aus dem Finanzkontrolleur, dem Kontrollausschuss und dem Rechnungsprüfer der EGKS zusammen.[61] Die Haushalts- und Finanzkontrolle der Gemeinschaft genügte nicht dem Maßstab nationaler Rechnungshöfe und so formulierte der

---

58 Vgl. ABl. der Europäischen Gemeinschaften Nr. 259/19 der Europäischen Gemeinschaften vom 26. Oktober 1967.

59 Vgl. *Weitendorf*, Die interne Betrugsbekämpfung in den Europäischen Gemeinschaften durch das Europäische Amt für Betrugsbekämpfung (OLAF), S. 3; a. A. *Skiadas*, J. Financ. Crime 1998, 178, 184, wobei Skiadas nicht den EuRH als primären Betrugsbekämpfer deklariert, sondern lediglich darauf verweist, dass der EuRH eine aktivere Rolle in der Betrugsbekämpfung spielen könnte; in Abschnitt IV. 2. a) aa) wird auf die Unterscheidung noch einmal genauer eingegangen.

60 Die Unterscheidung zwischen der Aufdeckung von Betrugsfällen und Finanzkontrolle soll in Abschnitt IV. 1. a) bb) noch einmal näher eingegangen werden.

61 Vgl. *Reister*, EuR 1976, 69, 77.

damalige stellvertretende Vorsitzende des Haushaltsausschusses *Heinrich Aigner* nicht unbegründet, dass die Finanzen Europas lediglich „nebenberuflich kontrolliert“[62] würden.

Der Finanzkontrolleur war für die interne Finanzkontrolle zuständig. So musste jedes Organ der EU einen Finanzkontrolleur ernennen, der für die Kontrolle aller Einnahmen und Ausgaben des jeweiligen Organs zuständig war.[63] Problematisch erscheint in diesem Zusammenhang schon die Unabhängigkeit des Finanzkontrolleurs. Schließlich war er gleichzeitig zu seiner Kontrollaufgabe weiterhin Mitglied des betreffenden Organs und auch etwaigen Maßnahmen des Organs schutzlos ausgeliefert.[64] Die Aufgabe war folglich von dem Interessenkonflikt geprägt, einerseits den Aufgaben des Organs nachzukommen und andererseits die Arbeit des Organs zu überprüfen, was jedoch als Problem dem Instrument der internen Finanzkontrolle generell innewohnt. Aus diesem Grund setzt wie bei den internationalen Rechnungsprüfungsstandards bereits gesehen eine interne Finanzkontrolle ebenso eine funktionierende externe Kontrolle voraus.

Die externe Finanzkontrolle wurde durch den Kontrollausschuss und seine Rechnungsprüfer wahrgenommen. Die Zahl der Rechnungsprüfer im Kontrollausschuss wurde durch den Rat festgelegt. Dabei war „offensichtlich, dass der Rat die Tätigkeit eines Rechnungsprüfers [...] als Nebenbeschäftigung verstanden hat.“[65] Schließlich war der Kontrollausschuss zwar zu regelmäßigen Treffen verpflichtet, letztlich musste sich der Ausschuss jedoch nicht häufiger als zweimal im Monat zusammensetzen. Die Prüfung des Kontrollausschusses war eine nachträgliche und dementsprechend fand eine Kontrolle der Ausgaben erst in großem zeitlichen Abstand zu Transaktion statt.[66] Bedenkt man, wie selten sich die Mitglieder des Kontrollausschusses zusammenfanden, dann verwundert es nicht, dass zwischen Ausgabe und Kontrolle letztlich Jahre vergingen.[67] Darüber hinaus dürfte auch die Anzahl an Finanzkontrolleuren jegliche Hoffnung

---

62 *Aigner*, Plädoyer für einen Europäischen Rechnungshof, S. 15; *Friedmann*, Der Europäische Rechnungshof und die Wirtschafts- und Finanzhilfen der EU für Mittel- und Osteuropa, S. 14; *Gräfe* in: Schiffer, Verfassung, Verwaltung, Finanzkontrolle, S. 354; vgl. auch *Reister*, EuR 1976, 69, 78.

63 Vgl. ABl. der Europäischen Gemeinschaften Nr. L 116/8 der Europäischen Gemeinschaften vom 1. Mai 1973 in Art. 19.

64 *Ehlermann*, Der Europäische Rechnungshof, S. 12.

65 *Ehlermann*, Der Europäische Rechnungshof, S. 13.

66 *Ehlermann*, Der Europäische Rechnungshof, S. 32.

67 Ebd.

auf ausreichende externe Finanzkontrolle im Keim erstickt haben. Letztlich waren im Kontrollausschuss 9 Rechnungsprüfer, insgesamt 26 vergebene Stellen, nebenberuflich für die Kontrolle des Haushaltes der gesamten EG zuständig.[68] Im Übrigen darf auch an der Unabhängigkeit der einzelnen Mitglieder des Kontrollausschusses gezweifelt werden, da durch die Mitgliedstaaten seit Ende der 60er-Jahre vermehrt Beamte eigener Finanzministerien vorgeschlagen wurden.[69] Interessenkonflikte zwischen den Finanzkontrolleuren und der Finanzkontrolle der EG waren demnach offensichtlich. Eine vollumfängliche und unabhängige Haushaltskontrolle schien unter solchen Umständen nicht denkbar.

Darüber hinaus war ein weiterer vom Rat eingesetzter Rechnungsprüfer für die Finanzkontrolle im Rahmen der EGKS zuständig, die alle Ausgaben abseits von den Verwaltungsausgaben der Gemeinschaft betraf. Das hatte den Grund, dass die Mittel der EGKS nicht in den Gesamthaushaltsplan der Europäischen Gemeinschaft floss.[70]

Letztlich lässt sich in der Finanzkontrolle der Europäischen Gemeinschaft vor 1977 erkennen, dass es an detaillierten Regelungen und vor allem ausreichend besetzten Einrichtungen zur Finanzkontrolle mangelte und auch die Intensität der Finanzkontrolle nicht einer vollumfänglichen Einnahmen- und Ausgabenkontrolle genügte. Vor allem die fehlende Möglichkeit, „Kosten verursachende Maßnahmen unmittelbar an Ort und Stelle“[71] prüfen zu können, um eine möglichst schnelle und effektive Kontrolle zu gewährleisten, war Veranlassung über Alternativen im Finanzkontrollsystem nachzudenken. Die zahlreichen Missbrauchs- und Betrugsfälle vor allem im Agrarsektor zeigten die schlussendliche Ineffektivität der europäischen Finanzkontrolle.[72] Als logische Konsequenz dürfen daher die Interventionen des EuP verstanden werden, das die fehlende Überprüfung und Transparenz der externen europäischen Finanzkontrolle

---

68 *Gräfe* in: Schiffer, Verfassung, Verwaltung, Finanzkontrolle, S. 352f., von den 26 Stellen waren 1972 sogar nur 21 Stellen besetzt; ebenso *Reister*, EuR 1976, 69, 78.

69 *Aigner*, Plädoyer für einen Europäischen Rechnungshof, S. 19.

70 *Ehlermann*, Der Europäische Rechnungshof, S. 15.

71 *Gräfe* in: Verfassung, Verwaltung, Finanzkontrolle, S. 354.; Vgl. auch ABl. der Europäischen Gemeinschaften Nr. C 139/7f. vom 28 Oktober 1969.

72 vgl. *Aigner*, Plädoyer für einen Europäischen Rechnungshof, S. 79ff., zu der hohen Anzahl von Missbrauchsfällen im Rahmen des Agrarfonds; an dieser Stelle sei bereits darauf hingewiesen, dass die Begriffe der Finanzkontrolle und der Betrugsbekämpfung einer Unterscheidung bedürfen. Finanzkontrolle ist kein Instrument der Betrugsbekämpfung, sondern der vollumfänglichen Gewährleistung der Haushaltszuverlässigkeit; vgl. auch *Aigner*, ZParl 1978, 186, 188, 190.

anprangerte.[73] Die Forderungen des Europäischen Parlaments nach einem EuRH wurden lauter,[74] und so resultierte daraus 1973 unter diesem Druck schließlich der Vorschlag der Kommission zur Schaffung eines EuRH.[75] Problematisch war im Folgenden jedoch die Entwicklung eines Rechnungshofmodells; schließlich bedurfte dieses einer Lösung, mit denen alle Mitgliedstaaten trotz unterschiedlichster nationaler Finanzkontrollsysteme leben konnten.[76] Ein durchaus schwieriger Prozess, der nicht nur die Kompromissbereitschaft der einzelnen europäischen Organe, sondern vor allem auch die Einigung der Mitgliedstaaten auf einen gemeinsamen Weg europäischer Finanzkontrolle erforderte, sollte die Gründung des EuRH noch bis 1977 hinauszögern.

2. Gründung des Europäischen Rechnungshofes

Der EuRH war in seinen Anfängen noch kein Organ der Gemeinschaft.[77] Die Ausgestaltung des EuRH unterschied sich jedoch entscheidend von der vorherigen Ausgestaltung der Finanzkontrolle. Berief sich die bisherigen Rechnungsprüfung in ihren Befugnissen vor allem auf Satzungen, die die Eigenschaften und Aufgaben näher definierten, spielte im Gründungsprozess des EuRH vor allem eine Rolle, dass die Kompetenzen des EuRH von Anfang an primärrechtlich festgelegt werden.[78] Das EuP konnte sich mit dieser Forderung letztlich durchsetzen. So wurden Eigenschaften wie die Unabhängigkeit oder das Verbot, eine andere entgeltliche oder unentgeltliche Tätigkeit neben der Mitgliedschaft im Rechnungshof auszuüben, in die Verträge aufgenommen. Derartige Regelungen hatten im Rahmen der europäischen Finanzkontrolle erstmals Einzug in das Primärrecht erhalten.[79]

---

73 Vgl. *Aigner*, Plädoyer für einen Europäischen Rechnungshof, S. 15; *Friedmann*, Der Europäische Rechnungshof und die Wirtschafts- und Finanzhilfen der EU für Mittel- und Osteuropa, S. 12f.; *Inghelram*, Common Mark. Law Rev. 2000, 129, 129.

74 Vgl. *Aigner*, Plädoyer für einen Europäischen Rechnungshof; *Ehlermann*, Der Europäische Rechnungshof, S. 17; *Laffan*, J. Common Mark. Stud. 1999, 251, 254; *Reister*, EuR 1976, 69, 78.

75 Vgl. dazu das Bulletin der Europäischen Gemeinschaften 9/73 „Strengthening of the Budgetary Powers of the European Parliament", S. 3ff.

76 Vgl. *Ehlermann*, Der Europäische Rechnungshof, S. 21f.; *Harden u. a.*, Eur. Public Law 1995, 599, 601, zur Komplexität und den Unterschieden einzelner nationaler Finanzkontrollsysteme; *Kok*, Common Mark. Law Rev. 1989, 345, 353.

77 Vgl. *Magiera* in: Grabitz u. a., EUV/AEUV Kommentar, Art. 285 AEUV Rn. 3.

78 Vgl. *Ehlermann*, Der Europäische Rechnungshof, S. 20.

79 Vgl. *Ehlermann*, Der Europäische Rechnungshof, S. 26.

Im Übrigen übernahm der EuRH die Aufgaben des Kontrollausschusses und des Rechnungsprüfers der EGKS, folglich die externe Kontrolle der Einnahmen und Ausgaben der EG. Eine wichtige Neuerung in der Prüfungsbefugnis des EuRH war, dass dieser nicht nur im Haushalt berücksichtigte Transaktionen, sondern auch außerhaushaltsmäßige Transaktionen überprüfen konnte.[80] Des Weiteren wurde auch die Überprüfung der Einnahmen und Ausgaben der Organe und Institutionen der EG Aufgabe des EuRH. Die gesetzliche Ausgestaltung des EuRH verdeutlicht, dass es als Konsequenz aus der vorher mangelhaften Finanzkontrolle vor allem darum ging, eine möglichst umfassende Prüfungszuständigkeit des EuRH zu begründen und darüber hinaus auch die Prüfung an Ort und Stelle zu ermöglichen, um dem EuRH eine annähernd vollumfängliche externe Finanzkontrolle auf europäischer Ebene zu ermöglichen. Denn nur so war es letztlich möglich, eine zeitnahe Kontrolle zu gewährleisten. Überdies kam es gerade darauf an, die Rechnungsprüfung nicht erst nach vollständigem Abschluss einer Transaktion zu vollziehen. Vielmehr wurde es dem EuRH ermöglicht, zeitnah an der Transaktion zu untersuchen.[81] Folglich schaffte der Gründungsakt des EuRH erstmals die Voraussetzungen für eine europäische Finanzkontrolle in den Mitgliedstaaten zeitnah an den relevanten Einnahmen oder Ausgaben. Die offensichtlichsten Schwächen, die das Finanzkontrollsystem der EG vor 1975 aufgewiesen hatte, konnten mit Einführung des EuRH behoben werden. Die Gründung des EuRH war eine Loslösung von der bisherigen nebenberuflichen externen Finanzkontrolle in der EG.

Die Zweifel an der europäischen Finanzkontrolle bestanden trotzdem fort. Anfänglich war der EuRH nicht als Organ der EG eingerichtet.[82] Die Gefahr, die darin bestand, war letztlich, dass der EuRH in seiner Aufgabe von anderen Organen und den Mitgliedstaaten nicht ernst genommen wurde, was durchaus auch der Wahrnehmung entsprach.[83] Die Finanz- und Haushaltskontrolle ist jedoch

---

80 Vgl. *Waldhoff* in: Calliess u. a., EUV/AEUV Kommentar, Art. 287 AEUV Rn. 2; *Ehlermann*, Der Europäische Rechnungshof, S. 27; *Magiera* in: Grabitz u. a., EUV/AEUV Kommentar, Art. 287 AEUV Rn. 5; *Niedobitek* in: Streinz u. a., EUV/AEUV Kommentar, Art. 287 AEUV Rn. 5.

81 Vgl. *Ehlermann*, Der Europäische Rechnungshof, S. 33.

82 Vgl. *Magiera* in: Grabitz u. a., EUV/AEUV Kommentar, Art 285 AEUV Rn. 3.; *Bieber* in: Groeben u. a., Europäisches Unionsrecht, Band 4 Art. 285 AEUV Rn. 6, der jedoch darauf eingeht, dass die Rechtsstellung des EuRH bereits zu dieser Zeit eine annähernd gleichberechtigte Stellung zu den Unionsorganen einnahm; *Niedobitek* in: Streinz u. a., EUV/AEUV Kommentar, Art. 285 AEUV Rn. 4f.

83 Vgl. *O'Keeffe* in: Curtin u. a., Institutional dynamics of European integration, S. 185.

gerade abhängig davon, dass ihre Stellungnahmen und Berichte entweder rechtliche Verbindlichkeit entfalten oder einen politischen oder gesellschaftlichen Druck erzeugen, der die Adressaten letztlich zum Handeln zwingt. Kann keiner dieser Effekte erreicht werden, fehlt es der externen Finanzkontrolle an Effektivität in seinen Prüfungen. Die Zweifel am EuRH waren Ausdruck der Sorge, dass der EuRH nie eine solche Wirkung entfalten würde können, um dem Ziel einer effektiven Finanzkontrolle der EG gerecht zu werden. Die Kritik an dem ersten Entwurf effektiver Finanzkontrolle inform eines Rechnungshofes dürfte sich hauptsächlich dadurch begründen, dass zwar Prüfungsbefugnisse erweitert und verbessert wurden, die Stellung des EuRH jedoch nicht ausreichend und aussagekräftig ausgestaltet worden war. Das lässt sich oberflächlich an seiner Stellung als Nebenorgan[84] festmachen, weitergehend jedoch an der anfänglichen mangelnden Kooperationsbereitschaft anderer Unionsorgane, in diesem Zusammenhang insbesondere der Kommission.[85] Letztlich dürften vor allem diese Umstände anfänglich Zweifel an der Bedeutung des EuRH hinsichtlich der Neuentwicklung europäischer Finanzkontrolle hervorgerufen haben.

Alles in allem muss man jedoch konstatieren, dass die europäische Finanzkontrolle mit der Einrichtung des EuRH einen Schritt in die richtige Richtung vollzogen hatte.[86] Dass der Rechnungshof noch entwicklungsbedürftig war, dürfte auch der Kommission und dem EuP bewusst gewesen sein, doch wurden Rechnungsprüfung und Finanzkontrolle durch die Errichtung des EuRH in den Fokus der Europäischen Union gerückt. Ziel der Errichtung des EuRH dürfte es kaum gewesen sein, ein vollständig entwickeltes Finanzkontrollsystem auf europäischer Ebene zu installieren, sondern vielmehr nur die Grundlagen für ein solches geschaffen zu haben. Dabei darf nicht vernachlässigt werden, dass die Haushaltsmittel der EG hinter denen der Mitgliedstaaten erheblich zurückblieben. Die Errichtung einer hauptberuflichen Finanzkontrolle mit primärrechtlichen, die Unabhängigkeit des Organs stärkenden Regelungen und der Erweiterung der Prüfungsbefugnisse beispielsweise hinsichtlich der

84 Vgl. *Ehlermann*, Der Europäische Rechnungshof, S. 23; *Magiera* in: Grabitz u. a., EUV/AEUV Kommentar, Art. 285 AEUV Rn. 3.

85 Letztlich dürfte sich diese Haltung der Kommission bis zum Rücktritt der Santer-Kommission hingezogen haben, der dann einen vollständigen Reformationsprozess der Kommission und der Zusammenarbeit mit dem Europäischen Rechnungshof einleitete; zu den Konflikten des EuRH mit der Kommission näher *Theato/Graf*, Das Europäische Parlament und der Haushalt der Europäischen Gemeinschaft, S. 111 m.w.N.

86 Ähnlich bewertet *Reister*, Haushalt und Finanzen, S. 116.

Vor-Ort-Kontrolle muss als ein großer Schritt in der europäischen Finanzkontrolle eingeordnet werden.

3. Entwicklung des Europäischen Rechnungshofes

Der Anfang des EuRH war gemacht. Lief das Projekt europäischer Finanzkontrolle aus den genannten Gründen eher langsam an, folgte der nächste große Schritt des EuRH im Jahr 1992. Wurde der EuRH vorher noch als Hilfsorgan beziehungsweise Nebenorgan bezeichnet,[87] wurde ihm im Rahmen des Vertrags von Maastricht der Organstatus zuerkannt.[88] Dadurch wurde die Bedeutung des EuRH in der institutionellen Struktur der EG klargestellt. Neben dieser eher symbolischen Wirkung darf jedoch nicht verkannt werden, dass dadurch auch mögliche Klagerechte zur Durchsetzung seiner Befugnisse für den EuRH entstanden.[89] Nachdem der Status des EuRH nun nach vielen Jahren endgültig geklärt worden war, brachte der Vertrag von Maastricht jedoch auch Befugniserweiterungen für den EuRH mit sich. So wurde die Zuverlässigkeitserklärung gemäß Art. 188 c EGV eingeführt, die dem EuP im Rahmen des Entlastungsverfahrens als Grundlage dient, wobei festgehalten werden muss, dass das EuP nicht verpflichtet ist, sich nach der Zuverlässigkeitserklärung des EuRH zu richten, sondern diese vielmehr nur als Entscheidungsgrundlage nimmt.[90] Auch wenn die Zuverlässigkeitserklärung keine Vertiefung der Prüfungsbefugnisse und -kompetenzen selbst vorsah, war sie jedoch eine äußerst pointierte Darstellungsmöglichkeit des EuRH in Rahmen des Haushaltsentlastungsverfahrens und sorgte letztlich für eine Vertiefung der Einflussmöglichkeiten des EuRH.

Weiter vertieft wurden die Befugnisse des EuRH im Rahmen des Vertrags von Amsterdam, in dem festgelegt wurde, dass die Zuverlässigkeitserklärung im Amtsblatt der Europäischen Gemeinschaften veröffentlicht werden muss. Überdies legte der Vertrag von Amsterdam erstmals ausdrücklich fest, dass der EuRH im Rahmen der Nichtigkeitsklage aktivlegitimiert ist, nachdem eine

---

87 Vgl. Fn. 77.

88 Vgl. *Friedmann*, Der Europäische Rechnungshof und die Wirtschafts- und Finanzhilfen der EU für Mittel- und Osteuropa, S. 21; *Magiera* in: Grabitz u. a., EUV/AEUV Kommentar, Art. 285 AEUV Rn. 1; *Harden u. a.*, Eur. Public Law 1995, 599, 600; *Laffan*, J. Common Mark. Stud. 1999, 251, 263; *Niedobitek* in: Streinz u. a., EUV/AEUV Kommentar, Art. 285 AEUV Rn. 8.

89 So zum Beispiel gemäß Art. 262 EGV die Aktivlegitimation bei der Untätigkeitsklage.

90 Siehe *Frenz*, Institutionen und Politiken, S. 411 Rn. 1528; *Theato/Graf*, Das Europäische Parlament und der Haushalt der Europäischen Gemeinschaft, S. 111.

Aktivlegitimation für die Untätigkeitsklage bereits durch den eingeräumten Organstatus bestand.[91] Zudem „wurde die Rechnungsprüfung auf Einrichtungen, die Gemeinschaftsmittel verwalten, und Personen, die Gemeinschaftsmittel erhalten, erstreckt, die zudem einer Informationspflicht gegenüber dem Rechnungshof unterliegen."[92]

Geringfügige Änderungen sah auch der Vertrag von Nizza vor, der vor allem eine intensivere Zusammenarbeit des EuRH und der nationalen Rechnungsprüfungsorgane forderte.[93] Strukturell wurde im Rahmen der Verträge von Nizza auch die Zusammensetzung leicht verändert. So regelte der Art. 247 I EGV, dass der EuRH aus einem Staatsangehörigen je Mitgliedstaat besteht. Diese Änderung dürfte jedoch eher einen klarstellenden Charakter gehabt haben, da bereits im Vorhinein die Zusammensetzung des EuRH immer an die Mitgliedstaaten geknüpft worden war.[94]

Der Vertrag von Lissabon änderte nichts am Status und den Befugnissen des EuRH. Nicht unerwähnt bleiben darf jedoch, dass im Rahmen des gescheiterten Verfassungsvertrages für Europa im Jahr 2004[95] der Gesetzgeber den EuRH als sonstiges Organs[96] einordnen wollte. Dass trotz dieser Einordnung eine Gleichstellung mit den anderen Organen erfolgen sollte, dürfte naheliegen. Schließlich dürfte die besondere institutionelle Aufgabe als unabhängiges Finanzkontrollorgan Ausschlag für diese Änderung gewesen sein, insbesondere da der EuRH im weiteren Verlauf des Verfassungsentwurfes wiederum in die Organe eingeordnet wurde.[97] Zumindest erscheint es mehr als zweifelhaft, dass die Stellung des EuRH im Rahmen des Verfassungsvertrages eingeschränkt werden sollte, denn angesichts seiner Bedeutung im Rahmen der europäischen Finanzkontrolle und der Transparenzfunktion der Finanzkontrolle erscheint eine Herabstufung

---

91 Vgl. *Friedrich/Inghelram*, DÖV 1999, 669, 673.

92 *Magiera* in: Grabitz u. a., EUV/AEUV Kommentar, Art. 287 AEUV Rn. 2.

93 Vgl. *Magiera* in: Grabitz u. a., EUV/AEUV Kommentar, Art. 285 AEUV Rn. 1; Art. 286 AEUV Rn. 2; Art. 287 AEUV Rn. 3; *Bieber* in: Groeben u. a., Europäisches Unionsrecht, Band 4 Kommentar, Art. 287 AEUV Rn. 1; *Niedobitek* in: Streinz u. a., EUV/AEUV Kommentar, Art. 285 AEUV Rn. 6.

94 Vgl. *Magiera* in: Grabitz u. a., EUV/AEUV Kommentar, Art. 285 AEUV Rn. 6; *Niedobitek* in: Streinz u. a., EUV/AEUV Kommentar, Art. 285 AEUV Rn. 12.

95 ABl. der Europäischen Union Nr. C 310/1 vom 16.12.2004.

96 Siehe Art. I-31 des Vertrages über eine Verfassung für Europa, ABl. der Europäischen Union Nr. C 310 vom 16.12.2004.

97 Siehe Art. III-384 des Vertrages über eine Verfassung für Europa, ABl. der Europäischen Union Nr. C 310 vom 16.12.2004.

nicht Sinn und Zweck dieser Änderung gewesen zu sein.[98] Rechte und Aufgaben sollten letztlich durch den Verfassungsvertrag nicht geändert werden.[99] Dass der Vertrag von Lissabon diese Änderung schließlich nicht aufgenommen hat, zeigt, welche Bedeutung der Gesetzgeber dem EuRH beimisst und dementsprechend eine Änderung des Organstatus, wenn sie auch nur symbolischer oder klarstellender Natur ist, für nicht erforderlich hält. Spätestens mit dem Vertrag von Lissabon dürfte damit Klarheit herrschen, dass die Organstellung des EuRH Bestand hat.[100] Auf die generelle Einordnung des EuRH als Organ der Union und die Stellung des EuRH im Staatsaufbau soll an dieser Stelle noch nicht näher eingegangen werden.

Die Entwicklung des EuRH zeigt eine Klarstellung seiner Stellung sowie eine Erweiterung und Vertiefung seiner Befugnisse. Während der EuRH anfänglich eine in der institutionellen Struktur noch nicht ausdifferenzierte Funktion hatte, wurde durch die Ergänzung seiner Befugnisse, ein immer klarerer EuRH gezeichnet. Weitergehende Befugnisse wie die Zuverlässigkeitserklärung und die Möglichkeit zu Sonderberichten und Stellungnahmen zeigen, dass der EuRH eigeninitiativ handeln können und somit seine Untersuchungsgegenstände auch selbst aussuchen können sollte und verdeutlichen darüber hinaus, dass der europäische Gesetzgeber immer wieder an einer Weiterentwicklung des EuRH interessiert war. Der EuRH sollte dabei in seiner Bedeutung gestärkt werden, um den Erfordernissen an Transparenz und demokratischer Legitimation durch die Finanzkontrolle zu genügen. Die Einführung der Zuverlässigkeitserklärung als Grundlage für das Entlastungsverfahren des EuP hat zwar keinerlei rechtliche Verbindlichkeit, offenbart jedoch, dass der Gesetzgeber den Einfluss des EuRH in der Finanz- und Haushaltskontrolle vergrößern wollte. Trotz dieser Entwicklung und der Klarstellung der Rechtsstellung des EuRH und der Erweiterung seiner Befugnisse in der Finanzkontrolle verbleibt der Eindruck, dass der EuRH noch nicht am Ende seiner Entwicklung angekommen ist.

---

98 Vgl. *Meyer/Hölscheidt*, EuZW 2003, 613, 616.

99 Vgl. dazu *Bergel*, Rechnungshöfe als vierte Staatsgewalt?, S. 197.

100 Abweichend dazu *Bergel*, Rechnungshöfe als vierte Staatsgewalt?, S. 196, der trotz der Klarstellung im Vertrag von Lissabon eine Änderung des Organstatus für möglich hält, da die besondere Stellung des Hofes im Organgefüge immer noch Anlass dazu geben könnte.

III. Rechtsstellung des Europäischen Rechnungshofes und seiner Mitglieder

Der EuRH ist das unabhängige Finanzkontrollorgan der Europäischen Union. Seine Unabhängigkeit bestimmt sich einerseits durch die Unabhängigkeit gegenüber anderen Rechnungskontrollbehörden in den Mitgliedstaaten und andererseits durch seine Unabhängigkeit innerhalb der Union und gegenüber den übrigen Unionsorganen. Diese Unabhängigkeit wird auch im Rahmen der Einordung in die Gewaltenstruktur eine entscheidende Rolle spielen.

Der EuRH setzt sich gemäß Art. 285 Abs. 2 S. 1 AEUV aus je einem Staatsangehörigen aus jedem Mitgliedstaat zusammen. Dabei müssen die ausgewählten Mitglieder bestimmten Anforderungen genügen. Gemäß Art. 286 Abs. 1 AEUV sind nur solche Persönlichkeiten auszuwählen, die in ihren Staaten Rechnungsprüfungsorganen angehören oder angehört haben oder die für dieses Amt besonders geeignet sind. Dabei bleibt ungeklärt, was einer besonderen Eignung entspricht, und es verwundert nicht, dass Rat und EuP sich bislang nicht immer einig waren, ob eine solche besondere Eignung vorliegt.[101] Im Übrigen werden die Mitglieder nach Art. 286 Abs. 2 S. 1 AEUV auf sechs Jahre gewählt; nach den sechs Jahren ist eine Wiederernennung gemäß Art. 286 Abs. 2 S. 3 AEUV möglich. Die zentrale Eigenschaft für ein Mitglied des EuRH dürfte die sowohl in Art 285 Abs. 2 S. 2 AEUV als auch in Art. 286 Abs. 1 S. 2 AEUV verankerte Unabhängigkeit sein. Die institutionellen Vorschriften zum EuRH zeigen, dass besonders die Integrität der Mitglieder, die sich in ihrer Unabhängigkeit ausdrückt, eine zentrale Rolle als Grundvoraussetzung zur Ausführung der Finanzkontrolle spielt.

Im Folgenden soll zuerst auf die Stellung des EuRH in der Organstruktur der Europäischen Union eingegangen werden. Dabei soll eine Analyse der Funktionen des EuRH dazu dienen, den EuRH im Rahmen dieser Funktionen in die europäische Gewaltenstruktur einzuordnen. Danach soll die Stellung der einzelnen Mitglieder des EuRH vor allem hinsichtlich ihrer Unabhängigkeit thematisiert werden und dabei beleuchtet werden, inwieweit diese vergleichbar mit den Finanzkontrollorganen der Mitgliedstaaten ausgestaltet ist.

---

101 *Harden u. a.*, Eur. Public Law 1995, 599, 599, 609; *Lienbacher* in: Schwarze u. a., EU-Kommentar, Art. 286 AEUV Rn. 10.

1. Rechtsstellung des Europäischen Rechnungshofes

Trotz der Einordnung als Unionsorgan darf nicht übersehen werden, dass der EuRH eine besondere Stellung in der institutionellen Struktur der Europäischen Union innehat. Der EuRH als Finanzkontrollorgan steht in gewisser Weise völlig außerhalb der Verfassungsstruktur der Europäischen Union. Er lebt von der Unabhängigkeit seiner Mitglieder und letztlich steht ein möglichst eigenständiges Wahrnehmen seiner Prüfungsaufgaben, ohne sich von anderen Organen oder den Mitgliedstaaten beeinflussen zu lassen, im Fokus.[102] Trotzdem ist der EuRH auf die Zusammenarbeit mit den anderen Unionsorganen angewiesen. Der EuRH selbst verfügt über keine Möglichkeiten, repressiv gegen verstoßende Prüfungsadressaten tätig zu werden, auch wenn der Name des EuRH dies vermuten lassen könnte. Denn beachtet man die diesbezügliche Ähnlichkeit zum Europäischen Gerichtshof, hat der EuRH entgegen der Namensparallele keinerlei Möglichkeit festgestellte Verstöße selbst zu sanktionieren und Konsequenzen aus seinen Prüfungsergebnissen zu ziehen.[103] Stattdessen bildet das Ergebnis seiner Untersuchungen vielmehr eine Grundlage für Handlungen anderer Unionsorgane. Der EuRH hat zwar aus durchaus nachvollziehbaren Gründen den Status eines Organs erhalten, es scheint jedoch im ersten Moment naheliegender, den EuRH als Hilfsorgan zu charakterisieren.[104]

Das Modell des lediglich kontrollierenden und hinweisenden Rechnungshofs ist auch in den Mitgliedstaaten und innerhalb der internationalen Finanzkontrolle nicht untypisch. Schließlich entfalten Berichte und Stellungnahmen des EuRH schon allein durch ihre Veröffentlichung Wirkung, indem dadurch politischer und medialer Druck auf andere Organe oder die kontrollierte Institution hervorgerufen wird und der Kontrolladressat auf diesem Weg zum Handeln gezwungen sein könnte. Kritisch kann daran jedoch gesehen werden, dass durch fehlende Sanktionsmöglichkeiten des EuRH Abhängigkeiten zu anderen Organen entstehen könnten. In diesem Sinne dürfte der EuRH zwingend davon abhängig sein, dass seine Berichte in qualitativer Hinsicht ernst genommen werden und die anderen Organe sich ihrerseits mit den Prüfungen und Empfehlungen des EuRH vollumfänglich auseinandersetzen. Dass diese Konstruktion

---

102 *Reus/Mühlhausen*, VR 2010, 1, 2 zur grundsätzlichen Relevanz der Unabhängigkeit für Rechnungshöfe; ebenso zur Bedeutung von Unabhängigkeit in der Finanzkontrolle *Wittrock*, DVBl. 1984, 823ff.

103 *Ternes*, Die Finanzkontrolle in der Europäischen Gemeinschaft, S. 60.

104 *Ternes*, Die Finanzkontrolle in der Europäischen Gemeinschaft, S. 61.

im Hinblick auf seine unabhängige Stellung nicht unproblematisch erscheint, ist offensichtlich und soll im Folgenden näher beleuchtet werden.

Der Weg zu einer Einordnung des EuRH kann nur über die Betrachtung mehrerer Komponenten erfolgen. Zuerst einmal gilt es zu analysieren, welche Auswirkungen die organschaftliche Stellung des EuRH auf die Einordnung haben könnte. Danach stellt sich das Problem der generellen Umsetzung der Gewaltenteilung auf europäischer Ebene in Verbindung mit der Tatsache, dass die EU ein Staatenverbund ist. Hinzu kommt die Tatsache, dass selbst auf mitgliedstaatlicher Ebene eine Einordnung nationalstaatlicher Rechnungskontrollbehörden kontrovers diskutiert wird und die Rechnungskontrollbehörden im Einzelnen unterschiedliche Stellungen im Staatsaufbau innehaben.[105] Dies dürfte vor allem mit den verschiedenen Funktionen der Finanzkontrolle im modernen Staat zu tun haben und mit der Art und Weise, wie diese Funktionen von einzelnen Rechnungsprüfungsbehörden ausgeübt werden. Es wird deutlich, dass die Einordnung neben der schon problematischen verfassungsrechtlichen Einordnung der Finanzkontrolle mit weiteren spezifischen europäischen Einordnungsproblemen zusammenkommt. Der Weg zu einer Einordnung des EuRH soll daher über eine Einordnung der Organstellung des EuRH und einer kurzen Darstellung der Gewaltenteilungsumsetzung auf europäischer Ebene, über die generelle Problematik der Einordnung von Rechnungsprüfungsbehörden anhand ihrer Funktionen zu einer detaillierten Einordnung im Rahmen einer funktionellen Analyse des EuRH führen.

a) Der Europäische Rechnungshof als Organ

Im Jahr 1992 wurde der EuRH im Rahmen des Vertrags von Maastricht als Organ zu den übrigen Unionsorganen eingeordnet.[106] Die Einordnung in die Organe der Union wird jedoch durchaus konträr beurteilt. Einerseits lässt sich eine „förmliche Gleichstellung des Rechnungshofs mit den anderen Organen“[107]

---

105 Eine differenzierte, rechtsvergleichende Betrachtung ist zu finden bei *Tiemann/Tiemann,* Der Staat 1974, 497, 497ff., die auf die verschiedenen nationalen Ausprägungen hindeuten und die Schwierigkeit die Funktionen der Finanzkontrolle überhaupt einer Gewalt zuordnen zu können.

106 Vgl. *Friedmann*, Der Europäische Rechnungshof und die Wirtschafts- und Finanzhilfen der EU für Mittel- und Osteuropa, S. 21; *Magiera* in: Grabitz u. a., EUV/AEUV Kommentar, Art. 285 AEUV Rn. 1; *Harden u. a.*, Eur. Public Law 1995, 599, 600; *Laffan*, J. Common Mark. Stud. 1999, 251, 263; *Niedobitek* in: Streinz u. a., EUV/AEUV Kommentar, Art. 285 AEUV Rn. 8.

107 *Magiera* in: Grabitz u. a., EUV/AEUV Kommentar, Art. 285 AEUV Rn. 4.

nicht zurückweisen.[108] Zum anderen wird der Einordnung im Rahmen der Verträge von Maastricht neben den unmittelbaren rechtlichen Konsequenzen wie der Aktivlegitimation innerhalb der Untätigkeitsklage eher eine symbolische Bedeutung beigemessen. Hinter der Einordnung wird teils aber auch eine Vertiefung und Aufwertung der Bedeutung und Befugnisse des EuRH gesehen.[109] Die Realität dürfte zwischen diesen beiden Sichtweisen liegen. Einerseits hat der EuRH im institutionellen Gefüge der Europäischen Union die Funktion Richtigkeit und Transparenz in der europäischen Mittelverwaltung zu gewährleisten und damit den staatlichen Stellen und der Öffentlichkeit zu garantieren, dass die Mittel, die die EU durch die Mitgliedstaaten erhält, ordnungsgemäß, rechtmäßig und wirtschaftlich verwendet werden. Die Haushaltszuverlässigkeit spielt im modernen Staatsaufbau sowie in der Weiterentwicklung eines Staates, wie bereits gesehen, eine nicht zu vernachlässigende Rolle. Die Aufgabe der Finanzkontrolle hat aus demokratischer Perspektive daher eine große Bedeutung. Die Arbeit des EuRH kann dabei Grundlage für europäische Gesetzgebungsinitiativen, die Verwendung europäischer Mittel in den Mitgliedstaaten und am Ende inform der Zuverlässigkeitserklärung zentrales Beurteilungskriterium bei der Haushaltsentlastung durch das EuP sein. Damit ist die Finanzkontrolle auch ein zentraler Bestandteil der europäischen Entwicklung, Transparenz darüber ein grundsätzliches Erfordernis in den demokratischen Strukturen der EU.

Hinsichtlich der tatsächlichen Kommunikation zwischen den Organen muss man feststellen, dass gerade die Kommunikation zwischen dem EuRH und der Kommission sowie dem EuP erheblich zugenommen hat. Dieser Eindruck manifestiert sich nicht zuletzt in den Prüfungs- und Jahresberichten in der stetigen Kommunikation zwischen EuRH und Kommission in Berichten des EuRH, darauffolgenden Stellungsnahmen der Kommission und letztlich der jährlichen Nachbetrachtung des EuRH hinsichtlich der Umsetzung der an die Kommission gerichteten Empfehlungen. Der Organstatus hat zu diesem Bedeutungsgewinn und der Aufwertung seiner Arbeit gegenüber den anderen Unionsorganen beigetragen.

Daneben darf man nicht verkennen, dass der EuRH schon funktionell eine andere institutionelle Bedeutung hat, die gar nicht den Anspruch hat, zwingend in gestaltender Funktion tätig zu werden, also keinesfalls mit zentralen

108 Für eine unabhängige Finanzkontrolle dürfte ein „ebenbürtiges" Finanzkontrollorgan erforderlich sein, vgl. *Wittrock*, DVBl. 1984, 823, 826. Dazu dürfte in jedem Fall auch die Organstellung des EuRH einen Teil beitragen.

109 So zum Beispiel *Ternes*, Die Finanzkontrolle in der Europäischen Gemeinschaft, S. 61.

Legislativ- oder Exekutivorganen vergleichbar ist. Der Eindruck eines Hilfsorgans wird generell für Organe der Finanzkontrolle immer bleiben, da diese durch ihre Unabhängigkeit immer einen Sonderstatus im Organgefüge eines Staates einnehmen werden. Im Endeffekt ist Finanzkontrolle ein staatliches Instrument, um Gesetzgebung, Verwaltung und strukturelle Entwicklungen finanziell nachvollziehbar, bewertbar und transparent zu machen. Die Arbeit von Rechnungshöfen wird demzufolge immer eine zuarbeitende Tätigkeit sein.

Hinsichtlich der ursprünglichen Fragestellung kann man zusammenfassend feststellen, dass der EuRH durch die Aufwertung zum Unionsorgan einen Schritt in Richtung größerer Bedeutung gemacht hat und sich in seiner Funktion nationalen Rechnungsprüfungsbehörden annähert und diese in Teilen sogar übertrifft.[110] Die Einordnung als Hilfsorgan dürfte vielmehr eine generelle Frage der Funktion von Rechnungshöfen darstellen, die unmittelbar auf eine Hilfstätigkeit schließen lässt. Letztendlich ist die Einordnung und Bewertung der hier angesprochenen Aufwertung insofern nur unscharf möglich, was auch mit der folgenden Einordnung des EuRH in das Gewaltengefüge der Union verbunden ist. Die Formulierung Hilfsorgan vermittelt jedoch eine untergeordnete Rolle des EuRH im Verhältnis zu den anderen Organen. Durch die rechtliche Festsetzung des EuRH als Unionsorgan erscheint die Bezeichnung als Hilfsorgan aber nicht mehr zeitgemäß. Die symbolische Bedeutung dieser Aufwertung tritt also zumindest neben den durchaus bestehenden rechtlichen Bedeutungsgewinn.

b) Gewaltenteilung in der Europäischen Union

Bevor eine Einteilung in die Gewalten der Europäischen Union überhaupt sinnvoll vorgenommen werden kann, stellt sich die Frage, inwiefern eine den Mitgliedstaaten vergleichbare Gewaltenteilung in der EU überhaupt besteht.[111] Dabei soll an dieser Stelle nicht vertieft auf die generellen Anforderungen an das

110 Ein detaillierter Vergleich zwischen EuRH und nationalen Rechnungskontrollorganen soll an dieser Stelle nicht näher ausgeführt werden. Vertiefend sei verwiesen auf *Bergel*, Rechnungshöfe als vierte Staatsgewalt?, der einen detaillierten Vergleich der verschiedenen Finanzkontrollorgane vornimmt.

111 Die Frage der Gewaltenteilung in der EU ist ein komplexes Thema, schließlich werden die Gewalten und das Gewaltenteilungsprinzip immer auch in einem staatsrechtlichen Verständnis erörtert. Daher dürfte sich bereits die Frage stellen, inwieweit ein solches Prinzip überhaupt Anwendung auf einen Staatenverbund haben kann, vgl. zu diesem Ansatz bereits *Achterberg*, EuR 1968, 240ff. Im Fokus dieser Untersuchung soll allerdings eine funktionelle Zuordnung des EuRH im institutionellen Aufbau der EU stehen und nicht die Anwendbarkeit der einzelnen Staatsfunktionen auf die EU.

Prinzip der Gewaltenteilung und im Speziellen die komplizierte Gewaltenstruktur in der EU eingegangen werden. Vielmehr soll eine allgemein gehaltene Darstellung der Gewaltenstruktur als Anhaltspunkt dienen, ob eine Einordnung in die Gewalten überhaupt ein sinnvolles Untersuchungsziel bietet. Grundsätzlich gibt es in der Europäischen Union die Zuordnung der Organe zu unterschiedlichen Gewalten. Die Judikative wird dabei durch die europäischen Gerichte ausgeübt.[112] Innerhalb der Exekutive und der Legislative gibt es verschiedene Überschneidungen. Gesetzgebungsorgane sind in der Europäischen Union primär das Europäische Parlament und der Rat.[113] Im Regelfall gehen Gesetzgebungsinitiativen im ordentlichen und besonderen Gesetzgebungsverfahren von der Kommission aus.[114] Primäre Verwaltungsorgane sind ebenso die Kommission und der Rat.[115] Hinzukommt der Europäische Rat als politischer und inhaltlicher Einflussgeber, der den Einfluss der mitgliedstaatlichen politischen Spitzen in der EU verkörpert.[116] Letztlich sehen wir in der Europäischen Union folglich verschiedene Verstrickungen innerhalb der Gewalten. Grundsätzlich unterscheidet sich die Stellung des EuP erheblich von der nationalstaatlichen Vorstellung von Parlamenten, auch wenn das EuP in der Vergangenheit in seinen Funktionen erheblich aufgewertet worden ist.

Grundsätzlich darf als Maßstab die Gewaltenteilung nicht in ihrer überholten Vorstellung einer strikten Gewaltentrennung verstanden werden.[117] Eine derartige Gewaltentrennung dürfte in keinem Staat zu finden sein.[118] Vielmehr ist

---

112 Vgl. *Wegener* in: Calliess u. a., EUV/AEUV Kommentar, Art. 19 EUV Rn. 9f; *Grzeszick* in: Maunz u. a., Grundgesetz Kommentar, Art. 20 GG Rn. 116.

113 *Hölscheidt* in: Grabitz u. a., EUV/AEUV Kommentar, Art. 15 EUV Rn. 2.

114 *Gellermann* in: Streinz u. a., EUV/AEUV Kommentar, Art. 294 AEUV Rn. 9, hinsichtlich des ordentlichen Gesetzgebungsverfahrens; *von Danwitz* in: Dauses, Handbuch des EU-Wirtschaftsrechts, B. II. Rn. 13, hinsichtlich des besonderen Gesetzgebungsverfahrens.

115 Vgl. Art. 18 Abs. 1 Satz. 5 EUV; *Dederer* in: Hofmann/Naumann, Europäische Demokratie in guter Verfassung?, S. 97.

116 *Calliess* in: Calliess u. a., EUV/AEUV Kommentar, Art. 15 EUV Rn. 17ff.; *Kumin* in: Grabitz u. a., EUV/AEUV Kommentar, Art. 15 EUV Rn. 48.

117 Vgl. *Schäfer*, DÖV 1971, 542, 544.

118 Achterberg, EuR 1968, 240, 240f., der den Zusammenhang zwischen Gewaltenteilung und Funktion herstellt, wobei er kritisch hervorhebt, dass die Einteilung der Gewalten in Rechtsprechung, Rechtsetzung und Verwaltung schon eine unzureichende Funktionsbeschreibung darstellt; *Doehring*, Allgemeine Staatslehre, Rn. 423; *Petzold*, Die Gewaltenteilung in den europäischen Gemeinschaften, S. 34, der bereits kritisch auf das Verständnis von Gewaltentrennung hinweist und demgegenüber das Gleichgewicht der Gewalten stellt.

darunter eine funktionelle Gewaltenteilung zu verstehen, wobei eine effektive Kompetenzverteilung in Einklang mit der Gewaltenteilung und der gegenseitigen Kontrolle der Organe gebracht wird. Eine Annahme der Gewaltenteilung im nationalstaatlichen Verständnis erscheint ebenso verfehlt, schließlich stellt die Europäische Union keinen eigenen Staat dar, sondern vielmehr einen Staatenverbund.[119] Grundsätzlich kann man jedoch konstatieren, dass das Prinzip der Gewaltenteilung in die Europäische Union durchaus Einzug gefunden hat.[120] Zwar fällt eine eindeutige Einordnung in der EU schon aus dem Grunde schwer, da das Gewaltenteilungsprinzip in der Organstruktur der Europäischen Union immer wieder durchbrochen wird,[121] jedoch wurde im Rahmen der Europäischen Union ein System der *checks and balances* geschaffen, das eine gegenseitige Kontrolle der Organe effektiv ermöglichen soll und somit dem Sinn und Zweck einer Gewaltenteilung entspricht.[122]

Der EuGH hat in diesem Zusammenhang selbst den Begriff des institutionellen Gleichgewichts geprägt.[123] Dabei wird vor allem darauf verwiesen, dass die EU selbst kein Bundesstaat ist und daher auch nicht den Anforderungen eines solchen hinsichtlich der Gewaltenteilung genügen kann und muss.[124] Das institutionelle Gleichgewicht füllt letztlich die Rolle „eines normativen, justitiablen

---

119 Vgl. auch Nettesheim in: *Grabitz u. a.*, EUV/AEUV Kommentar, Art. 13 EUV Rn. 1; auf die staatlichen Strukturen beziehungsweise den Staatenverbund EU soll hier nicht näher eingegangen werden, vgl. hierzu vertiefend: Calliess in: *Calliess u. a.*, EUV/AEUV Kommentar, Art. 1 AEUV Rn. 41ff; Nettesheim in: *Grabitz u. a.*, EUV/AEUV Kommentar, Art. 1 AEUV Rn. 55ff; *Cromme*, DÖV 2012, 209 ff; *Oeter*, ZaöRV 2015, 733 ff.

120 *Möllers*, Gewaltengliederung, S. 285.

121 Zur Gewaltenteilung in der Europäischen Union: *Dederer* in: Hofmann/Naumann (Hrsg.), Europäische Demokratie in guter Verfassung?, 2010, S. 106, der darauf verweist, dass trotz „institutioneller Konfusion" in der EU durchaus die Gewaltenteilung und ein System der *checks and balances* Einzug gefunden hat; differenzierter *Achterberg*, EuR 1968, 240, 245, der die Grundproblematik bereits bei „der Übertragung staatsrechtlicher Kategorien in das Gemeinschaftsrecht" sieht.

122 *Dederer* in: Hofmann/Naumann, Europäische Demokratie in guter Verfassung?, S. 96ff.; 106.

123 Erstmals verwendet im Urteil des EuGH vom 13.06.1958 – 10/56, S. 82; kritische Auseinandersetzung zum Prinzip des institutionellen Gleichgewichts bei *Läufer*, Die Organe der EG, S. 219ff.

124 *Dederer* in: Hofmann/Naumann, Europäische Demokratie in guter Verfassung?, S. 107, beschreibt genauer die unionsrechtlichen Besonderheiten, die der Staatenverbund im Verhältnis zu seinen Mitgliedstaaten mitbringt.

Gestaltungsprinzips“[125] aus. „Die Verträge haben nämlich ein System der Zuständigkeitsverteilung zwischen den Organen geschaffen, das jedem Organ seinen eigenen Auftrag innerhalb des institutionellen Gefüges der Union und bei der Erfüllung der dieser übertragenen Aufgaben zuweist. Die Wahrung des institutionellen Gleichgewichts gebietet es, dass jedes Organ seine Befugnisse unter Beachtung der Befugnisse der anderen Organe ausübt. Sie verlangt auch, dass eventuelle Verstöße gegen diesen Grundsatz geahndet werden können.“[126]

Eine Einordnung in die Gewaltenstruktur der Europäischen Union scheint am Ende also nicht hinfällig zu sein, sondern in Verbindung mit dem Verständnis, das die Europäische Union von Gewaltenteilung und institutionellem Gleichgewicht hat, durchaus sinnvoll.[127] Das Aufbrechen der strikten Gewaltentrennung, die der heutigen modernen Staatslehre sowieso nicht mehr entspricht, kann hier nicht als Mangel von Gewaltenteilung verstanden werden. Vielmehr lassen sich die erarbeiteten Grundsätze auf die Europäische Union anwenden, auch wenn institutionelle Ungleichgewichte in der EU nicht zu verkennen sind.[128]

c) Rechnungshöfe zwischen den Gewalten

Rechnungshöfe haben grundsätzlich in allen Mitgliedstaaten vielfältige Ausgestaltungen hinsichtlich der Gewaltenteilung erfahren. Eine Einordnung erscheint im ersten Moment nicht unproblematisch. Vielmehr erfahren die mitgliedstaatlichen Rechnungshöfe durch verschieden ausgestaltete Befugnisse ganz unterschiedliche Tendenzen in ihrer Einordnung. Von dem sanktionierenden Rechnungshof bis hin zum rein kontrollierenden Rechnungshof sind unterschiedliche Modelle in den Mitgliedstaaten vertreten. Der EuRH selbst verfügt über keinerlei Sanktionsbefugnisse und wird in seinen Berichten und Stellungnahmen als kontrollierendes und beratendes Organ tätig. Trotzdem werden Rechnungshöfe durchaus auch als Organe der Judikative eingeordnet.[129]

---

125 *Calliess* in: Calliess u. a., EUV/AEUV Kommentar, Art. 13 EUV Rn. 10.

126 EuGH-Urteil vom 22. 5. 1990 – C-70/88, Rn. 21.

127 So auch *Freytag*, Der Europäische Rechnungshof, S. 47.

128 Vgl. dazu *Läufer*, Die Organe der EG, S. 220; auch *Petzold*, Die Gewaltenteilung in den europäischen Gemeinschaften, S. 235, der jedoch darauf hinweist, dass das Prinzip der Gewaltenteilung bereits zu dieser Zeit Einzug in das Gemeinschaftsrecht gefunden hat und sich demzufolge in der weiteren Vertragsentwicklung der EG und EU weiter verstärkt haben dürfte.

129 Dazu *Beckensträter*, Die Stellung der Rechnungshöfe im System der Dreiteilung der Staatsgewalt, S. 193, wo dieser formuliert: „Die Rechnungshöfe gehören danach – ohne Gerichte zu sein – zur Rechtsprechung. Sie müssen als besondere Organe der

aa) Stand der Wissenschaft

Bevor konkret auf den EuRH eingegangen werden kann, soll sich zuerst abstrakt der generellen Problematik in der Einordnung von Rechnungshöfen gewidmet werden. Dazu gilt es zu sagen, dass sich eine allgemeine Einordnung aus den genannten Gründen der unterschiedlichen Kompetenzausstattung der einzelnen Rechnungshöfe verbietet. Vielmehr sollen hier Einordnungskriterien der Wissenschaft dargestellt werden, die später dazu dienen können, die Einordnung des EuRH zu erleichtern. Dabei ist die Einordnung von Rechnungshöfen eine kontrovers geführte Auseinandersetzung im Rahmen des wissenschaftlichen Diskurses.

Vereinzelt werden Rechnungshöfe als Teil der Judikative betrachtet. Teilweise werden einzelne nationale Rechnungshöfe sogar explizit vom Gesetzgeber in die Gerichtsbarkeit eingeordnet.[130] Dabei muss natürlich beachtet werden, dass diese eben auch mit Sanktionsbefugnissen ausgestattet sind, wie es beispielsweise beim Bundesrechnungshof oder eben beim EuRH selbst nicht der Fall ist.[131] Trotzdem ergeben sich in der Unabhängigkeit sowie der kollegialen Einrichtung der Rechnungshöfe organisatorische Ähnlichkeiten zu Gerichten und deren Rechtsstellung.[132]

Nicht zu verkennen sind die ebenfalls vorhandenen Legislativwirkungen von Rechnungshöfen. Die Öffentlichkeit der Prüfungsberichte, die die Transparenz der öffentlichen Mittelverwendung fördern soll, könne demnach immer zu einer Ausstrahlung auf parlamentarische Willensbildung führen und folglich zu parlamentarischer Kontrolle dienen. Der Druck, der durch kontroverse Prüfungsberichte erzeugt wird, kann demnach immer dazu führen, das angesprochene Defizite durch die Gesetzgebung aufgegriffen werden.[133] Darüber hinaus

---

dritten Gewalt angesehen werden. Als solche stehen sie neben den Gerichten."; *Groß*, Verwaltungsarchiv 2004, 194, 201f. *Ternes*, Die Finanzkontrolle in der Europäischen Gemeinschaft, S. 60; *Stern*, Staatsorgane, Staatsfunktionen, Finanz- und Haushaltsverfassung, Notstandsverfassung, S. 445; *Vogel*, DVBl. 1970, 193, 195.

130 Vgl. dazu den italienischen Rechnungshof gemäß Art. 103 II der italienischen Verfassung und den griechischen Rechnungshof gemäß Art. 98 der griechischen Verfassung; vgl. dazu auch *Schäfer*, DÖV 1971, 542.

131 Daher unterscheidet *Vogel*, DVBl. 1970, 193, 195, zwischen dem Rechnungshof als Träger der Kontrollfunktion und der materiellen Tätigkeit, die wiederum nicht mit der Judikative vergleichbar ist.

132 Vgl. zum Kollegialcharakter Art. 1 der Geschäftsordnung des Europäischen Rechnungshofes, ABl. der Europäischen Union Nr. L 103/1 vom 23.04.2010; *Groß*, Verwaltungsarchiv 2004, 194, 201.

133 *Tiemann*, Die staatsrechtliche Stellung der Finanzkontrolle des Bundes, S. 369.

erscheint es naheliegend, dass Rechnungshöfe innerhalb ihrer Prüfungstätigkeit, Einfluss auf Gesetzgebung nehmen können.[134] So wird vertreten, dass sich die Rolle der Rechnungshöfe vermehrt zu einem Berater und Sachverständigen in der Gesetzgebung entwickelt hat und damit erheblich an die Legislative herangerückt werden könnte.[135] Eine eindeutige Zuordnung zur Legislative erscheint jedoch auch in der Wissenschaft nur schwer denkbar, da die Aufgabe der Rechnungsprüfungsorgane nicht unmittelbar die Gesetzgebung umfasst, sondern viel eher nur mittelbar auf die Gesetzgebung Einfluss haben kann. Daher wäre eine dem Gesetzgebungsorgan eines Staates oder der EU vergleichbare Stellung nicht überzeugend zu begründen.[136]

Vielmehr wird immer noch vielfach vertreten, dass Rechnungshöfe Organe der Exekutive sind.[137] Dieser Ansatz erscheint schon im ersten Moment naheliegend, schließlich erscheint die reine Kontrolltätigkeit der Rechnungsprüfer als klassische Kontrollaufgabe der Verwaltung. Eine Einordnung in die Exekutive erscheint schon aufgrund der behördenähnlichen Ausgestaltung und Struktur von Rechnungshöfen als naheliegend. Die kollegiale Ausgestaltung von Rechnungshöfen wird dabei als Anhaltspunkt für die Behördenähnlichkeit genommen.[138] Zuletzt wäre auch annehmbar, dass im Rahmen der Negativabgrenzung argumentiert wird, Rechnungshöfe können nur Exekutive sein. Nach dieser Abgrenzung zurückgehend auf *Otto Mayer* in der Bundesrepublik Deutschland kann ein Organ, welches weder Judikative noch Legislative ist, nur noch Exekutive sein, da eine Zuordnung in die Gewalten in jedem Fall möglich sein muss.[139] Inwieweit dieser Grundsatz aus dem deutschen Staatsrecht auch auf die Europäische Union übertragen werden kann, erscheint schon aus dem Grunde sehr zweifelhaft, da im Primärrecht der Europäischen Union eine dem Art. 20 Abs. 2

---

134 *Blasius,* DÖV 1988, 819, 820.

135 *Blasius,* DÖV 1989, 298, 304; das entspricht auch der Intention des Bundesgesetzgebers bei Verabschiedung des Bundesrechnungshof-Gesetzes 1986, welches unter anderem den Zweck erfüllen sollte, „den Bundesrechnungshof ‚näher an das Parlament' heranzurücken", *Hauser,* DVBl. 2006, 539, 541.

136 So auch *Blasius,* DÖV 1989, 298, 302; *Groß,* Verwaltungsarchiv 2004, 194, 202.

137 Vgl. dazu exemplarisch *Tiemann,* DVBl 1970, 954, 959, der dem Bundesrechnungshof eine „institutionelle Sonderstellung innerhalb der Exekutive" zuschreibt; noch schärfer *Wagner,* AöR 2001, 93, 130, der feststellt, dass der Bundesrechnungshof „der Exekutive zuzuordnen" ist.

138 *Groß,* Verwaltungsarchiv 2004, 194, 203; vgl. zu diesem Ansatz auch *Hauser,* DVBl. 2006, 539, 540, der jedoch ausführlich darauf hinweist, dass die sog. Subtraktionsmethode erhebliche Schwächen aufweist.

139 *Groß,* Verwaltungsarchiv 2004, 194, 200.

GG vergleichbare Norm fehlt. Eine darauf aufbauende Argumentation kann für die EU nicht überzeugen.

Als weiterer Ansatz wird vertreten, dass eine Einordnung von Rechnungshöfen nicht eindeutig möglich ist.[140] Vielmehr seien Rechnungshöfe danach als Gewalt sui generis einzuordnen, wobei häufig eine Einordnung zwischen der legislativen und exekutiven Gewalt erfolgt.[141] Dabei wird vor allem auf die Vielfältigkeit der verschiedenen Handlungen der Rechnungshoftätigkeit verwiesen, die Wirkungen in unterschiedlichen Gewalten entfalten können. So kann die Kontrolltätigkeit auf der einen Seite als parlamentarische Funktion gewertet werden,[142] auf der anderen Seite tritt sie eben auch als „Selbstkontrolle der Verwaltung, die auf dem Gebiet der öffentlichen Finanzwirtschaft eine besonders differenzierte und intensive Wahrnehmung erfordert"[143], in Erscheinung. So wurde der Bundesrechnungshof bereits als „Hilfsorgan sowohl der Legislative und als auch der Exekutive"[144] bezeichnet. Letztlich ist die Kontrolltätigkeit danach eine Kombination aus parlamentarischer Kontrolle, um der Finanzkontrolle trotz ex-post-Kontrollen eine präventive Wirkung zu geben und strukturelle Defizite zu beheben, und nachträglicher Kontrolle exekutiver Handlungen, also einer Verwaltungskontrolle. Teilweise wird im Hinblick darauf verwiesen, dass diese parlamentarische Kontrolle und Beratung jedoch keinesfalls eine Einordnung

---

140 Vgl. so zum Beispiel *Stern,* DÖV 1990, 261, 262, der bereits darauf verweist, dass die „staatstheoretische und rechtsdogmatische Deutung ausgesprochen schwierig ist."; auch *Krebs* in: Arnim, Finanzkontrolle im Wandel, S. 77, der feststellt, dass „Rechnungshoftätigkeit weder Gesetzgebung noch Verwaltung noch gar ein Drittes oder Viertes" ist.

141 Vgl. dazu *Tiemann,* Die staatsrechtliche Stellung der Finanzkontrolle des Bundes, S. 338; 386, die dem Bundesrechnungshof eine Sonderstellung zuweist; *Tiemann*, Die staatsrechtliche Stellung der Finanzkontrolle des Bundes, S. 364 zu den Schwierigkeiten bei der Einordnung internationaler Rechnungshöfe mit veschieden gelagerten Kompetenzausstattungen; *Sigg*, Die Stellung der Rechnungshöfe im politischen System der Bundesrepublik Deutschland, S. 26 bezogen auf eine Einordnung des BRH in die Gewaltenstruktur; a.A. *Groß*, Verwaltungsarchiv 2004, 194, 200f.

142 Genauer zu dem Zusammenspiel zwischen Rechnungshof und Parlament: *Schneider*, Zusammenwirken Rechnungshof und Parlament, S. 2, 17.

143 *Tiemann*, Die staatsrechtliche Stellung der Finanzkontrolle des Bundes, S. 331.

144 BT-Drucksache V/3605, S. 13; vgl. auch *Bergel*, Rechnungshöfe als vierte Staatsgewalt?, S. 55; *Klein*, Die verfassungsrechtliche Problematik des ministerialfreien Raumes, S. 61; *Schäfer*, Der Bundestag, S. 274; *Sigg*, Die Stellung der Rechnungshöfe im politischen System der Bundesrepublik Deutschland, S. 26; a.A. *Schneider*, Externe Finanzkontrolle in Deutschland, S. 3.

zur Legislative zulässt, sondern vielmehr eine gewisse Distanz zur Legislative gewahrt wird und daher eine Einordnung verfehlt wäre.[145] An dieser Stelle wird oftmals ebenfalls festgestellt, dass Rechnungshöfe ihre Befugnisse zwar durchaus aus der Verfassung ableiten, selbst jedoch keine Verfassungsorgane darstellen.[146] „Sie stehen als Einrichtungen eigener Art zwischen den Gewalten. Sie sind auch nicht „Hilfsorgane" der einen oder anderen Gewalt. Sie sind selbstständige oberste Organe und nur dem Gesetz unterworfen."[147]

Zusammenfassend wird ersichtlich, dass Rechnungshöfe Elemente aller drei Gewalten vereinen können. Eine abstrakte Einordnung von Rechnungshöfen ist sehr umstritten. Probleme stellen sich einerseits bereits bei der Frage, ob die Funktion der Rechnungshöfe eine schwerpunktmäßige Einordnung in eine der Gewalten rechtfertigen könnte. Andererseits liegen die Differenzen im Detail, sodass ein Rechnungshof bereits in der Art der Ausübung seiner Tätigkeit eigene Tendenzen, die sich auf die Einordnung auswirken, entwickeln kann. Dabei stellt sich beispielsweise auch innerhalb der Gewalteneinteilung die Frage, ob Rechnungshöfe womöglich nur Hilfsorgane der Gewalten sind, die selbst unter den Rechnungshöfen wie gesehen nicht einheitlich beantwortet wird.[148] Eine Einordnung wird daher immer von dem konkreten Rechnungshof an sich abhängen, inwiefern in ihm Elemente der verschiedenen Gewalten kombiniert sind und inwiefern die verschiedenen Funktionen ausgeprägt sind. Letztendlich bleibt die Frage der generellen Einordnung von Rechnungshöfen in der Wissenschaft jedoch weiterhin problematisch.

bb) Funktion von Rechnungshöfen

Um näher auf eine funktionelle Einordnung des EuRH eingehen zu können, sollen an dieser Stelle die Funktionen von Rechnungshöfen näher beleuchtet

---

145 *Blasius*, DÖV 1989, 298, 302; *Groß*, Verwaltungsarchiv 2004, 194, 202.

146 *Schneider*, Externe Finanzkontrolle in Deutschland, S. 3; *Schäfer*, DÖV 1971, 542.

147 *Schneider*, Externe Finanzkontrolle in Deutschland, S. 3; vgl. dazu auch *Tiemann/Tiemann*, Der Staat 1974, 497, 524, die darauf hinweisen, dass die Funktionen eines Organs der Finanzkontrolle „weder als Exekutiv- noch als Legislativ- oder Judikativtätigkeiten zu qualifizieren [sind], sondern [...] eine besondere Ausformung der innerhalb der Staatsgewalten und zwischen ihnen wirkenden Faktoren der Kontrolle" darstellen.

148 Hier sei einerseits verwiesen auf den Bundesrechnungshof, der bereits als ein Hilfsorgan der Exekutive und Legislative bezeichnet worden ist, sowie *Schneider*, der in einer Stellungnahme des Rechnungshofs Reinland-Pfalz diese Sichtweise gerade ablehnt, vgl. dazu Fn. 125.

werden. Grundsätzlich hat jeder Rechnungshof eine Kontrollfunktion, das bedeutet er prüft und berichtet; daneben nehmen Rechnungshöfe häufig auch eine Beratungsfunktion für sich in Anspruch.[149] Diese ist zwar nicht unumstritten, wird in der Realität jedoch von Rechnungshöfen sehr oft wahrgenommen. Im Folgenden sollen diese beiden Funktionen erläutert werden.

(1) Kontrollfunktion

Die Kontrollfunktion eines Rechnungshofes umfasst dabei einmal die kontrollierende wie auch die berichtende Aufgabe. Sie ist Ausdruck seiner Rechnungsprüfungstätigkeit und kann wohl als klassische Funktion einer Rechnungsprüfungsbehörde bezeichnet werden. Hinsichtlich der Kontrolle überprüft der Rechnungshof alle Transaktionen und Haushaltsmittel, um feststellen zu können, inwieweit die Einnahmen und Ausgaben im Rahmen des Haushaltes den Maßstäben ordnungsgemäßer, rechtmäßiger und wirtschaftlicher Haushaltsführung entsprechen. Dabei dient die Kontrollfunktion vor allem der Lieferung von gesicherten Informationen, um dem Parlament einerseits und der Verwaltung andererseits eine Grundlage für haushaltsrelevante Entscheidungen zu geben. Die Kontrollfunktion stellt daher eine Hilfsfunktion eines Rechnungshofes gegenüber Organen der Legislative im Haushaltsentlastungsprozess dar.[150] Darüber hinaus vermittelt die Kontrollfunktion eine Rückmeldung für die Verwaltung hinsichtlich der Ausgabenverwendung sowie der Richtigkeit und Funktionsfähigkeit der eigenen internen Finanzkontrolle.

(2) Beratungsfunktion

Doch innerhalb der Praxis hat sich neben der Kontrollfunktion eine weitere Funktion von Rechnungshöfen herausgebildet, die auch für die Einordnung des EuRH in die Gewaltenstruktur von Bedeutung sein könnte. So werden Rechnungshöfe vermehrt auch als Beratungsorgan betrachtet, die aus ihren Kontrollen Schlüsse ziehen und Empfehlungen vorbringen.[151] Der wissenschaftliche Diskurs, der sich um die Frage der beratenden Funktion und ihres Umfangs dreht, spielt für die Einordnung eines Rechnungshofes in die Gewaltenstruktur eine entscheidende Rolle. Auch der EuRH übt eine im Laufe der Zeit immer

149 Vgl. zur Differenzierung dieser beiden Funktionen *Blasius,* DÖV 1993, 642, 643f.

150 Vgl. *Schneider*, Externe Finanzkontrolle in Deutschland, S. 6.

151 Vgl. *Schneider*, Externe Finanzkontrolle in Deutschland, S. 7; *Götz,* Die Beratungstätigkeit der regionalen Kontrollorgane, S. 2, der am Beispiel des Rechnungshofs Rheinland-Pfalz die Bedeutung der Beratungsfunktion unterstreicht.

ausgeprägtere Beratungsfunktion aus.[152] Grundsätzlich lässt sich der Ursprung der Beratungsfunktion beispielsweise in Deutschland bereits in der Weimarer Republik wiederfinden.[153] Letztlich muss man sagen, dass Rechnungshöfe diese Funktion über die Zeit immer weiter entwickelt haben, sodass die Beratungsfunktion für Rechnungshöfe eine immer entscheidender werdende Einflussmöglichkeit im Rechnungsprüfungsprozess eröffnet hat und insofern sogar als Surrogat für fehlende Sanktionsmöglichkeiten stehen könnte.[154] Der Ursprung der Beratungsfunktion ist allerdings nicht die Vergrößerung des Einflusses von Rechnungshöfen, sondern vielmehr das Nutzen des Wissens und der Erfahrungen eines Rechnungshofes.[155] Die Vorstellung des rein kontrollierenden und berichtenden Rechnungshofes existiert insofern im heutigen Staatsrecht nicht mehr.[156]

Man unterscheidet in der Finanzkontrolle hinsichtlich der Beratungsfunktion zwischen selbstständiger und unselbstständiger Beratung.[157] Die unselbstständige Beratungsfunktion umfasst dabei vor allem die Auswertung von Prüfungsergebnissen, die auf vorgenommenen Prüfungen beruhen. Hierunter sind vor allem die Schlussfolgerungen und Empfehlungen eines Rechnungshofes zu verstehen, die er im Rahmen einer Prüfung zieht und die als Informations- und Beratungsquelle für die betroffenen Fehlerverursacher in der Verwaltung oder

---

152 Der wissenschaftliche Diskurs zur Beratungsfunktion von Rechnungshöfen soll hier nicht näher behandelt werden; dieser beschäftigt sich mit der Frage, ob Rechnungshöfen ihrer Natur nach eine Beratungsfunktion zusteht und wenn ja, welche Rolle diese gegenüber der ursprünglichen Kontrollfunktion einnimmt. In diesem Teil soll jedoch im Vordergrund stehen, inwiefern der Hof tatsächlich eine Beratungsfunktion ausübt.

153 Vgl. *Zavelberg* in: Arnim, Finanzkontrolle im Wandel, S. 21; auch *Wittrock,* DÖV 1989, 346, 348, der in der Entwicklung zu einer beratenden Kontrolle bereits erheblich früher ansetzt.

154 Vgl. *Zavelberg* in: Arnim, Finanzkontrolle im Wandel, S. 22; Schulze in: *Engelhardt,* Stellung und Funktion der Rechnungshöfe im Wandel?, S. 38; *Stern* in: Zavelberg, Die Kontrolle der Staatsfinanzen, S. 21.

155 Vgl. zu dieser Funktion *Wittrock,* DÖV 1989, 346, 346f.

156 Vgl. detailliert zur Entwicklung der Beratungsfunktion untersucht am Bundesrechnungshof von *Störring,* Die Beratungsfunktion des Bundesrechnungshofes und seines Präsidenten, S. 286, der dabei die Entwicklung und den Bedeutungsgewinn der Beratungsfunktion hervorhebt; vgl. auch *Wittrock,* DÖV 1989, 346, 348.

157 Vgl. zu dieser Unterscheidung *Schneider*, Externe Finanzkontrolle in Deutschland, S. 7f.; ebenso *Götz,* Die Beratungstätigkeit der regionalen Kontrollorgane, S. 3, 6.

manchmal auch in der Legislative dienen. Im Ergebnis „steht [diese Beratung] als Hilfe für die Verwaltung bei der Prüfung funktional im Vordergrund."[158]

Die selbstständige Beratung kann beispielsweise durch Stellungnahmen erfolgen. Sie umfasst folglich die Beratung ohne konkreten Prüfungsbezug, die vor allem dazu dient, dass sich das Parlament die Expertise eines Rechnungshofes zunutze machen kann. An dieser Stelle steht folglich die Unterstützung des Parlamentes bei der Überprüfung von Haushaltsmitteln und der Haushaltsentlastung im Vordergrund.[159]

Diese Entwicklung hat sich auch in den Prüfungen des EuRH niedergeschlagen und ist insbesondere an den Prüfungsberichten zu erkennen. Grundsätzlich lässt sich die Beratungsfunktion des EuRH schon an seinem Recht zur Stellungnahme festmachen.[160] Dem EuRH wurde in dieser Form bereits primärrechtlich eine beratende Befugnis zugestanden.[161] Darüber hinaus hat der EuRH seine Beratungsfunktion jedoch auch selbst weiterentwickelt. Vergleicht man die Prüfungsberichte aus den Anfangszeiten des EuRH, so wird offensichtlich, dass der EuRH in der Darstellung seiner Prüfungsergebnisse mittlerweile eine andere Gewichtung vornimmt, als er dies noch in den Anfangszeiten getan hat. In den anfänglichen Jahresberichten spielten die Empfehlungen des EuRH nur eine untergeordnete Rolle. Der EuRH beschränkte sich in diesen vor allem auf seine berichtende Funktion. Zwar sprach der EuRH im Rahmen seiner Berichte durchaus auch Empfehlungen aus,[162] doch lässt sich der Umfang dieser Empfehlungen nicht vergleichen mit den Jahresberichten der jüngsten Zeit. Hier nehmen die Empfehlungen des EuRH eine zentrale Rolle ein. Dabei stellt der EuRH zuerst einmal die stattgefundenen Prüfungen des vergangenen Jahres vor, um sogleich eine Bewertung vorzunehmen und konkrete Empfehlungen zur Verbesserung

---

158 *Schneider*, Externe Finanzkontrolle in Deutschland, S. 7; vgl. auch *Blasius,* DÖV 1993, 642, 644.

159 Detailliert dazu *Blasius,* DÖV 1993, 642, 646ff., der dabei insbesondere auf das Beratungserfordernis für das Parlament als Informationsbedürfnis eingeht.

160 Die Beratungsfunktion des Bundesrechnungshofes: *Kotzur* in: Geiger EUV/AEUV Kommentar, Art. 287 Rn. 12; *Magiera* in: Grabitz u. a., EUV/AEUV, Art. 287 AEUV Rn. 18; *Niedobitek* in: Streinz u. a., EUV/AEUV, Art. 287 AEUV Rn. 20.

161 Vgl dazu *Mart* in: Zavelberg, Die Kontrolle der Staatsfinanzen, zur Einordnung der primärrechtlich verankerten Beratungsbefugnis.

162 Vergleiche dazu den Jahresbericht zum Haushaltsjahr 1979, ABl. der Europäischen Gemeinschaften Nr. C 321 vom 31.12.1980, in dem der Hof vereinzelt auf Empfehlungen Bezug nimmt (Vgl. S. 42, 177), seine Darstellung des Jahresberichts jedoch eher Feststellungen in Bezug auf die erzielten Verbesserungen und die noch vorhandenen Defizite nennt.

der Defizite auszusprechen. Gleichzeitig analysiert der EuRH auch die Umsetzung von Empfehlungen vergangener Jahre. So stehen letztlich am Ende eines jeden Prüfungsbereiches eine Mehrzahl an Empfehlungen, bei denen der EuRH Handlungsbedarf sieht, sowie eine mehrjährige Bewertung der Empfehlungsumsetzungen.[163] Der EuRH hat durch seine Darstellung seine Aufgaben und die Beratungsfunktion immer weiter vertieft und sich neben seiner reinen Kontrollfunktion eine ausgeprägte Beratungsfunktion erarbeitet. Diese Entwicklung lässt sich auch in den Sonderberichten des EuRH festmachen.[164] Während der EuRH in Sonderberichten anfangs seine Schlussfolgerungen vielmehr als Feststellungen formuliert,[165] sieht man in aktuellen Sonderberichten einen Schwerpunkt des Berichts insbesondere in den Empfehlungen des EuRH an die Kommission oder andere in dem jeweiligen Prüfungsbericht betroffene Prüfungsadressaten.[166] Selbst in den Berichten aus den Jahren 2000 und 2001 ist eine den heutigen Sonderberichten vergleichbare Struktur nicht zu erkennen, vielmehr spricht der EuRH auch hier noch vorrangig von Schlussfolgerungen und nur vereinzelt von Empfehlungen.[167] Dieser sprachliche Unterschied ist nicht zu verkennen, ist er doch ein deutliches Indiz dafür, dass der EuRH seine Berichte und Ergebnisse heute in einem anderen Prüfungsverständnis darstellt. Der Umfang dieser Schlussfolgerungen hält sich dabei im Vergleich zu aktuellen Sonderberichten

163 Vergleiche dazu im Jahresbericht zum Haushaltsjahr 2015, ABl. der Europäischen Union Nr. C 375 vom 13.10.2016, S. 77ff.; S. 120ff.; S: 137ff.; S. 156ff.; S. 195ff; S. 234ff.; S. 266; S. 281ff.

164 Zur Analyse wurden mehrere Sonderberichte aus den Anfängen des Hofes (ABl. der Europäischen Gemeinschaften Nr. C 258 vom 6.10.1980; ABl. der Europäischen Gemeinschaften Nr. C 326 vom 15.12.1980; ABl. Nr. C 358 vom 31.12.1980), aktuelle Sonderberichte (Sonderbericht Nr. 29/2016 vom 18.10.2016; Sonderbericht Nr. 31/2016 vom 26.10.2016; Sonderbericht Nr. 32/2016 vom 8.11.2016) sowie mehrere Sonderberichte zum Anfang des Jahrtausends (ABl. der Europäischen Gemeinschaften Nr. C 57 vom 22.2.2001; ABl. der Europäischen Gemeinschaften Nr. C 85 vom 23.3.2000; ABl. der Europäischen Gemeinschaften Nr. C 172 vom 21.6.2000) herangezogen.

165 Vgl. dazu ABl. Nr. der Europäischen Gemeinschaften C 326/16ff. vom 15.12.1980; ABl. der Europäischen Gemeinschaften Nr. C 358/21f. vom 31.12.1980.

166 Vgl. dazu Sonderbericht Nr. 29/2016 vom 18.10.2016, S. 97–104; Sonderbericht Nr. 31/2016 vom 26.10.2016, S. 59–67; Sonderbericht Nr. 32/2016 vom 8.11.2016, S. 54–58.

167 Vgl. dazu ABl. der Europäischen Gemeinschaften Nr. C 57/14f. vom 22.2.2001; ABl. der Europäischen Gemeinschaften Nr. C 85/39 vom 23.3.2000; ABl. C 172/13 vom 21.6.2000.

in Grenzen.[168] Auch inhaltlich muss man feststellen, dass die vereinzelten Empfehlungen in frühen Sonderberichten eher generell gehalten wurden, während die aktuellen Sonderberichte vergleichbar zu den Jahresberichten ganz konkrete Empfehlungen aussprechen und Veränderungsvorschläge äußern.[169] Dazu nennt der EuRH sogar Umsetzungszeitpunkte, zu denen nach seiner Vorstellung die Empfehlungen umgesetzt werden sollten. Alles in allem muss man konstatieren, dass der EuRH seine Beratungsfunktion erheblich erweitert hat und diese mittlerweile einen Schwerpunkt der Prüfungen des EuRH darstellt.

In dem wissenschaftlichen Diskurs, inwieweit Rechnungshöfen eine Beratungsfunktion neben der Kontrollfunktion zusteht, hat der EuRH demzufolge eindeutig Stellung bezogen, indem er seine Aufgabe in beratender und gestaltender Funktion interpretiert. Das mag auch damit zusammenhängen, dass Rechnungshöfe durch die Finanzkontrolle im Verfassungsrecht einer der Transparenz dienenden Funktion nachkommen. Die Aufdeckung von Fehlern bei der Verwendung von Einnahmen soll schließlich am Ende dafür sorgen, dass staatliche Gelder möglichst effektiv und fehlerfrei verwendet werden. Bedenkt man das immer wieder kritisierte Demokratiedefizit der Europäischen Union,[170] dann hat diese einen besonderen Bedarf an Transparenz und demokratischer Legitimation. Daher erscheint eine beratende Position des EuRH, der seine Rolle extensiv interpretiert, auch durchaus als sinnvoll, um diesem Problem entgegenzuwirken.[171] Die Mitwirkung inform von Empfehlungen gewährleistet letztlich, dass der EuRH zwar inform von ex-post-Prüfungen arbeitet, im Ergebnis aber versucht durch Vorschläge auch präventiv noch stärker auf zukünftige Maßnahmen einzuwirken.[172]

---

168 Ebd.

169 Vgl. dazu Sonderbericht Nr. 29/2016 vom 18.10.2016, S. 97–104; Sonderbericht Nr. 31/2016 vom 26.10.2016, S. 59–67; Sonderbericht Nr. 32/2016 vom 8.11.2016, S. 54–58.

170 Auf das Demokratiedefizit der EU soll an dieser Stelle nicht näher eingegangen werden, vertiefend beschäftigen sich hiermit jedoch *Achenbach*, Demokratische Gesetzgebung in der Europäischen Union, S. 300ff., allgemein zur dualen Legitimationsstruktur der EU; *Kluth*, Die demokratische Legitimation der Europäischen Union zum Demokratiedefizit der EU; *Magnette* in: Smismans, Civil society and legitimate European governance, S. 23ff.; BVerfGE 89, 155, 182, im Rahmen des Maastrichts-Urteils zur mittelbaren Legitimationsstruktur der EU.

171 *Bergel*, Rechnungshöfe als vierte Staatsgewalt?, S. 195.

172 Vgl. *Mart* in: Zavelberg, Die Kontrolle der Staatsfinanzen, S. 488.

Letztlich verschafft sich der EuRH durch diese Arbeitsweise eine Möglichkeit auf vergangene Jahre zurückzublicken und Prüfungsansätze mit den betreffenden Schlussfolgerungen wieder aufzugreifen und somit trotz der rechtlichen Unverbindlichkeit seiner Empfehlungen darauf hinzuwirken und zu prüfen, inwieweit diese aufgegriffen wurden.[173] Der EuRH hat sich folglich in seiner Funktion als Finanzkontrollorgan weiterentwickelt und seine Position durch die Darstellung seiner Prüfungsergebnisse immer weiter gestärkt. Neben der reinen prüfenden und berichtenden, füllt er mittlerweile vor allem auch die beratende Funktion aus und hat dadurch seinen Einfluss auf Verwaltungs- und auch Gesetzgebungsprozesse immens vergrößert. Der EuRH fällt in seiner Entwicklung im Endeffekt in die schon beschriebene Entwicklung des Rechnungshofes, der „sich nicht allein auf die Feststellung von Mängeln in der Vergangenheit beschränkt, [sondern] […] einer stärker zukunftsgerichteten Information über finanzrelevante Tatsachen und Problemzusammenhänge“[174] dient. Auch wenn nach wie vor immer noch Zweifel hinsichtlich der Beratungsfunktion von Rechnungshöfen geäußert werden, muss in diesem Zusammenhang festgestellt werden, dass Rechnungshöfe nach eigener Einschätzung beraten können und folglich die eigene Beratungsrolle in der Hand haben. Diese Entwicklung der einzelnen Funktionselemente soll im Folgenden die Grundlage der Einordnung des EuRH in die Gewaltenstruktur der EU darstellen, um eine funktionelle Einordnung des EuRH zu ermöglichen.

d) Der Europäische Rechnungshof als Judikativorgan

Eine Einordnung des EuRH in die Judikative erscheint wie bereits anfänglich schon festgestellt aufgrund seiner Bezeichnung naheliegend. Die Ähnlichkeit in seiner Struktur zum Europäischen Gerichtshof ist ein weiterer Hinweis, der für eine Einordnung in die Judikative sprechen könnte. Grundsätzlich muss man feststellen, dass die Einordnung von Rechnungshöfen in die rechtsprechende Gewalt durchaus ihre Berechtigung findet. Die Bezeichnung als EuRH, beziehungsweise im Englischen noch deutlicher als „Court“, und die den Gerichtshöfen ähnelnde Ausgestaltung persönlicher Rechte der Mitglieder sowie die organisatorische Ähnlichkeit könnten diese Einordnung begründen.

---

173 Blickt man in diesem Zusammenhang auf aktuelle Jahresberichte fällt auf, dass der EuRH mittlerweile konsequent die Umsetzung vergangener Empfehlungen überprüft und in seinen Jahresberichten Empfehlung für Empfehlung hinsichtlich des Umsetzungsstatus einordnet.

174 *Schulze* in: Engelhardt, Stellung und Funktion der Rechnungshöfe im Wandel?, S. 34.

Zuallererst steht dort die Unabhängigkeit der Mitglieder des EuRH im Vordergrund, die in gleicher Weise auch für die Mitglieder des Europäischen Gerichtshofes besteht.[175] Darüber hinaus gelten gemäß Art. 286 Abs. 8 AEUV die für die Richter des Gerichtshofes der Europäischen Union geltenden Bestimmungen des Protokolls über die Vorrechte und Befreiungen ebenso für die Mitglieder des EuRH. Der Aufbau und die Struktur des Organs ähneln folglich dem des EuGH. Darüber hinaus gibt es wie bereits erwähnt das Modell des rechtsprechenden Rechnungshofes vereinzelt in den Mitgliedstaaten.[176] Trotzdem muss hier differenziert werden. Der Aufbau des EuRH begründet sich hauptsächlich dadurch, dass die Unabhängigkeit der Mitglieder in der Finanzkontrolle gewährleistet werden muss.[177] Darüber hinaus muss jedoch festgestellt werden, dass der EuRH keinerlei Entscheidungs- oder Sanktionsmöglichkeiten in der Rechnungsprüfung hat. Wie bereits in der Funktion des EuRH beschrieben, beschränkt sich diese auf die Wahrnehmung der externen Finanzkontrolle und der Aussprache von Schlussfolgerungen und Empfehlungen, die nach Meinung des EuRH zur Verringerung der Fehlerquote des Haushalts führen würden. All diese Möglichkeiten und Maßnahmen des EuRH beinhalten keinerlei Verbindlichkeit. Die rechtsprechende Gewalt lebt aber gerade davon, dass zu einem Sachverhalt eine verbindliche Entscheidung getroffen wird und damit die Rechtslage geklärt wird.[178] Die genannten Indizien, die für eine Einordnung in die Judikative sprechen könnten, haben folglich lediglich einen organisatorischen Charakter, nämlich bestimmte Eigenschaften und die Struktur des EuRH sicherzustellen.[179] Der EuRH ließe sich hinsichtlich seiner Struktur also durchaus in die Judikative einordnen, hinsichtlich seiner Tätigkeit muss man jedoch feststellen, dass keine Ansatzpunkte für eine derartige Einordnung vorliegen, da es ihm insbesondere an der Verbindlichkeit seiner Berichte und Stellungnahmen mangelt, die eine derartige Einordnung nahelegen könnte.[180] Die organisatorische Ähnlichkeit zum EuGH begründet sich dagegen viel eher dadurch, dass die Eigenschaft der Unabhängigkeit sowohl bei den Mitgliedern des EuRH als auch bei denen des

---

175 *Wegener* in: Calliess u. a., EUV/AEUV Kommentar, Art. 253 AEUV Rn. 3; *Hackspiel* in: Schwarze u. a., EU-Kommentar, Art. 253 AEUV Rn. 12ff. *Huber* in: Streinz u. a., EUV/AEUV Kommentar, Art. 253 AEUV Rn. 8.

176 Wie beispielsweise in Italien oder Griechenland, vgl. Fn. 30.

177 Vgl. dazu auch §§ 5–7 der Deklaration von Lima.

178 *Morgenthaler* in: Hillgruber u. a., BeckOK GG Art. 92 GG Rn. 4f.

179 *Groß*, Verwaltungsarchiv 2004, 194, 201; *Stern*, Staatsorgane, Staatsfunktionen, Finanz- und Haushaltsverfassung, Notstandsverfassung, S. 445.

180 So auch *Groß*, Verwaltungsarchiv 2004, 194, 201.

EuGH[181] im Vordergrund der mitgliedschaftlichen Stellung steht. Daraus lassen sich zwar Ähnlichkeiten in der Aufgabenstruktur und den dafür erforderlichen Voraussetzungen der Rechtsstellung der Mitglieder von EuRH und EuGH ableiten, der EuRH wird dadurch jedoch keinesfalls zu einem Organ der Judikative. Im Ergebnis überwiegen hier folglich die Schlüsse aus der funktionalen Betrachtung, die eine Einordnung in die Judikative nicht zulassen.

e) Der Europäische Rechnungshof als Legislativorgan

Vereinzelt werden Rechnungshöfe in der Gewaltenstruktur zumindest auch als Legislativorgan eingeordnet.[182] So ließen sich in der Position und Funktion des EuRH durchaus legislative Elemente finden, die es naheliegend erscheinen lassen könnten, dass der EuRH Teil der Legislative ist. Zuallererst fallen dabei die Berichte des EuRH im Rahmen seiner Kontrollfunktion ins Auge. Diese dienen dem EuP bei der Wahrnehmung seiner parlamentarischen Aufgaben. Vorrangig sei hier das Entlastungsverfahren genannt, bei dem das EuP der Kommission die Entlastung zur Ausführung des Haushaltsplanes erteilt.[183] Im Entlastungsverfahren greift das EuP vor allem auf die Berichte und die Zuverlässigkeitserklärung des EuRH zurück.[184] Darüber hinaus macht der EuRH im Rahmen seiner Beratungsfunktion innerhalb der Jahresberichte durchaus auch konkrete Legislativvorschläge, von denen er sich die Umsetzung erhofft.[185] Zwar hat der EuRH keine rechtlich verbindlichen Legislativbefugnisse, er schafft es jedoch im

---

181 Vgl. hierzu Art. 19 Abs. 2 UAbs. 3 S. 1 EUV; Art. 253 Abs. 1 S. 1 AEUV; Art. 254 Abs. 2 AEUV.

182 *Blasius*, DÖV 1989, 298, 304; *Schulze* in: Engelhardt, Stellung und Funktion der Rechnungshöfe im Wandel?, S. 33; *Brunner* in: Schiffer, Verfassung, Verwaltung, Finanzkontrolle, S. 184; *Sigg*, Die Stellung der Rechnungshöfe im politischen System der Bundesrepublik Deutschland, S. 26; *Stern*, Grundbegriffe und Grundlagen des Staatsrechts, Strukturprinzipien der Verfassung, 261, 264, mit Anmerkungen zur Annäherung des Bundesrechnungshofes an das Parlament; *Stern*, Staatsorgane, Staatsfunktionen, Finanz- und Haushaltsverfassung, Notstandsverfassung, S. 447; *Tiemann*, Die staatsrechtliche Stellung der Finanzkontrolle des Bundes, S. 375; *Wittrock*, ZParl 1982, 209, 218f. zur Nähe des Bundesrechnungshofes zum Parlament; a.A. *Groß*, Verwaltungsarchiv 2004, 194, 202.

183 Zu beachten sind in diesem Zusammenhang vor allem die Rolle des EuRH im Rahmen von Art 319 AEUV; beachtlich sind darüber hinaus auch die Anhörungsvorschriften im Rahmen des Art 322 AEUV.

184 Vgl. Art. 319 Abs. 1 AEUV.

185 Dazu exemplarisch aus den Jahresberichten 2014 und 2015: Jahresbericht zum Haushaltsjahr 2015, ABl. der Europäischen Union Nr. C 375/195f. vom 13.10.2016,

Rahmen seiner Berichte auch in diesem Bereich Einfluss zu nehmen, indem er der Kommission konkrete Gesetzesvorschläge unterbreitet, die diese wiederum in Gesetzgebungsinitiativen umsetzen kann. Aus diesem Grund erscheint der Ansatz, dass der EuRH ein Hilfsorgan der Legislative darstellt und daher in die Legislative einzuordnen ist, auf den ersten Blick durchaus vertretbar. Trotzdem wäre es im Ergebnis wohl verfehlt, den EuRH als reines Legislativorgan einzuordnen, schließlich beschränkt sich sein Anteil am Legislativprozess darauf, Ansätze und Ideen zu liefern, an welcher Stelle Gesetzgebungsinitiativen sinnvoll wären, um den europäischen Haushalt zu verbessern und die Fehlerquote zu verringern. Sein Einfluss auf die Gesetzgebung beschränkt sich folglich auf die präventiven Einwirkungsmöglichkeiten, um gesetzliche Schwächen bei der Vergabe und Kontrolle von Mitteln zu beseitigen. Damit übt er im Rahmen der Finanzkontrolle eine Hilfsfunktion für die Kommission und im Rahmen der parlamentarischen Kontrolle eine Hilfsfunktion für das EuP aus. Doch bereits aus den Berichten des EuRH wird deutlich, dass Legislativansätze zwar durchaus vereinzelt vorhanden sind,[186] die Verwaltungskontrolle und Verwaltungsberatung aber in den Berichten des EuRH im Vordergrund stehen. Im Übrigen ist durch die fehlende Verbindlichkeit der Schlussfolgerungen und Empfehlungen der rechtliche Einfluss auf den Gesetzgebungsprozess schlussendlich verhältnismäßig gering. Auch wenn der Einfluss der Prüfungsergebnisse und damit auch der Einfluss der Empfehlungen durchaus nicht unterschätzt werden darf, erscheint es wenig überzeugend den EuRH als Legislativorgan oder sogar nur als reines Hilfsorgan der Legislative einzuordnen.

Letztlich können die Gesetzesvorschläge, die in den einzelnen Berichten des EuRH erfolgen, nur im Zusammenhang mit seiner Funktion verstanden werden. Die vereinzelten Empfehlungen stellen eine Ausformung der Beratungsfunktion des EuRH hinsichtlich der Gesetzgebung dar, entfalten darüber hinaus aber keinerlei Verbindlichkeit für die Kommission und finden sich im Endeffekt auch nur vereinzelt in den Berichten des EuRH wieder, nämlich immer nur dann, wenn der EuRH in seiner Prüfung die festgestellten Fehler auf Schwächen in der Gesetzgebung zurückführt. Auch wenn der EuRH seine Beratungstätigkeit durchaus weiterentwickelt hat, kann sein Einfluss auf die Gesetzgebung nicht als maßgeblich bezeichnet werden. Seine Tätigkeit hinsichtlich der Gesetzgebung beschränkt sich dabei auf finanz- und haushaltsrelevante Fragen, auf die sich die

---

Empfehlung 1 u. Empfehlung 3; Jahresbericht zum Haushaltsjahr 2014, ABl. der Europäischen Union Nr. C 373 vom 10.11.2015, S. 124 Empfehlung 3, S. 204 Empfehlung 5.

186 Ebd.

Erfahrungen aus der Prüfungstätigkeit und den Prüfungsergebnissen in irgendeiner Weise auswirken.[187] Daher dienen diese Legislativempfehlungen lediglich der Aufdeckung struktureller Schwächen und der konsequenten Wahrnehmung der Beratungsfunktion. Hinzu kommt die Unterstützung des EuP und des Rates bei der Haushaltsentlastung. Diese ist sogar gesetzlich in das Primärrecht verankert worden.[188]

Resümierend kann man sagen, dass durchaus eine Verbindung zwischen Gesetzgebungsprozess und EuRH besteht, diese Ausprägung jedoch lediglich mit der Funktion des EuRH zusammenhängt. Der EuRH hat die Möglichkeit, im Rahmen seiner unverbindlichen Empfehlungen auf Gesetzgebungsprozesse Einfluss zu nehmen, um eine ordnungsgemäße und zuverlässige Haushaltsführung zu gewährleisten. Zuletzt muss jedoch auch festgestellt werden, dass eine Einordnung des EuRH aufgrund der vereinzelten Legislativempfehlungen und der Unterstützung des EuP bei der Haushaltsentlastung nicht für eine eindeutige Zuordnung zur Legislative ausreichen kann. Denn das Prinzip der Gewaltenteilung, beziehungsweise nach dem Verständnis des europäischen Gesetzgebers in Verbindung mit dem institutionellen Gleichgewicht,[189] sieht eine klare Einordnung in der Gewaltenstruktur durch den Gesetzgeber vor. Obwohl wir auf europäischer Ebene keine konsequente Umsetzung der Gewaltenteilung vorfinden,[190] könnte die Einordnung eines Organs in die Legislative, das vom Gesetzgeber keinerlei legislative Befugnisse erhalten hat, nicht überzeugen. Man müsste an dieser Stelle vielmehr sagen, dass der EuRH sich in der Weiterentwicklung seiner Tätigkeit selbst zum Hilfsorgan der Legislative fortentwickelt hat. Da die Einordnung in die Gewaltenstruktur jedoch vielmehr eine Einordnung ist, die im Rahmen der verfassungsrechtlichen Struktur eines Staates, beziehungsweise Staatenverbundes und nicht durch das Organ selbst festgelegt wird, kann der EuRH im Ergebnis nicht als Organ der Legislative oder auch nur als ausschließliches Hilfsorgan der Legislative eingeordnet werden.

---

187 *Blasius*, DÖV 1989, 298, 302.

188 Vgl. Art. 287 Abs. 4 UAbs. 4 AEUV.

189 Vgl. zum Begriff des institutionellen Gleichgewichts die Urteile des EuGH vom 13.06.1958 – Rechtssache Nr. 10/56, S. 82 sowie vom 22. 5. 1990 – Rechtssache C-70/88, Rn. 21.

190 Vgl. zur Gewaltenteilung in der EU den Abschnitt III. 1. b) mit vertiefenden Literaturhinweisen.

f) Der Europäische Rechnungshof als Exekutivorgan

Immer wieder wird der EuRH als Exekutivorgan eingeordnet. Das wird vor allem damit begründet, dass der EuRH in seiner Funktion des Kontrolleurs und Beraters als „Helfer und Diskussionspartner der Exekutive“[191] fungiert. In diesem Zusammenhang wird bei Rechnungshöfen häufig von einer „Sonderstellung innerhalb der Exekutive“[192] gesprochen.[193] Die Zuordnung wird vor allem daran festgemacht, dass Rechnungshöfe in der Haushaltskontrolle eng mit der Exekutive zusammenarbeiten. Aufgabe des EuRH ist es, alle Einnahmen und Ausgaben der Europäischen Union zu kontrollieren. Damit werden durch den EuRH nachträglich Exekutiventscheidungen überprüft; die Verwaltungskontrolle steht im Kern der Kontrollfunktion eines Rechnungshofes. Dagegen ließe sich natürlich anführen, dass Rechnungsprüfung, wie bereits gesehen, auch ein gewisses Maß an parlamentarischer Arbeit darstellt,[194] und im Übrigen der EuRH auch Legislativvorschläge vorbringt. Eine Differenzierung zwischen der reinen Verwaltungskontrolle und der davon zu trennenden Regierungs- und Parlamentskontrolle liegt nahe. In diesem Sinne könnte man der Einordnung immer entgegenhalten, der EuRH wäre auch ein Hilfsorgan der Legislative, schließlich arbeite er mit seinen Vorschlägen ebenso der Legislative zu.

Immer wieder wird in der Kontrollfunktion von Rechnungshöfen eine der Exekutive zuzuordnende Funktion gesehen.[195] Exekutive ist demnach gerade Ausdruck staatlicher Selbstkontrolle.[196] Hinsichtlich der oben dargestellten Verwaltungskontrollfunktion dürfte diese Annahme ihre Berechtigung haben. Im Übrigen lässt sich für die Einordnung zur Exekutive argumentieren, dass die Kommission als zentraler Adressat der Jahres- und Sonderberichte das primäre Exekutivorgan der EU ist. Dem muss jedoch entgegengehalten werden, dass die Kommission ebenso das Organ der Gesetzgebungsinitiative ist. Trotzdem könnte es naheliegend erscheinen den EuRH, in seiner Funktion als Teil der

191 Schulze in: *Engelhardt*, Stellung und Funktion der Rechnungshöfe im Wandel?, S. 33.

192 *Tiemann,* DVBl 1970, 954, 959.

193 *Grupp*, Die Stellung der Rechnungshöfe in der Bundesrepublik Deutschland, S. 165; 168 bezogen auf die Einordnung deutscher Rechnungshöfe.

194 Diesbezüglich lassen sich die vereinzelten Legislativvorschläge sowie die Rolle des EuRH bei der Haushaltsentlastung anführen.

195 So argumentiert *Grupp*, Die Stellung der Rechnungshöfe in der Bundesrepublik Deutschland, S. 165; hinsichtlich der organisatorischen Nähe am Beispiel des Bundesrechnungshofes *Tiemann*, Die staatsrechtliche Stellung der Finanzkontrolle des Bundes, S. 313ff.

196 *Grupp*, Die Stellung der Rechnungshöfe in der Bundesrepublik Deutschland, S. 163.

Exekutive einzuordnen und die Anfertigung von Berichten als Teil der Verwaltungstätigkeit inform der Verwaltungskontrolle und Verwaltungsberatung zu betrachten. Dabei wird jedoch verkannt, dass sich die Kontrollfunktion nicht nur als Verwaltungskontrolle, sondern eben auch als parlamentarische Kontrolle darstellt.[197] Hinsichtlich des EuRH haben wir bereits die Entwicklung der einzelnen Funktionen in den Prüfungsberichten gesehen. Der EuRH tendiert immer mehr zum beratenden und auch parlamentarisch zuarbeitenden Finanzkontrollorgan; seine Nähe zum EuP ist unverkennbar schon in der Gründungszeit des EuRH deutlich geworden. In seinen Berichten kontrolliert und bewertet der EuRH, gibt Empfehlungen ab und bewertet die Umsetzung der Empfehlungen. Diese Empfehlungen beziehen sich sowohl auf die Verwaltungskontrolle[198] als auch auf die parlamentarische Kontrolle.[199] „Nur das erfolgreiche Wechselspiel zwischen der Rechnungskontrolle und den daraus gezogenen politischen Konsequenzen für die zukünftigen Haushalte der Gemeinschaft durch das Europäische Parlament kann letztendlich die Arbeit des Rechnungshofes wirksam und damit auch für den europäischen Bürger und Steuerzahler populär machen."[200]

Neben der Tätigkeitseinordnung dürfte auch die organisatorische Einordnung des EuRH zumindest in Teilen der Exekutive entsprechen. Der EuRH als Kollegialorgan entspricht dabei der Vorstellung einer kollegial strukturierten, unabhängigen Verwaltungsbehörde.[201] Das Kollegialprinzip ist dabei „ein in der Exekutive breit verankertes, grundsätzlich gleichwertiges Organisationsprinzip."[202] Eine Einordnung, die sich hierauf stützt, kann jedoch nicht überzeugen. Ähnlich wie die Ausgestaltung der richterlichen Unabhängigkeit, die im Rahmen der Einordnung zur Judikative thematisiert wurde, erscheint der Organisationscharakter des EuRH nicht geeignet, eine funktionale Einordnung zur Exekutive zu begründen. Freilich können organisatorische Parallelen als Indiz

---

197 So differenziert auch *Tiemann*, Die staatsrechtliche Stellung der Finanzkontrolle des Bundes, S. 369, die zwischen der repressiven und präventiven Funktion der Finanzkontrolle unterscheidet.

198 Vgl. dazu im Jahresbericht des EuRH zum Haushaltsjahr 2015, ABl. der Europäischen Union Nr. C 375 vom 13.10.2016, S. 137f., S. 156, S. 234f., S. 266.

199 Vgl. dazu im Jahresbericht des EuRH zum Haushaltsjahr 2015, ABl. der Europäischen Union Nr. C 375 vom 13.10.2016, S. 195, S. 196.

200 *Timmann* in: Jahrbuch der europäischen Integration 1981, S. 132.

201 *Schulze* in: Engelhardt, Stellung und Funktion der Rechnungshöfe im Wandel?, S. 37, hinsichtlich des Hamburger Rechnungshofes; *Magiera* in: Grabitz u. a., EUV/AEUV Kommentar, Art. 286 AEUV Rn. 12; *Groß*, Verwaltungsarchiv 2004, 194, 203.

202 *Groß*, Verwaltungsarchiv 2004, 194, 203.

für eine Einordnung herangezogen werden, vorhergehende funktionale Einordnungskriterien dürften jedoch eher geeignet erscheinen, den EuRH in die Exekutive einzuordnen.

Zusammenfassend lassen sich Argumente finden, die eine Einordnung des EuRH in die Exekutive plausibel erscheinen lassen. Eine schwerpunktmäßige Einordnung als Hilfsorgan der Exekutive unter Wahrnehmung der Verwaltungskontrolle einerseits und der Verwaltungsberatung andererseits erscheint durchaus vertretbar. Alles in allem kann diese Einordnung jedoch nicht vollends überzeugen. Vielmehr widerspricht einer Nähe zur Exekutive, sowohl aus organisatorischen als auch aus Tätigkeitsgesichtspunkten schon die institutionelle Struktur der Europäischen Union. Die Kommission als primärer Adressat der Berichte des EuRH[203] verbindet in ihrer Funktion als EU-Exekutivorgan und als Inhaber des Initiativmonopols für Gesetzgebungsakte der Union sowohl exekutive als auch legislative Kompetenzen.[204] Die Nähe zur Kommission verdeutlicht damit nur die Nähe des EuRH sowohl zur legislativen als auch zur exekutiven Gewalt, zeigt aber keine eindeutige Tendenz in eine Richtung. Die staatstheoretischen Ansätze, die Rechnungshöfe in die Exekutive einordnen wollen, gehen vielmehr von einem abweichenden Modell des Rechnungshofes aus, der im Schwerpunkt innerhalb der Verwaltungskontrolle tätig ist. Der EuRH, der dagegen seine Rolle im unionsrechtlichen Institutionengefüge weit interpretiert, indem er sich im Laufe der Zeit zu einem umfassenden Berater und Sachverständigen des EuP und der Kommission entwickelt hat, passt wie gesehen nicht in das Modell des klassischen Rechnungshofes, der lediglich Vorgänge kontrolliert und die Ergebnisse in Prüfungsberichten zusammenfasst. Eine Einordnung in die Exekutive wäre demnach hinsichtlich des EuRH im Ergebnis nicht überzeugend, denn er entspricht in seiner Funktion nicht dem schwerpunktmäßig in der Verwaltungskontrolle arbeitenden Rechnungshof.

g) Der Europäische Rechnungshof als Gewalt sui generis

Zuletzt könnte man den EuRH als Gewalt sui generis einordnen. Es hat sich gezeigt, dass eine trennscharfe Einordnung über die Funktionen und die Tätigkeit des EuRH kaum möglich ist. Es lassen sich lediglich Tendenzen erkennen, die für eine Zuordnung in die eine oder andere Gewalt sprechen. Daran wird bei der Einordnung als Gewalt sui generis angeknüpft. Der EuRH kann danach nicht

---

203 Vgl. dazu u.a. KOM (2010) 261 vom 26.05.2010, zu der Verantwortung der Kommission in der Ausführung des Haushaltsplans.

204 *Bergmann/Mickel*, Handlexikon der Europäischen Union zur Kommission.

problemlos in eine Gewalt eingeordnet werden, es lassen sich aber legislative und exekutive Elemente in der funktionalen Betrachtung des EuRH feststellen. Daher wird der EuRH als Gewalt sui generis zwischen diesen beiden Gewalten angesiedelt. Diese Argumentation erscheint im ersten Moment naheliegend. Dabei hat sich gezeigt, dass der EuRH in seiner Tätigkeit einerseits durch die Weiterentwicklung der Beratungsfunktion und andererseits durch die Intensivierung der Empfehlungen in Prüfungsberichten, insbesondere auch bezogen auf konkrete Empfehlungen von Legislativvorschlägen, näher an die Gesetzgebung herangerückt ist. Trotzdem wäre eine Einordnung in die Gesetzgebung verfehlt. Die Gründe hierfür dürften sich schon aus dem generellen rechtswissenschaftlichen Diskurs ergeben. Der EuRH hat keinerlei eigene Gesetzgebungskompetenz, im Übrigen keine Möglichkeit selbst Gesetzgebungsinitiativen anzustrengen, sondern muss vielmehr immer auf das Handeln der Kommission vertrauen, die die Vorschläge des EuRH aufnehmen muss. Eine Einordnung in die Legislative trotz dieser Einschränkungen würde dementsprechend auch dem Verständnis der unabhängigen Stellung des EuRH nicht entsprechen. Vergleicht man dies, was hinsichtlich der ähnlichen Funktionsstruktur des Bundesrechnungshofes nicht fernliegend erscheint, mit dem Bundesrechnungshof, der als „Hilfsorgan sowohl der Legislative als auch der Exekutive“[205] gesehen wird, dann könnte eine vergleichende Einordnung auch für den EuRH naheliegen. Diese Einordnung übersieht jedoch den Aussagegehalt, der hinter einer Einordnung als weitere Staatsgewalt steht. Denn eine Gewalt sui generis impliziert gleichermaßen, dass der EuRH eine eigene Gewalt darstellen würde. Dies würde ihn gleichermaßen auf die Höhe von Exekutive und Legislative stellen und darüber hinaus nahelegen, die Finanzkontrolle wäre in der Europäischen Union genauso ausgestaltet wie in Staaten, in denen das Rechnungsprüfungsorgan tatsächlich als eigene Gewalt eingeordnet ist.[206]

Letztlich überzeugt diese Ansicht nur insoweit, als dass sie dem EuRH eine Sonderstellung im Institutionengefüge der Europäischen Union zuerkennt. Diese Konsequenz ergibt sich bereits daraus, dass man eine Einordnung in Judikative, Legislative und Exekutive im Ergebnis ablehnen muss. Das kann jedoch nicht dazu führen, dass der EuRH eine eigene Staatsgewalt darstellt. Dazu fehlen ihm in erster Linie einmal verbindliche Handlungsmöglichkeiten und folglich der Einfluss, den man für eine eigene Gewalteneinordnung bräuchte. Gerade mit Blick auf die Anfänge des EuRH, in denen dieser nicht einmal ein Organ

205 BT-Drucksache V/3605, S. 13.

206 *Tiemann*, Die staatsrechtliche Stellung der Finanzkontrolle des Bundes, S. 359.

der Union darstellte, würde diese Einordnung dem Sinn der Änderung in dem Vertrag von Maastricht, in der der EuRH in die Organe der Union eingeordnet wurde, entgegenstehen. Die Einordnung als Organ bedeutete zwar wie gesehen durchaus auch eine rechtliche Vertiefung der Befugnisse des EuRH, darin jedoch gleichzeitig eine Aufwertung zu einer eigenen Gewalt zu sehen, dürfte die Bedeutung der Organaufwertung des EuRH überspannen. Im Rahmen des Verfassungsentwurfes wurde, wie bereits gesehen, sogar darüber nachgedacht, den EuRH wiederum als sonstiges Organ einzuordnen.[207] Diese Herabstufung zeigt, dass die Bedeutung der Einordnung in die obersten Unionsorgane nicht überdehnt werden darf. Daher kann man feststellen, dass diese Ansicht in ihrer Grundannahme bezogen auf den EuRH durchaus überzeugende Ansätze bietet, jedoch im Ergebnis nicht genau genug mit der Aussage der Bezeichnung der Gewalt sui generis umgeht.

h) Fazit

Die bisherigen Ausführungen haben gezeigt, dass eine eindeutige funktionale und strukturelle Einordnung des EuRH in die Gewalten nur sehr unbefriedigend möglich ist. Es sollte jedoch festgestellt werden, dass eine trennscharfe Einordnung auch nur bedingt notwendig ist und die strikte Einordnung in die Gewalten eher dogmatischer Natur ist. Vielmehr hat sich im Rahmen der funktionellen Betrachtung gezeigt, in welchen Bereichen der Gewalten der EuRH hinsichtlich seiner Tätigkeit Einfluss hat. An dieser Stelle soll die Einordnung gerade dazu dienen, die Funktionen des EuRH einer Staatsgewalt zuzuordnen.

Schon die Umsetzung der Gewaltenteilung auf europäischer Ebene hat gezeigt, dass einige Unionsorgane Elemente mehrerer Gewalten vereinen. An dieser Stelle also eine eindeutige Einordnung des EuRH zu fordern, wäre schon aufgrund der generellen dogmatischen Problematik bei der Einordnung von Rechnungshöfen in die Gewalten verfehlt und würde auch dem Sinn und Zweck der Einordnung, die hier aufgrund einer funktionellen Analyse der Aufgaben und der Tätigkeit des EuRH erfolgen soll, widersprechen.

Trotz der verschiedenen Ausprägungen hinsichtlich der Gewalteneinordnung darf der EuRH in dieser Hinsicht nicht mit der Kommission oder dem Rat verglichen werden. Sowohl in der Exekutive als auch in der Legislative fungiert der EuRH vielmehr als Hilfsorgan, geht jedoch im Rahmen seiner unabhängigen Organstellung über die bloße Hilfsfunktion hinaus. Durch seine unabhängige

207 Vgl. Art. I-31 des Vertrages über eine Verfassung für Europa, ABl. der Europäischen Union Nr. C 310 vom 16.12.2004.

Stellung findet die oftmals bezeichnete Sonderstellung von Rechnungshöfen[208] auch im Hinblick auf den EuRH ihre Berechtigung. Er gibt einerseits Empfehlungen hinsichtlich möglicher Gesetzesvorschläge oder -änderungen ab und bietet dem Europäischen Parlament durch seine Veröffentlichungen die Grundlage für das Entlastungsverfahren. Andererseits weist er in seinen Berichten im Rahmen der Verwaltungskontrolle auf Vereinfachung von Verwaltungsvorschriften oder Missstände in der Verteilung von EU-Geldern hin. Eine Einordnung primär als Hilfsorgan der Exekutive wäre wohl in den Anfangszeiten des EuRH vertretbar gewesen. Schließlich war die rein kontrollierende Funktion des EuRH am Anfang prägend. Doch selbst die Kontrollfunktion kann auf der einen Seite als reine Verwaltungskontrolle und auf der anderen Seite auch als parlamentarische Kontrolle interpretiert werden. Daher ließe sich auch eine gewisse Nähe zum EuP nicht verkennen. Auf Initiative des EuP ist der EuRH zudem überhaupt erst eingerichtet worden. Dagegen könnte jedoch eingewendet werden, dass das EuP trotz seiner Aufwertung funktional nicht mit einem nationalen Parlament verglichen werden kann. Das Verhältnis zur Kommission hat sich dagegen von einem anfänglichen Kontrahenten zu einem Kooperationspartner entwickelt. War die Kommission zu Beginn der Finanzkontrolle durch den EuRH eher skeptisch hinsichtlich der Arbeit des EuRH, kann man mittlerweile eine tiefgreifende Kooperation der beiden Organe erkennen. Die neueren Jahresberichte zeigen eine vorhandene Auseinandersetzung mit den Empfehlungen des EuRH und eine weitgehende Zustimmung der Kommission hinsichtlich der Umsetzung der einzelnen Empfehlungen.

Aus funktioneller Sicht hat sich die Finanzkontrolle auf europäische Ebene immens weiterentwickelt. Anfänglich hat sich der EuRH primär auf seine Kontrollfunktion beschränkt und erst im Laufe der Jahre eine ausgeprägte Beratungsfunktion entwickelt. Diese Beratungsfunktion findet sich sowohl in der Legislative als auch in der Exekutive wieder, der EuRH fungiert demnach als Unterstützungsorgan der Legislative und der Exekutive. Ihn nun einer der beiden Gewalten zuzuordnen, erscheint insbesondere hinsichtlich der Analyse der Berichte des EuRH falsch und zu dogmatisch orientiert. „Der Erkenntnisgewinn aus der institutionellen Verortung für die Betrachtung damit verbundener Rechte ist indes nicht überzubewerten."[209]

---

208 *Groß*, Verwaltungsarchiv 2004, 194, 201; *Tiemann*, Die staatsrechtliche Stellung der Finanzkontrolle des Bundes, S. 338, 386.

209 *Mader*, Verteidigungsrechte im europäischen Gemeinschaftsverwaltungsverfahren, S. 289.

Die Einordnung in die Judikative kommt trotz der durchaus vorhandenen strukturellen Nähe nicht in Betracht. Eine funktionelle Betrachtung hat gezeigt, dass der EuRH vor allem über keine verbindlichen Handlungs- und Entscheidungsmöglichkeiten verfügt. Als Konsequenz erschiene es zumindest denkbar, den EuRH als Gewalt sui generis einzuordnen. Doch diese Einordnung vermittelt den Eindruck, der EuRH ließe sich einerseits generell nicht in die Gewalten einordnen, habe aber andererseits eine derartige Bedeutung, die ihn als eigene Gewalt kennzeichnet. Dabei liegt die Problematik vielmehr bei einer eindeutigen Zuordnung, nicht beim Fehlen von Elementen, die einer Gewalt zuzuordnen wären. Weiterhin könnte der Eindruck entstehen, dass der EuRH als Gewalt sui generis in seinem Einflussbereich vergleichbar mit den anderen Gewalten steht. Wie bereits erwähnt wird der EuRH jedoch immer wieder als Hilfsorgan bezeichnet, seine Rolle wäre danach zu den anderen Organen also viel eher als untergeordnet bewertet.[210] Hinsichtlich dieser Annahme sei nur auf die vermeintliche Neuordnung im Rahmen des gescheiterten Verfassungsvertrages von Nizza aus dem Jahr 2004 verwiesen.[211] Zwar wurde dieser Einordnung als Hilfsorgan eindeutig entgegengetreten,[212] schließlich lässt sich hiergegen schon einwenden, dass diese Einordnung nicht in die Verträge von Lissabon im Jahr 2009 übernommen worden ist, jedoch vermittelt eine Einordnung des EuRH als Gewalt sui generis eine zu hohe Gewichtung der Tätigkeit des EuRH im europäischen Institutionengefüge.[213] Vielmehr erscheint hier der Begriff der Zwischengewalt als passend. Inhaltlich entspricht der Begriff ebenso einer Verortung des EuRH zwischen der Exekutive und der Legislative. Der EuRH lässt sich in seiner Tätigkeit nicht schwerpunktmäßig einordnen; seine Funktion beruht jedoch gerade darauf, zwischen den Gewalten tätig zu werden. Der EuRH kann Teil des Gesetzgebungsinitiativprozesses werden, indem er durch seine Kontrollen

---

210 *Mader*, Verteidigungsrechte im europäischen Gemeinschaftsverwaltungsverfahren, S. 300; *Tiemann*, Die staatsrechtliche Stellung der Finanzkontrolle des Bundes, S. 319ff., bezogen auf die Qualifizierung des Bundesrechnungshofes als Hilfsorgan.

211 Siehe die Einordnung unter Art. I-31 des Vertrages über eine Verfassung für Europa, ABl. der Europäischen Union Nr. C 310 vom 16.12.2004.

212 Vgl. dazu bereits Anfang der 90er Jahre *Walder*, The budgetary procedure of the European Economic Community, der die Einordnung des EuRH als Hilfsorgan hinsichtlich seiner Befugnisse als verfehlt sieht, da der EuRH in seiner Bedeutung bei dieser Bezeichnung unterbewertet wäre.

213 *Tiemann*, Die staatsrechtliche Stellung der Finanzkontrolle des Bundes, S. 359, mit Hinweisen auf Staaten bei denen der Rechnungshof tatsächlich als eigenständige Staatsgewalt verankert ist.

und die darauffolgenden Berichte den Anstoß zu Gesetzgebungsinitiativen gibt und darüber hinaus eben auch einen Teil parlamentarischer Arbeit durch seine Empfehlungen leistet. Genauso kann jedoch im Verhältnis zur Kommission der EuRH bei der Vergabe und Verwendung von Geldern durch seine Prüfungen und Berichte Verwaltungsmissstände aufzeigen und als Teil der Exekutivkontrolle tätig werden.

Zu differenzieren ist in den Berichten des EuRH auch zwischen präventiver und repressiver Einflussnahme. Empfehlungen des EuRH haben dabei zwei unterschiedliche Zielsetzungen und Wirkungsweisen. Einerseits sind die Prüfungen des EuRH und ein Teil der Empfehlungen darauf gerichtet, nachträglich Fehler in der Mittelverwaltung aufzudecken. Andererseits sind die Prüfungen auch immer mehr darauf ausgerichtet, präventiv strukturelle Schwächen sowohl in der Gesetzgebung als auch in der Verwaltung aufzudecken und durch Empfehlungen die Behebung dieser Schwächen zu bewirken. Es lässt sich verallgemeinernd sagen, dass die repressive Kontrolle und Prüfung funktionell der Exekutive zuzuordnen ist und die präventive Beratung eine immer stärkere Tendenz zur Legislative erfährt. Der EuRH handelt also in seiner Funktion auf einer Ebene mit anderen Unionsorganen und hat letztlich die Funktion sowohl präventiv als auch repressiv Einfluss zu nehmen. Die Tendenzen haben gezeigt, dass seine präventive Funktion beispielsweise durch Einflussnahme auf Gesetzgebungsinitiativen im Laufe der Zeit zugenommen hat.

Es hat sich herausgestellt, dass eine eindeutige Einordnung zu einer Gewalt, sei es Exekutive, Legislative oder auch als Gewalt sui generis, verfehlt erscheint. Der EuRH hat in der Entwicklung seiner Tätigkeit und Funktion erkennen lassen, dass die früher durchaus vertretbare ausschließliche Nähe zur Exekutive nicht mehr derart besteht. Die Einordnung des EuRH als Zwischengewalt erscheint als treffender Kompromiss und gerade auch im Zusammenhang der auf europäischer Ebene verwirklichten Gewaltenteilung als passend.[214] Der EuRH ist letztlich ein unabhängiger Sachverständiger, der überall dort einzugreifen versucht, wo er gesetzliche oder verwaltungstechnische Missstände innerhalb der Finanzkontrolle aufdeckt. In diesem Zusammenhang sei auch auf die Ausführungen von *Hans Blasius* verwiesen, der bereits 1989 betont, dass die Rechnungshöfe in

---

214 Bereits früher wurden inhaltlich vergleichbare Einordnungen vorgenommen, die ebenso darauf abzielen, dass ein unabhängiges Finanzkontrollorgan letztlich „für die Balance im Verfassungsgefüge von großer Wichtigkeit“ sei, *Blasius*, DÖV 1988, 819, 821; *Tiemann/Tiemann*, Der Staat 1974, 497, 524f.

ihrer Tätigkeit vermehrt als Sachverständige fungieren sollten.[215] *Blasius* versteht die Beschreibung des Sachverständigen vor allem hinsichtlich der Gesetzgebung, da „die eigentlichen Fehlentwicklungen oft in der Gestaltung von Haushalt und Gesetz selbst angelegt sind."[216] Gleichermaßen sind Fehler jedoch auch in der Verwaltung selbst begründet.

Der EuRH ist also letztendlich eine Zwischengewalt. Die abstrakte Einordnung von Rechnungshöfen, die der Rechnungshof Rheinland-Pfalz vorgenommen hat, scheint in diesem Zusammenhang äußerst treffend. Dieser stellte fest, dass „Rechnungshöfe ihre Befugnisse aus der Verfassung [ableiten], [...] aber selbst keine Verfassungsorgane [sind]. Sie verfügen über keine gestaltenden Machtbefugnisse im Staat und sind nicht unmittelbar an der staatlichen Willensbildung beteiligt."[217] Diese Tatsache lässt die Einordnung als Zwischenorgan passend erscheinen.[218] Seine Unverbindlichkeit und seine Beratungsfunktion machen den EuRH zu einem Organ, das zwar den Organstatus hat, funktionell aber durch seine Tätigkeit zwischen den Gewalten arbeitet und damit ein wichtiger Teil des institutionellen Gleichgewichts ist und daher „in besonderem Maße der Verwirklichung des Gewaltenteilungsprinzips"[219] dient. Diese Einordnung widerspricht aus diesem Grund auch nicht dem verfassungsrechtlichen Grundsatz der Gewaltenteilung im Einklang mit dem institutionellen Gleichgewicht.

Seine Entwicklung zu einer Verstärkung der Beratungsfunktion im Gegensatz zur reinen Kontrollfunktion dürfte dabei auch in der Qualität seiner Berichte begründet sein. Denn ein Sachverständiger dürfte immer nur so viel Einfluss haben wie seine Berichte als Grundlage genutzt werden. Dass die Akzeptanz der Kommission im Laufe der Tätigkeit des EuRH zugenommen hat, dürfte daher ein Indiz für den Bedeutungs- und insbesondere den damit verbundenen Qualitätsgewinn der Arbeit des EuRH sein. Die Einordnung als Zwischengewalt hat der EuRH daher im Laufe der Zeit selbst bestätigt; der Bedeutungsgewinn des

---

215 *Blasius*, DÖV 1989, 298, 304f., der dies vor allem hinsichtlich von Gesetzgebungsprozessen versteht.

216 *Schulze-Fielitz*, DÖV 1988, 758, 763.

217 *Schneider*, Externe Finanzkontrolle in Deutschland, S. 3.

218 So formulierte bezogen auf den Bundesrechnungshof *Hauser*, DVBl. 2006, 539, 542: „Der Bundesrechnungshof ist damit ein Interessenvertreter der Allgemeinheit im Spannungsverhältnis zwischen den Gewalten und somit keiner von ihr zugehörig."; ähnlich formuliert *Schäfer*, DÖV 1971, 542, 543: „Der Bundesrechnungshof steht im Spannungsfeld zwischen Exekutive und Legislative [...]".

219 *Tiemann/Tiemann*, Der Staat 1974, 497, 524.

EuRH dürfte darüber hinaus aufgrund des hohen Transparenzerfordernisses in der EU nicht verwundern.

2. Stellung der Mitglieder des Europäischen Rechnungshofes

Die Mitglieder des EuRH üben ihre Aufgaben gemäß Art 285 Abs. 2 AEUV in voller Unabhängigkeit aus. Dazu führt der Art. 286 AEUV weiter aus, dass kein Mitglied berechtigt ist, einer weiteren entgeltlichen oder unentgeltlichen Tätigkeit nachzugehen und darüber hinaus von ihm auch keine Anweisungen einer Regierung oder anderer Stellen entgegengenommen werden dürfen. Die Unabhängigkeit soll dabei aus persönlicher, fachlicher und wirtschaftlicher Sicht gewährleistet sein.[220] Während diese Regelungen dem Standard nationaler Rechnungsprüfungsorgane entsprechen, dürfte vor allem interessant sein, welche Reibungspunkte sich bei der Unabhängigkeit der Mitglieder des EuRH ergeben.

Als genereller Maßstab für die Unabhängigkeit können vor allem auch die Leitlinien der INTOSAI, festgelegt in der *Deklaration von Lima*[221], dienen. In diesen wird vor allem festgelegt, dass die Unabhängigkeit durch die jeweilige Verfassung zu gewährleisten ist. Dabei dürfen Abberufungsmodalitäten die Unabhängigkeit nicht beeinträchtigen[222] und die „Prüfungsbeamten [...] dürfen in ihrer beruflichen Laufbahn keinen Einflüssen der zu prüfenden Stellen ausgesetzt und von diesen nicht abhängig sein."[223]

a) Unabhängigkeit der Mitglieder in persönlicher, fachlicher und wirtschaftlicher Hinsicht

Die persönliche Unabhängigkeit ist ein nur schwer rechtlich sicherbares Merkmal. Zur Konkretisierung dieses Merkmals dürfte vor allen Dingen die Weisungsfreiheit dienen. Ansonsten ist die vorherige Angehörigkeit in einem Rechnungsprüfungsorgan des Mitgliedstaates und die besondere Eignung ein Anknüpfungspunkt für die persönliche Unabhängigkeit. Schließlich hat das EuP im Rahmen seines Anhörungsrechts aus Art. 286 Abs. 2 AEUV die Möglichkeit Zweifel an der Eignung des Kandidaten zu äußern, die dann wiederum vom Rat bewertet werden. Auch wenn der Umfang der Beteiligungsrechte des EuP

---

220 *Frenz*, Institutionen und Politiken Rn. 1507; *Niedobitek* Streinz u. a., EUV/AEUV EU-Kommentar, Art 286 AEUV Rn. 6.

221 Vgl. die Deklaration von Lima aus dem Jahr 1977.

222 Vgl. § 6 Nr. 2 der Deklaration von Lima.

223 § 6 Nr. 3 der Deklaration von Lima.

und des Rates durchaus kritisch gesehen werden können, muss gesagt werden, dass diese der Gewährleistung der Unabhängigkeit ebenso dienen, denn hierdurch wird die Wahrscheinlichkeit der Ernennung eines persönlich ungeeigneten Kandidaten, bei dem die Unabhängigkeit nicht vollständig gewährleistet ist, zumindest verringert. Dass sowohl das EuP von seinem Anhörungsrecht als auch der Rat von seinem Ablehnungsrecht stetigen Gebrauch machen,[224] ist ein Indiz, dass die Sicherungsmechanismen in dieser Hinsicht greifen. Zudem erfordert die persönliche Unabhängigkeit auch eine Sicherung des Mitgliedstatus, also die Verhinderung durch andere Organe einfach aus dem Amt entlassen zu werden.[225] Diese Voraussetzung wurde im Rahmen des Art. 286 Abs. 6 AEUV umgesetzt; das bedeutet, dass nur der EuRH selbst beim EuGH beantragen kann, dass eines seiner Mitglieder seines Amtes enthoben wird.

Des Weiteren soll die Unabhängigkeit auch aus fachlicher Perspektive gewährleistet werden. Hier sind vor allem die gerade genannten Vorschlagskriterien als Angehöriger eines mitgliedstaatlichen Rechnungsprüfungsorgans oder die besondere Eignung als Gewähr für die fachliche Unabhängigkeit zu sehen. Die Beteiligungsrechte von EuP und Rat sind auch in fachlicher Sicht geeignet, Bedenken gegen den Vorschlag eines Mitgliedstaates geltend zu machen und so fachlich ungeeignete Kandidaten von vornherein auszuschließen.

Weiterhin muss auch die wirtschaftliche Unabhängigkeit gewährleistet sein. Danach sind den ORKB „die finanziellen Mittel zur Verfügung zu stellen, welche die Erfüllung der ihnen obliegenden Aufgaben ermöglichen."[226] Das mag im ersten Moment als selbstverständlich erscheinen, dem kommt jedoch als Merkmal eine besondere historische Bedeutung zu. Ist darin einerseits die wirtschaftliche Unabhängigkeit des Organs zu sehen, die in dem Sinne selbstverständlich erscheint, da eine unabhängige Finanzkontrolle niemals finanzielle Abhängigkeiten entstehen lassen darf. Schließlich würden mangelnde finanzielle Ressourcen dafür sorgen, dass eine staatliche externe Finanzkontrolle gar nicht die Möglichkeiten hätte, den Haushalt eines Staates zu kontrollieren. Andererseits kann in der wirtschaftlichen Unabhängigkeit auch ein Aspekt, der den einzelnen Rechnungsprüfer betrifft, gesehen werden. Eine ausreichende finanzielle Ausstattung ist ebenso erforderlich, um den einzelnen Rechnungsprüfer nach außen

---

224 *Magiera* in: Grabitz u. a., EUV/AEUV EU-Kommentar, Art. 286 AEUV Rn. 5; *Harden u. a.*, Eur. Public Law 1995, 599, 609.

225 Vgl. dazu bereits *Ehlermann*, Der Europäische Rechnungshof, S. 26; sowie *Reus/Mühlhausen*, VR 2010, 1, 2.

226 § 7 Nr. 1 der Deklaration von Lima.

nicht finanziell angreifbar zu machen. Daher steckt hinter der finanziellen Unabhängigkeit vor allem auch die Feststellung des hauptberuflichen Status des Rechnungsprüfers.[227] Die Stellung der Mitglieder des EuRH erfährt damit zwar keine Neuerung, jedoch war aus historischer Sicht vor 1975 gerade die nebenberufliche Stellung der europäischen Rechnungsprüfer ein Grund für die Einführung eines EuRH.[228] So sorgt diese Regelung einerseits für die Vermeidung finanzieller Abhängigkeiten des Organs, andererseits jedoch auch für eine Klarstellung der Hauptberuflichkeit des Rechnungsprüfers, was die stärkere Bedeutung der europäischen Finanzkontrolle seit 1975 verdeutlicht. Um die wirtschaftliche Unabhängigkeit umzusetzen, ist letztlich eine angemessene Gestaltung der Amtsbezüge notwendig, der der Rat frühzeitig Rechnung getragen hat.[229]

Die Umsetzung der Unabhängigkeit ähnelte schon in ihren Anfängen der Umsetzung in mitgliedstaatlichen Rechnungsprüfungsorganen.[230] So konnte von Anfang an jeder äußere Einfluss auf die Mitgliedschaft im EuRH vermieden werden und die Unabhängigkeit der Mitglieder als Eigenschaft in den Vordergrund gestellt werden. Das kann jedoch insofern nicht überraschen, als dass eine transparente Rechnungsprüfung überhaupt nur dann möglich ist, wenn die Organe und Institutionen, die durch das Rechnungsprüfungsorgan überprüft werden, keinerlei Einfluss auf dieses ausüben können. Die Integrität der Mitglieder ist daher zentrale Voraussetzung, um eine vollumfängliche externe Finanzkontrolle überhaupt möglich zu machen.

b) Defizite der Unabhängigkeit

Trotzdem ergibt sich immer wieder Kritik im Rahmen der Unabhängigkeit der Rechnungshofmitglieder. Die Unabhängigkeit ist dabei eine elementare Eigenschaft, um eine transparente Rechnungsprüfung zu gewährleisten. Daher ist es offensichtlich, dass die Umsetzung der Unabhängigkeit einer der Kernpunkte während der Entwicklung des EuRH darstellte. Die Unabhängigkeit war schon in den Anfängen des EuRH primärrechtlich verankert und im Ansatz vergleichbar

---

227 *Ehlermann*, Der Europäische Rechnungshof, S. 25.

228 *Aigner*, Plädoyer für einen Europäischen Rechnungshof, S. 15; *Ehlermann*, Der Europäische Rechnungshof, S. 26.

229 Vgl. dazu die Verordnung des Rates Nr. 2290/77 vom 18.10.1977 über die Regelung der Amtsbezüge der Mitglieder des Rechnungshofes, ABl. der Europäischen Gemeinschaften Nr. L 268 vom 20.10.1977; auch *Friedmann*, Der Europäische Rechnungshof und die Wirtschafts- und Finanzhilfen der EU für Mittel- und Osteuropa, S. 16.

230 *Brück/Kühne*, DÖV 1977, 23, 24.

mit den Maßstäben, die die Mitgliedstaaten an ihre Rechnungsprüfungsorgane stellten. Trotzdem ergeben sich bei detaillierter Betrachtung durchaus Unabhängigkeitsdefizite. Im Folgenden soll auf diese im Einzelnen eingegangen werden.

aa) Wiederwahlmöglichkeit

Also erster großer Kritikpunkt wird die Wiederwahlmöglichkeit gesehen. Jedes Rechnungshofmitglied wird gemäß Art. 286 Abs. 2 AEUV auf 6 Jahre vom Rat ernannt und kann nach Ablauf dieser Zeit wiederernannt werden. Durch die Möglichkeit einer Wiederernennung ergeben sich Abhängigkeiten zum Rat. Mitglieder des EuRH könnten ein zu kontrollierendes Organ wie den Rat schon aus dem Grund bevorzugen, um eine eigene Wiederernennung nicht zu gefährden.[231] Obendrein entscheidet auch der Mitgliedstaat über eine Wiedernennungsmöglichkeit des Mitglieds, was auch in dieser Hinsicht Abhängigkeiten schafft.[232] Was genau die Intention der 6-jährigen Amtszeit mit Wiederernennungsmöglichkeit ist, bleibt mehr als fraglich. Der Gesetzgeber und die Literatur sehen den Ursprung dieser Regelung in der Schaffung einer größtmöglichen Arbeitskontinuität, wodurch der EuRH effizienter arbeiten kann.[233] Letztlich schafft der Gesetzgeber aber in dieser Regelung eine Einflussmöglichkeit eines kontrollierten Organs sowie eines kontrollierten Mitgliedstaates, die ohne Weiteres auch hätte vermieden werden können. Es erscheint verwunderlich, warum insbesondere im Rahmen des Vertrags von Lissabon hier keine Änderungen vorgenommen wurden. Schließlich forderte der EuRH selbst bereits im Rahmen der Regierungskonferenz von Nizza im Jahr 2000 eine Änderung der vertraglichen Regelungen auf eine durchgängige Amtszeit der Rechnungshofmitglieder, die dann 12 Jahre in ihrem Amt bleiben würden.[234] Dieser Vorschlag erscheint naheliegend, würde er das Unabhängigkeitsdefizit diesbezüglich umgehend beseitigen und die Arbeitskontinuität weiterhin gewahrt lassen, wenn nicht sogar verbessern, da ein Mitglied des EuRH nicht bereits nach 6 Jahren seine

---

231 *Graf*, Die Finanzkontrolle der Europäischen Gemeinschaft, S. 75; *Magiera* in: Grabitz u. a., EUV/AEUV EU-Kommentar, Art. 286 AEUV Rn. 6; *Niedobitek* in: Streinz u. a., EUV/AEUV Kommentar, Art. 286 AEUV Rn. 11; *Ternes*, Die Finanzkontrolle in der Europäischen Gemeinschaft, S. 56.

232 *Bieber* in: Groeben u. a., Europäisches Unionsrecht, Band 4 EU-Kommentar, Art. 286 AEUV Rn. 14.

233 *Gräfe* in: Schiffer, Verfassung, Verwaltung, Finanzkontrolle, S. 361.

234 Eine solche Regelung existiert bereits in mitgliedstaatlichen Rechnungshöfen, beispielsweise für den Bundesrechnungshof gemäß § 3 Abs. 2 S. 2 des Gesetzes über den Bundesrechnungshof.

Amtszeit eventuell beenden muss. Denkbar erscheint, dass sich die Mitgliedstaaten einen gewissen Einfluss auf den EuRH bewahren wollen, den sie durch den Rat, der schließlich aus mitgliedstaatlichen Vertretern besteht,[235] ausüben können. Trotzdem kann diese Überlegung nicht überzeugen, wäre es schließlich auch denkbar gewesen, die Ernennung der Mitglieder direkt in die Hände der Mitgliedstaaten zu legen.[236] Letztlich muss jedoch auch beachtet werden, dass der Einfluss auf die Unabhängigkeit durch diese Wiederernennungsmöglichkeit zwar theoretisch besteht, aber praktisch noch keinerlei Auswirkungen auf die Prüfungspraktik des EuRH genommen hat. In diesem Sinne lässt sich in den Prüfungen des EuRH keinerlei Voreingenommenheit der Mitglieder feststellen, die sich auf die Wiederwahlmöglichkeit zurückführen ließe. Eine Verlängerung der Amtszeit auf 12 Jahre ohne eine Möglichkeit der Wiederwahl, könnte jedoch auch die rechtlichen Zweifel an der Gewährleistung der Unabhängigkeit im Rahmen dieser Regelung beseitigen.

bb) Parlamentsbeteiligung

Darüber hinaus steht auch die Beteiligung des EuP innerhalb des Ernennungsverfahrens immer wieder in der Kritik. Bereits im Rahmen des Gründungsverfahrens regte die Kommission dabei an, die Ernennung der Rechnungsprüfer von der Zustimmung des EuP abhängig zu machen.[237] Letztlich entschied man sich jedoch lediglich für ein Anhörungsrecht des EuP.[238] Das Anhörungsrecht ist insofern von Bedeutung, als dass so die Abhängigkeit von der Kommission als zu kontrollierendes Organ in Grenzen gehalten wird. Das EuP forderte jedoch ebenso bereits vor der Gründung des EuRH, dass die Mitglieder des EuRH nur im Einvernehmen mit dem Parlament selbst ernannt werden sollten.[239] Diese Forderung erscheint naheliegend, da das EuP, wie wir bereits in der Rechtsstellung des EuRH gesehen haben, eng mit dem EuRH zusammenarbeitet und sich in Haushaltsentscheidungen beziehungsweise der Entlastung gerade auf die Expertise des EuRH stützt. Daher erscheint eine gegenseitige Vertrauensbeziehung

---

235 Siehe Art. 16 Abs. 2 EUV.

236 So beispielsweise die Ernennung von Richter für den Europäischen Gerichtshof gemäß Art. 19 Abs. 1 UAbs. III S. 2 EUV.

237 *Ehlermann*, Der Europäische Rechnungshof, S. 25; *Graf*, Die Finanzkontrolle der Europäischen Gemeinschaft, S. 75.

238 *Price*, YEL 1983, 239, 240.

239 Vgl. ABl. der Europäischen Gemeinschaften Nr. C 87/11 vom 17.10.1973.

hinsichtlich der Mitglieder notwendig.[240] Im Rahmen eines Vorschlags der Kommission zur Errichtung eines EuRH wurde dieses Mitentscheidungsrecht des EuP aufgenommen.[241] „Der Rat hielt dagegen an seinem Text fest, der nur die Anhörung des Europäischen Parlaments vorsah."[242] Letztlich äußerte der Rat sich jedoch auch dahingehend, dass er im Rahmen seines Ernennungsrechtes, „den Stellungnahmen des Europäischen Parlaments ‚weitestgehend' Rechnung"[243] tragen würde. Dies wird häufig als Stärkung des Anhörungsrechts des EuP interpretiert.[244]

Welche Bedeutung das Anhörungsrecht tatsächlich für das EuP hatte, sollte sich jedoch erst im Verlauf der nächsten Jahre zeigen. Folgte der Rat im Jahr 1989 noch der Einschätzung des Parlaments, das zwei Kandidaten abgelehnt hatte, hinderte im Jahr 1993 die Ablehnung des Parlaments den Rat nicht daran zwei Kandidaten trotzdem zu ernennen.[245] Daran ist zu sehen, dass der Wortlaut des „weitestgehend Rechnung tragen" viel Spielraum lässt, der letztlich doch zu einer autonomen Ratsentscheidung führen kann. Wünschenswert wäre gewesen, dass diese Schwäche bei den Regierungskonferenzen als Reaktion auf diese Entwicklung Berücksichtigung findet. So forderte das EuP das Zustimmungsrecht auch in der weiteren Entwicklung erneut ein.[246] Doch auch auf die erneute Forderung wurde im Rahmen der Verträge von Amsterdam, Nizza oder Lissabon nicht reagiert.[247] Letztlich muss festgestellt werden, dass das formale Anhörungsrecht des EuP für eine vollumfängliche parlamentarische Gewährleistung unabhängiger Rechnungsprüfer nicht ausreicht. Die Zusammenarbeit von EuRH und EuP ist geprägt vom Vertrauen des Parlaments in die Rechnungsprüfer, auf die sich das Parlament beispielsweise im Entlastungsverfahren vorrangig stützt. Ist

---

240 Das vertritt im Übrigen auch das EuP selbst, vgl. ABl. der Europäischen Gemeinschaften Nr. C 337/51 vom 21.12.1992 sowie ABl. der Europäischen Gemeinschaften Nr. C 43/75 vom 20.02.1995.

241 *Ehlermann*, Der Europäische Rechnungshof, S. 19.

242 *Ehlermann*, Der Europäische Rechnungshof, S. 21.

243 *Frenz*, Institutionen und Politiken Rn. 1498; *Bieber* in: Groeben u. a., Europäisches Unionsrecht, Band 4 EU-Kommentar, Art. 286 Rn. 3.

244 *Lienbacher* in: Schwarze u. a., EU-Kommentar, Art. 286 AEUV Rn. 5; *Frenz*, Institutionen und Politiken Rn. 1498.

245 Vgl. ABl. der Europäischen Gemeinschaften Nr. C 20/94 vom 15.12.1993, zur Ablehnung des italienischen Kandidaten vom Europäischen Parlament; sowie *Harden u. a.*, Eur. Public Law 1995, 599, 609; *Magiera* in: Grabitz u. a., EUV/AEUV EU-Kommentar, Art. 286 AEUV Rn. 5.

246 ABl. der Europäischen Gemeinschaften Nr. C 43/75 vom 20.02.1995.

247 Niedobitek *Streinz u. a.*, EUV/AEUV EU-Kommentar, Art. 286 AEUV Rn. 5.

dieses Vertrauen schon dadurch beeinträchtigt, dass ein Kandidat trotz Ablehnung durch das EuP zum Rechnungsprüfer ernannt wurde, dann dürfte das die Zusammenarbeit dieser beiden Organe schwächen.[248] Im Übrigen erhöht sich dadurch die Möglichkeit und die Wahrscheinlichkeit, dass Mitgliedstaaten einen größeren Einfluss auf die Ernennungspraxis der Rechnungsprüfer erhalten und dadurch die Unabhängigkeit der Prüfer gefährdet sein könnte.

Folglich lässt sich feststellen, dass auch in der Parlamentsbeteiligung bei der Ernennung der Mitglieder des EuRH Defizite vorliegen. Eine stärkere Beteiligung des EuP wäre hier geboten, um die Einflussnahme von Mitgliedstaaten und Rat zu minimieren, die Unabhängigkeit der Mitglieder gewährleisten zu können und damit eine größtmögliche Transparenz in der europäischen Finanzkontrolle zu erreichen. Darüber hinaus hat das EuP im Laufe der Zeit Kriterien ausgearbeitet, anhand dessen die Beurteilung des Kandidaten erfolgt.[249] Damit hat das EuP seine Entscheidung hinsichtlich Zustimmung oder Ablehnung letztlich noch transparenter gemacht und weiterhin verdeutlicht, welche Bedeutung der Kandidatenauswahl zu Recht beigemessen wird. Auch hier dürfte die Ursache für die Nichtimplementierung eines verbindlichen Stellungnahmerechts des EuP vor allem in politischen Erwägungen zu suchen sein. Denkbar ist, dass die Mitgliedstaaten fürchteten, dass dieses Ernennungsverfahren auch für andere Gemeinschaftsorgane Vorbildfunktion hätte haben können, und diese daher schon vorsorglich eine solche Verstärkung der Parlamentsbeteiligung ablehnten und ein derartig mitgliedstaatlich geprägtes Ernennungsrecht befürworteten.[250] Statt jedoch für diese Problematik Abhilfe zu schaffen, wurde im Rahmen des Vertrags von Nizza sogar noch eine Verschlechterung der Ernennungssituation herbeigeführt. Während vorher das EuP zu jedem Kandidaten einzeln eine Stellungnahme abgeben konnte, ging der Vertrag von Nizza von dieser Einzelernennung ab und regelte, dass Kandidaten nur noch inform von Kandidatenlisten dem EuP vorgelegt werden müssen und diese nur im Ganzen vom Parlament abgelehnt werden können.[251] Das führt dazu, dass das Parlament bei einem seiner Meinung nach ungeeigneten Kandidaten abwägen muss, ob es demzufolge eine negative Stellungnahme über die ganze Liste abgibt oder trotzdem eine positive Stellungnahme abgibt, da die restlichen Kandidaten geeignet erscheinen. Damit

248 So auch *Bieber* in: Groeben u. a., Europäisches Unionsrecht, Band 4 Kommentar, Art. 286 AEUV Rn. 4.

249 ABl. der Europäischen Gemeinschaften Nr. C 337/51 vom 21.12.1992.

250 So argumentiert auch *Desmoulin*, RMC 2005, 515, 517.

251 *Niedobitek* in: Streinz u. a., EUV/AEUV Kommentar, Art. 286 AEUV Rn. 5.

wurde das Anhörungsrecht des EuP weiter geschwächt, denn letztlich kann die Intention dieser Änderung nur sein, dass zukünftig negative Stellungnahmen des EuP weitestgehend vermieden werden.[252] Obendrein wird diese Liste gemäß Art. 16 Abs. 3 AEUV von den Mitgliedstaaten zusammengestellt, wodurch ein weiterer Interessenkonflikt zwischen Mitgliedstaaten und Unabhängigkeit der Mitglieder hervorgerufen wird, der geradezu nach einer stärkeren Beteiligung des EuP ruft. Die Beteiligung der Mitgliedstaaten und die Beschneidung des Anhörungsrechts des EuP durch die veränderte Möglichkeit nur noch die ganze Liste ablehnen zu können, führen zu einer Schwächung des Unabhängigkeitsstatus. Auch im Rahmen des Vertrags von Lissabon wurde auf diesen Rückschritt nicht reagiert und es darf bezweifelt werden, dass die Unabhängigkeit des EuRH im Ernennungsverfahren in naher Zukunft wieder gestärkt wird.

Die Beteiligung des Parlaments hat im Endeffekt auch für die Arbeit des EuRH und die Bedeutung seiner Arbeit entscheidende Bedeutung. Denn letztlich nimmt das EuP die Berichte des EuRH wie beispielsweise im Entlastungsverfahren als Entscheidungsgrundlage, um entweder die Entlastung zu erteilen oder nicht. Dafür ist natürlich auch erforderlich, dass das Vertrauen in die Arbeit des EuRH und in die Unabhängigkeit seiner Mitglieder vorhanden ist. Dieses Vertrauen wird dadurch gestärkt, dass das EuP entscheidenden Anteil am Ernennungsverfahren hat. Je geringer der Anteil ist, desto mehr schadet das dementsprechend auch dem Vertrauensverhältnis zwischen EuRH und EuP. Auch in dieser Hinsicht ist eine starke Parlamentsbeteiligung als sinnvoll zu erachten und eine Stärkung des Anhörungsrechts dürfte auf lange Sicht unvermeidbar sein.

cc) Mitgliedstaatliche Interessenkonflikte

Wie bereits angesprochen, haben seit dem Vertrag von Nizza die Mitgliedstaaten verstärkten Einfluss auf die Kandidatenauswahl, indem sie die Möglichkeit haben gemäß Art. 286 Abs. 2 AEUV eine Kandidatenliste dem Rat und dem Europäischen Parlament vorzulegen. Eine Ablehnung des EuP und eine dieser Ablehnung folgende Entscheidung des Rates würde folglich eine Ablehnung der ganzen Liste bedeuten, was alles in allem ein ziemlich undifferenziertes Anhörungs- und Auswahlrecht darstellt. Warum das Ernennungsverfahren der Mitgliedstaaten derart verändert worden ist, lässt sich höchstens als Reaktion auf

252 So argumentiert auch *Bieber* in: Groeben u. a., Europäisches Unionsrecht, Band 4, Art. 286 AEUV Rn. 4.

ablehnende Stellungnahmen des EuP deuten.[253] Durch diese Veränderung wird sowohl das Anhörungsrecht des EuP als auch das Ernennungsrecht des Rates beschränkt. Die Entwertung des Anhörungsrechts ist insbesondere unter dem Gesichtspunkt parlamentarischer Kontrolle und der Unabhängigkeit der Mitglieder des EuRH kritisch zu sehen. Es bleibt jedoch auch in dieser Hinsicht vor allem die Reichweite des Anhörungsrechts des EuP zu beklagen.

Seit dem Vertrag von Nizza wurde die Bindung der Mitglieder des EuRH an die Staatsangehörigkeit eingeführt.[254] Bereits vorher zeigte die Vorschlagspraxis der Mitgliedstaaten, dass diese nur ihre eigenen Staatsangehörigen als Kandidaten für den EuRH vorschlugen.[255] Die Frage, ob auch Kandidaten unabhängig von ihrer Staatsangehörigkeit, eventuell sogar Drittstaatsangehörige als Kandidaten für den EuRH in Betracht kommen,[256] wurde jedenfalls durch diese Regelung beantwortet. Letztlich ließe sich auch diese Regelung hinterfragen, dürfte sie jedoch aus praktischer Sicht vor allem dazu dienen, die über die vergangenen Jahre herausgebildete Praxis primärrechtlich zu verankern und darüber hinaus auf die ständig erforderlichen Anpassungen zu reagieren. Schließlich bedurfte vorher jede Erweiterung der Europäischen Union auch der Änderung der Verträge auf die neue Anzahl an Mitgliedern des EuRH.[257] Die Bindung an die Staatsangehörigkeit dürfte jedoch keinen großen Einfluss auf die Unabhängigkeit haben, da es in jedem Mitgliedstaat möglich erscheint, geeignete unabhängige Kandidaten zu finden.[258] Dass jeder Mitgliedstaat im EuRH vertreten ist, dürfte wohl eher eine Stärkung der Unabhängigkeit bedeuten. Schließlich kann somit kein Mitgliedstaat geltend machen, in der externen Finanzkontrolle der EU nicht vertreten zu sein. Letztlich besteht jedoch die Gefahr, dass Mitgliedstaaten Kandidaten vorschlagen, von denen sie sich zumindest erhoffen, dass sie die mitgliedstaatlichen Interessen ausreichend vertreten. Dieser Interessenkonflikt soll letztlich durch den Mechanismus vermieden werden, dass das EuP im

---

253 So auch *Bieber* in: Groeben u. a., Europäisches Unionsrecht, Band 4, Art. 286 AEUV Rn. 4.

254 Siehe Art. 285 Abs. 2 S. 1 AEUV.

255 *O'Keeffe* in: Curtin u. a., Institutional dynamics of European integration, S. 179.

256 So argumentieren *O'Keeffe* in: Curtin u. a., Institutional dynamics of European integration, S. 179; *Niedobitek* in: Streinz u. a., EUV/AEUV Kommentar, Art. 285 AEUV Rn. 12; a.A. *Waldhoff* in: Calliess u. a., EUV/AEUV Art. 285 AEUV Rn. 7.

257 Wie bereits erwähnt, wurde jedoch bereits vor dieser Regelung in der Praxis ein Mitglied pro Mitgliedstaat ernannt.

258 Anders argumentiert *Niedobitek* in: Streinz u. a., EUV/AEUV Kommentar, Art. 286 AEUV Rn. 10.

Rahmen seiner festgelegten Kriterien die Geeignetheit überprüft und dadurch den Druck auf den Rat erhöht, den betreffenden Kandidaten nicht zu ernennen. Die Probleme liegen auch in dieser Hinsicht wiederum im Ernennungsverfahren, das wie gerade gesehen seit dem Vertrag von Nizza teilweise ausgehebelt wurde.

Alles in allem zeigt sich hier, dass der Einfluss der Mitgliedstaaten grundsätzlich kein Problem darstellt, vielmehr sind es die Veränderungen, die im Rahmen des Ernennungsverfahrens vorgenommen wurden. Das Anhörungsrecht ist ein zentrales Element, um Unabhängigkeit zu gewährleisten und dürfte, wenn es wie bereits erörtert Verbindlichkeit entfalten würde, eine größtmögliche Gewährleistung für die Unabhängigkeit der Mitglieder auch im Verhältnis zu den Mitgliedstaaten bieten.

dd) Merkmal der besonderen Eignung

Eine weitere Problematik, die sich im Rahmen der Unabhängigkeit stellt, sind die primärrechtlichen Kriterien, nach denen Kandidaten für den EuRH in Betracht kommen.[259] Das erste Merkmal, nämlich das vorherige Angehören bei einem mitgliedstaatlichen Rechnungsprüfungsorgan, bietet eine deskriptive Voraussetzung für die Kandidatenauswahl. Es dürfte offensichtlich sein, dass ein Mitglied der mitgliedstaatlichen Rechnungsprüfung ähnlich geeignet für eine derartige Aufgabe auf europäischer Ebene sein sollte. Daneben steht jedoch das Merkmal der besonderen Eignung. Im Gegensatz zur vorherigen Tätigkeit ist die besondere Eignung ein Merkmal, welches einer weitergehenden Auslegung bedarf. Damit eröffnen sich Spielräume bezüglich der Geeignetheit von Kandidaten. Intention hinter dieser Regelung dürfte vor allem gewesen sein, die unterschiedliche Ausgestaltung der mitgliedstaatlichen Finanzkontrolle zu berücksichtigen.[260] Denkbar ist an dieser Stelle, dass insbesondere kleinere Mitgliedstaaten ansonsten Probleme bekommen könnten, geeignete Kandidaten zu stellen. Das Merkmal der besonderen Eignung hat bereits „zu unterschiedlichen Auslegungen zwischen Europäischem Parlament und Rat geführt."[261] Letztlich wäre es sinnvoll, wenn hier objektive Kriterien geschaffen würden, die eine Überprüfbarkeit des einzelnen Kandidaten ermöglichen.

---

259 Vgl. Art. 286 Abs. 1 S. 1 AEUV.

260 *Waldhoff* in: Calliess u. a., EUV/AEUV EU-Kommentar, Art. 286 Rn. 7; *Gräfe* in: Schiffer, Verfassung, Verwaltung, Finanzkontrolle, S. 363 zur Problematik, dass besonders in kleineren Mitgliedstaaten ansonsten drohen würde, dass kein geeigneter Kandidat zur Verfügung stünde.

261 *Lienbacher* in: Schwarze u. a., EU-Kommentar, Art. 286 AEUV Rn. 10.

Beispielhaft dürfte hierbei die Überprüfung des EuP sein, das genau solche Kriterien für die Kandidatenauswahl geschaffen hat.[262] Das EuP hat insbesondere festgelegt, dass Kandidaten Berufserfahrung auf dem Gebiet der öffentlichen Finanzen oder im Bereich der Geschäftsführung auf hohem Niveau erworben haben müssen, darüber hinaus einen makellosen Ruf als Verwalter gehabt haben müssen, wenn sie mit öffentlicher oder privater Geschäftsführung betraut waren.[263] Zudem dürfen Kandidaten kein durch Wahl übertragenes Mandat ausüben oder Verantwortung in einer Partei tragen.[264] Zuletzt legte das EuP auch eine Altersgrenze fest, wonach die Kandidaten nicht älter als 65 am Ende ihres ersten Mandats, sowie 70 am Ende ihres zweiten Mandats sein sollten, die Begrenzung eines Kandidaten müsse zudem bei 2 Mandaten liegen.[265] Eine Festlegung derartiger objektiver Kriterien erscheint in diesem Sinne geeignet, die Kandidatenauswahl überprüfbar und nachvollziehbar zu machen.

Daraus ergibt sich wieder ein Argument, die Beteiligung des EuP im Rahmen des Ernennungsverfahrens zu stärken. Letztlich erscheint der Begriff in der Literatur im Großen und Ganzen als unproblematisch. Es wird vor allem eine nahestehende fachliche Qualifikation des Kandidaten gefordert. Denkbar ist danach beispielsweise „mit Fragen der Finanzkontrolle befasste Parlamentarier der mitgliedstaatlichen Parlamente oder hohe Finanzbeamte“[266] zu ernennen. Zuletzt stellte auch ein Fachgremium der ORKB die Voraussetzungen für die Mitgliedschaft im EuRH infrage. Danach wird festgestellt, dass die Mitglieder „ihre Berufserfahrung in [den] ORKB erworben, andere hingegen in Ministerien und öffentlichen Einrichtungen, Privatunternehmen, Hochschulen oder als Mitglieder des Parlaments.“[267] Letztlich gibt es aber „kein Verfahren […], mit dem sichergestellt wird, dass vom Mitgliedstaat vorgeschlagene Mitglieder über ausreichende Kenntnisse und Erfahrungen auf dem Gebiet der Rechnungsprüfung,

262 Vgl. ABl. der Europäischen Gemeinschaften Nr. C 337/51 vom 21.12.1992, sowie die Forderung des EuP ausreichende Auskünfte zur Ermittlung der aufgestellten Kriterien zu geben, ABl. der Europäischen Gemeinschaften Nr. C 43/75 vom 20.02.1995.

263 Vgl. ABl. der Europäischen Gemeinschaften Nr. C 337/51 vom 21.12.1992 unter Nr. 4 lit. a) und c).

264 Vgl. ABl. der Europäischen Gemeinschaften Nr. C 337/51 vom 21.12.1992 unter Nr. 4 lit. d).

265 Vgl. ABl. der Europäischen Gemeinschaften Nr. C 337/51f. vom 21.12.1992 unter Nr. 4 lit. e) und g).

266 *Waldhoff* in: Calliess u. a., EUV/AEUV Kommentar, Art. 286 AEUV Rn. 7; *Lienbacher* in: Schwarze u. a., EU-Kommentar, Art. 286 AEUV Rn. 10.

267 Vgl. den Internationalen Peer-Review des EuRH aus dem Jahr 2014, S. 5.

die erforderliche Unabhängigkeit und die Fähigkeiten für die Wahrnehmung ihrer Aufgaben verfügen."[268] Um diesem Problem der persönlichen Unabhängigkeit entgegenzutreten, hat der EuRH verschiedene Maßnahmen ergriffen, um die individuelle Qualifikation seiner Mitglieder zu sichern. Dazu gehört einerseits, dass die Mitglieder des EuRH jährlich ihre Erklärung der Unabhängigkeit aktualisieren müssen und auf potenzielle Gefahren für ihre Unabhängigkeit umgehend hinweisen müssen.[269] Zudem wurden der „Kodex für gute Verwaltungspraxis des Personals" und der „Verhaltenskodex für die Mitglieder des Rechnungshofs" aktualisiert.[270] So ist der EuRH im Austausch mit den ORKB stetig daran interessiert, den Status seiner Mitglieder zu sichern und weiter zu stärken.

Im Ergebnis erscheint die unbestimmte Formulierung der besonderen Eignung durchaus geeignet, um einen offenen und möglicherweise nicht ausreichend qualifizierten Kandidatenkreis als Mitglieder des EuRH zu eröffnen. Der Vorteil, den Zugang zum EuRH nur geeigneten Mitgliedern nationaler Rechnungshöfe zu ermöglichen, ist immanent. Hat man eine derartige Zusammensetzung, bringt jedes Mitglied seinerseits Erfahrungen über die Prüfungstätigkeiten der einzelnen nationalen Rechnungshöfe mit, wodurch eine Bewertung mitgliedstaatlicher Rechnungsprüfungsergebnisse durch die zuständigen mitgliedstaatlichen Organe erheblich erleichtert wird. Letztlich würde ein so geregelter spiegelbildlicher Aufbau der Arbeit und Effizienz des EuRH nur zugutekommen.[271] So lange noch eine Kontrollmöglichkeit seitens des EuP und des Rates besteht, dürfte die Gefahr eines völlig ungeeigneten Kandidaten trotzdem eher theoretischer Natur sein. Je größer die Einflussmöglichkeit des EuP, desto besser dürfte auch das unbestimmte Merkmal der besonderen Eignung abgesichert sein. Zuletzt haben sich über die Jahre in der Literatur und Praxis gewisse Kriterien und Maßstäbe herausgebildet, die dieses Merkmal letztlich auch überprüfbar machen. Eine Gefährdung der Unabhängigkeit des EuRH und seiner Mitglieder droht in diesem Zusammenhang nicht, trotzdem dürfte die

---

268 Ebd.

269 Vgl. den Internationalen Peer-Review des EuRH aus dem Jahr 2014, S. 47; vgl. zur Sicherung der Unabhängigkeit neben dem Verhaltenskodex auch die „Ethischen Leitlinien des Europäischen Rechnungshofs", abrufbar unter (Stand 10.10.2018): https://www.eca.europa.eu/Lists/ECADocuments/ETHICALGUIDE/ETHICALGUIDE_DE.PDF.

270 Ebd.

271 *Gräfe* in: Schiffer, Verfassung, Verwaltung, Finanzkontrolle zu den Vorteilen eines spiegelbildlichen Aufbaus des EuRH, S. 360.

Einführung objektiver Kriterien durchaus Vorteile für die Sicherung der Unabhängigkeit des EuRH bieten und die Entscheidung auch in Anbetracht des mangelhaften Ernennungsverfahrens nachvollziehbarer machen.

ee) Auslastungsdefizit

Zuletzt müssen nicht nur die rechtlichen Voraussetzungen zur Gewährleistung der Unabhängigkeit eines Organs vorliegen. Vielmehr müssen auf tatsächlicher Ebene die Umstände stimmen, damit die rechtlich geschaffene Basis auch umgesetzt werden kann. Hinsichtlich des EuRH dürfte hier vor allem die personelle Ausstattung wichtig sein. Das Problem einer unzureichenden Personalausstattung ist dabei offensichtlich. Hat der EuRH kein ausreichendes Personal, sorgt das einerseits dafür, dass er nicht mehr ausreichend Finanzvorgänge überprüfen kann und damit keine ausführliche stichprobenartige Kontrolle mehr möglich ist. Eine Betroffenheit der finanziellen Unabhängigkeit erscheint bei mangelnder Personalausstattung durchaus denkbar. Es soll in diesem Punkt jedoch noch nicht auf den Ablauf der Rechnungsprüfung konkret eingegangen werden. Hinsichtlich der Unabhängigkeit gilt es jedoch zu sagen, dass bei fehlendem Personal eine Prüfung lückenhaft sein könnte. Das führt dann zu der Frage, ob die Prüfung nicht willkürlich wird. Die konsequente Schlussfolgerung wäre, dass eine unabhängige Prüfung auch immer von einem ausreichenden Personalbestand abhängig ist. 1978 startete der EuRH mit einem Bestand aus 164 Beschäftigten, während im Jahr 1995 bereits 504 Mitarbeiter im EuRH arbeiteten.[272] Mittlerweile arbeiten circa 900 Mitarbeiter im EuRH.[273] Dieser Mitarbeiterzuwachs spiegelt auf der einen Seite die gewonnene Bedeutung des EuRH wider. Auf der anderen Seite darf jedoch nicht vergessen werden, dass auch der Arbeitsaufwand des EuRH stark zugenommen hat. Neben dem stetig wachsenden Haushalt und der daraus resultierenden steigenden Zahl an Finanzvorgängen, die überprüft werden müssen, hat der EuRH auch weitere Aufgaben übertragen bekommen. Nur beispielhaft dürfte dafür die Zuverlässigkeitserklärung sein, die der EuRH seit dem Vertrag von Maastricht anfertigen muss.[274] Dazu kommt, dass die Mitarbeiter des EuRH nicht alle in der Rechnungsprüfung tätig sind, sondern auch in Übersetzungs- oder Verwaltungstätigkeiten beschäftigt sind.[275] So macht der

---

272 *Graf*, Die Finanzkontrolle der Europäischen Gemeinschaft, S. 77.

273 Laut Informationen des EuRH, abrufbar unter (Stand 10.10.18): https://www.eca.europa.eu/de/Pages/Structure.aspx.

274 Siehe den heutigen Art. 287 Abs. 1 S. 2 AEUV.

275 *Graf*, Die Finanzkontrolle der Europäischen Gemeinschaft, S. 76; *Price*, YEL 1983, 239, 241.

EuRH selbst einen unverhältnismäßig hohen Prüfungsaufwand in bestimmten Bereichen geltend.[276]

Im Ergebnis erscheint jedoch kein die Unabhängigkeit berührendes Missverhältnis zwischen anfallender Prüfungstätigkeit und Personalbestand zu bestehen. Dabei darf hier dahingestellt bleiben, ob tatsächlich eine arbeitsmäßige Überforderung des EuRH vorliegen könnte. Vielmehr erscheint es wichtig festzustellen, dass theoretisch eine Ausstattung des EuRH mit weiteren Ressourcen zwar förderlich sein könnte, ein dringendes Erfordernis an weiterem Personal jedoch nicht besteht. Die Unabhängigkeit ist daher durch die Arbeitsauslastung und den Personalbestand nicht beeinträchtigt.

ff) Unterstützungspflicht

Auch die Unterstützungspflicht des EuRH zugunsten des EuP könnte ein Eingriff in die Unabhängigkeit des EuRH darstellen. Gemäß Art. 287 Abs. 4 UAbs. 4 AEUV hat der Rechnungshof das EuP und den Rat bei der Kontrolle der Ausführung des Haushaltsplans zu unterstützen. Auch wenn hierin auf den ersten Blick durchaus Abhängigkeiten gesehen werden könnten, wäre der EuRH bei der Auswahl seiner Prüfungsgegenstände nicht mehr frei von jeglichen Einflüssen, gehört die Unterstützungspflicht zu den üblichen Ausgestaltungen der Rechnungskontrollbehörden. „Die von der Verfassung und Gesetz eingeräumte Unabhängigkeit [...] gewährleistet ihnen auch dann, wenn sie Organe der Parlamente sind und in deren Auftrag Prüfungen durchführen, ein Höchstmaß an Eigeninitiative und Eigenverantwortlichkeit."[277] Darüber hinaus stellt sich jedoch die Frage, ob durch den Art. 287 Abs. 4 UAbs. 2 AEUV wiederum eine Regelung getroffen wurde, die die eben beschriebenen Grenzen der Unabhängigkeit überschreitet. Das bemisst sich vor allem danach, ob der Antrag eines Organs oder sonstigem Antragsberechtigten[278] für den EuRH verpflichtend ist. An dem Wortlaut der Norm zeigt sich jedoch bereits, dass es sich hierbei um eine Ermessensvorschrift für den EuRH handelt.[279] Eine Bindung könnte sich

---

276 Siehe in der Landscape-Analyse zu „Lücken, Überschneidungen und Herausforderungen: eine Landscape-Analyse der EU-Regelungen zur Rechenschaftspflicht und zur Kontrolle der öffentlichen Finanzkontrolle, S. 43 Rn. 113.

277 § 8 S. 1 der Deklaration von Lima.

278 Vgl. zur Antragsberechtigung *Bieber* in: Groeben u. a., Europäisches Unionsrecht, Band 4, Art. 287 AEUV Rn. 31.

279 *Bugnot*, RMC 1982, 609, 614; So auch *Ehlermann*, Der Europäische Rechnungshof, S. 38; *Bieber* in: Groeben u. a., Europäisches Unionsrecht, Band 4, Art. 287 AEUV Rn. 32.

lediglich aus dem generellen Abhängigkeitsverhältnis des EuRH zu den anderen Unionsorganen ergeben. Schließlich ist der EuRH gerade davon abhängig, dass seine Arbeit und seine Prüfungsergebnisse bei den anderen Unionsorganen ausreichend Berücksichtigung finden. Daher dürfte der EuRH gehalten sein, auf die Anträge der anderen Organe auch einzugehen, denn eine Berücksichtigung dürfte immer auch von einer gegenseitigen Kooperation der Unionsorgane abhängig sein.[280] Diese Abhängigkeit dürfte sich jedoch vor allem aus den Interessen des EuRH begründen. Bereits die INTOSAI-Richtlinien legten diesbezüglich fest, dass „eine absolute Unabhängigkeit von Staatsorganen wegen ihrer Einbindung in das Staatsganze unmöglich ist, [daher] müssen die Obersten Rechnungskontrollbehörden mit der zur Erfüllung ihrer Aufgaben erforderlichen funktionellen und organisatorischen Unabhängigkeit ausgestattet sein."[281]

Im Ergebnis bestehen folglich hinsichtlich der Unterstützungspflicht des EuRH keine Bedenken, so genügen sie den Maßstäben einer funktionellen Unabhängigkeit, die für eine unabhängige Finanzkontrolle gewahrt sein müssen.

c) Fazit

Am Ende lassen sich bei der Analyse der Unabhängigkeit klare Tendenzen erkennen. Auf der einen Seite muss man feststellen, dass bereits bei der Gründung des EuRH die Wichtigkeit der Unabhängigkeit des EuRH und seiner Mitglieder gesehen und berücksichtigt wurde. Von Anfang an fanden sich klare Regelungen, die diese sichern sollten.[282] Dabei dürfte auch insofern nicht überraschen, dass mitgliedstaatliche Rechnungsprüfungsorgane in dieser Hinsicht ähnlich ausgestaltet sind und die Unabhängigkeit daher als zentrale Voraussetzung einer europäischen Rechnungsprüfung dient. Regelungen hinsichtlich der Weisungsfreiheit, Inkompatibilität oder Amtsenthebung sind als solche als verfassungsrechtliche Garantien für Rechnungshöfe anerkannt[283] und der EuRH wäre hinter seinen Ambitionen als Organ europäischer Finanzkontrolle weit zurückgeblieben, wenn derartige Grundvoraussetzungen nicht geschaffen worden wären. Die Maßstäbe, die durch die INTOSAI im Jahr 1977 auch durch die *Deklaration von Lima* niedergeschrieben wurden, sind im Großen und Ganzen durch die rechtliche Ausgestaltung des Status der Mitglieder des EuRH eingehalten worden.

---

280 Diese Tatsache lässt sich bereits aus der Funktion des EuRH ableiten.
281 Vgl. § 5 Nr. 2 der Deklaration von Lima.
282 *Ehlermann*, Der Europäische Rechnungshof, S. 25.
283 *Reus/Mühlhausen*, VR 2010, 1, 2 zu den verfassungsrechtlichen Garantien für Rechnungshöfe.

Auch wenn die Leitlinien der INTOSAI relativ allgemein gehalten sind, dürften nur im Einzelfall Bedenken hinsichtlich der Vereinbarkeit der Regelungen über den EuRH bestehen.

Die Defizite des EuRH liegen in wenigen bereits thematisierten Problematiken. Hierbei spielt vor allem das Ernennungsverfahren eine Rolle. Dieses wurde bereits zu Anfang mit einer eingeschränkten Parlamentsbeteiligung eingeführt, obwohl bereits ein der Unabhängigkeit zugutekommendes Zustimmungserfordernis des Europäischen Parlamentes zur Debatte stand.[284] Dass das letztlich durchgesetzte unverbindliche Anhörungsrecht im Laufe der Zeit des EuRH durch die Einführung von Listen weiter geschwächt wurde, kann durchaus als negativer Aspekt in der Entwicklung des EuRH in Bezug auf seine Unabhängigkeit gewertet werden. Daneben steht die bisher verankerte Wiederwahlmöglichkeit der Mitglieder nach 6 Jahren. Auch hier wurde auf die Forderung der Verlängerung der Amtszeit und Abschaffung der Wiederwahlmöglichkeit bisher nicht reagiert.[285] Diese Regelung erscheint auch hinsichtlich der Leitlinien der INTOSAI bezüglich der Modalitäten zur Bestellung und Abberufung von Mitgliedern als für die Unabhängigkeit bedenkliche Regelung.[286] An dieser Stelle wäre eine Regelung zur Sicherung der Unabhängigkeit angebracht.

Ein weiteres Einfallstor für Einflussnahme ist schließlich das Merkmal der besonderen Eignung. Auch hier ergeben sich letztlich Unklarheiten, was die besondere persönliche Eignung für Anforderungen an die Mitglieder stellt, was letztlich sogar dazu führt, dass die ORKB die Zusammensetzung des EuRH kritisch hervorhebt. Die vermehrte Besetzung durch Parlamentarier gilt es hier zumindest aufmerksam zu beobachten. Man muss jedoch im Ergebnis feststellen, dass das Besetzen des EuRH mit Parlamentariern noch kein Hindernis für die Unabhängigkeit darstellt. Vielmehr müsste sich eine die Unabhängigkeit berührende Einordnung aus dem Einfluss der Parlamentarier auf die Prüfungstätigkeit des EuRH ergeben. Mit Blick auf die Prüfungstätigkeit und auch die Funktion des EuRH erscheint dagegen eine Einbindung von Parlamentariern in den EuRH als durchaus vorteilhaft, um die parlamentarische Nähe des EuRH in die Prüfungen einfließen zu lassen. Im Ergebnis dürfte hierin auch gerade kein Verstoß gegen die Leitlinien der INTOSAI liegen, da ein beruflicher Einfluss

---

284 ABl. der Europäischen Gemeinschaften Nr. C 87/11 vom 5.10.1973.

285 *Niedobitek* in: Streinz u. a., EUV/AEUV Kommentar, Art. 286 AEUV Rn. 11.

286 Vgl. § 6 Nr. 2 S. 2 der Deklaration von Lima. In dieser Regelung wird zwar eine Wiederwahlmöglichkeit von Mitgliedern der ORKB nicht ausdrücklich ausgeschlossen, jedoch erscheint es denkbar die 6-jährige Amtszeit mit Wiederwahlmöglichkeit als eine regelmäßige Abberufungsmöglichkeit des Rates zu interpretieren.

nicht nur aufgrund vorheriger Mitgliedschaft in einem anderen Organ begründet werden kann.[287] Durch die Einbindung von Parlamentariern kann dagegen die Prüfungsverteilung auf die verschiedenen Prüfungsgebiete möglicherweise sogar sachnäher und praxisrelevanter vollzogen werden, da Parlamentarier durchaus den Vorteil haben, im Rahmen ihrer parlamentarischen Vergangenheit die Relevanz von Prüfungen in verschiedenen politischen Bereichen durch ihre vorherige Tätigkeit besser, als es Rechnungsprüfer ohne vergleichbare Vorerfahrung können, einzuschätzen. Eine Festlegung objektiver Kriterien, nach denen beispielsweise das EuP die Geeignetheit der Vorschläge beurteilt,[288] wäre an dieser Stelle ein Sicherungsmerkmal, dass jegliche Sorgen hinsichtlich der Ernennungskriterien aus dem Weg schaffen würde.

Insgesamt scheinen die Mitgliedstaaten zu versuchen, sich einen gewissen Einfluss auf die Rechnungsprüfung und den EuRH erhalten zu wollen. Letztlich können jedoch auch solche Detailregelungen nicht hingenommen werden. Es besteht daher im Detail Bedarf für den europäischen Gesetzgeber nachzubessern. Alles in allem kann man jedoch feststellen, dass die Unabhängigkeit im Grundsatz angemessen umgesetzt worden ist und der EuRH die verfassungsrechtlichen Maßstäbe einer öffentlichen Finanzkontrolle auch im Hinblick auf die Leitlinien der INTOSAI aus der *Deklaration von Lima* wahrt. Vor allem in der Praxis des EuRH haben sich die Eindrücke einer unabhängigen Finanzkontrolle mit unabhängigen Rechnungsprüfern bestätigt und im Hinblick auf die Arbeit des EuRH lassen sich Umstände, die Zweifel an der Unabhängigkeit der europäischen Finanzkontrolle aufkommen lassen könnten, nicht finden.

3. Rechtsstellung der Mitarbeiter des Europäischen Rechnungshofes

Der EuRH beschäftigt ungefähr 900 Mitarbeiter.[289] Diese arbeiten in verschiedenen Tätigkeitsbereichen des EuRH. Jedes Mitglied des EuRH wird dabei von mehreren Mitarbeitern unterstützt.[290] Der Mitarbeiterstab des EuRH ist einerseits in der Prüfung selbst beschäftigt, darüber hinaus in der Verwaltung und

287 Vgl dazu § 6 Nr. 3 der Deklaration von Lima.

288 Vgl. dazu ABl. der Europäischen Gemeinschaften Nr. C 337/51 vom 21.12.1992 sowie ABl. der Europäischen Gemeinschaften Nr. C 43/75 vom 20.02.1995.

289 Laut Informationen des EuRH, abrufbar unter (Stand 10.10.18): https://www.eca.europa.eu/de/Pages/Structure.aspx.

290 Vgl. den Internationalen Peer-Review des EuRH aus dem Jahr 2014, S. 5.

Übersetzung, damit die Prüfungsergebnisse des EuRH in alle 23 EU-Amtssprachen übersetzt werden können.[291]

Zwar regelt der AEUV für die Mitarbeiter des EuRH selbst keinen Unabhängigkeitsstatus, allerdings sind die Mitarbeiter des EuRH ebenfalls unabhängig in ihrer Aufgabenwahrnehmung. Das lässt sich bereits aus den ethischen Leitlinien des EuRH herauslesen.[292] Im Vorwort heißt es hier, dass alle Mitarbeiter des EuRH, unabhängig ob Mitglieder, Führungskräfte, Prüfer oder Verwaltungspersonal, unabhängig sind. Zur Verwirklichung der Prüfungsaufgaben des EuRH ist es unerlässlich, dass auch der einzelne Mitarbeiter unabhängig seinen Prüfungsaufgaben nachkommt. Dabei liegt die Unabhängigkeit nicht nur in der Prüfungsauswahl, auch wenn hier die Prüfer aufgrund ihrer Prüfungserfahrungen in der Planung durchaus beteiligt sind, sondern vielmehr in der Unabhängigkeit der Durchführung der Prüfung. Diese schließt sich an die Unabhängigkeit des EuRH als Organ an. Um diese sicherzustellen, ist es sowohl bei der Prüfungsauswahl als auch bei der Prüfungsdurchführung geboten, dass die Prüfer unabhängig die Prüfungsmaterie und die Art der Prüfung bestimmen. Ohne auf das Prüfungsverfahren an dieser Stelle einzugehen, betrifft diese Unabhängigkeit beispielsweise die Frage, welche Bereiche bei einer konkreten Prüfung in der stichprobenartigen Kontrolle geprüft werden oder inwieweit nur Unterlagen überprüft werden oder eine Vor-Ort-Prüfung stattfindet. Die ethischen Leitlinien konkretisieren diese Unabhängigkeit vor allem in einer persönlichen Unabhängigkeit, wobei „familiäre und/oder persönliche Beziehungen zu Mitarbeitern der geprüften Stelle"[293] zu vermeiden sind. Diese Grundsätze stimmen mit den Vorgaben zur Unabhängigkeit der INTOSAI überein, die für die einzelnen Mitarbeiter eines Rechnungskontrollorgans ebenfalls einen unabhängigen

---

291 Die Übersetzungstätigkeit ist dabei ein Alleinstellungsmerkmal des EuRH, der sich neben der Schwierigkeit einer richtigen und sorgfältig formulierten Darstellung seiner Prüfungsergebnisse im Rahmen seiner Übersetzungsaufgaben auch damit beschäftigen muss, die Prüfungsergebnisse mit der gleichen Sorgfalt und Richtigkeit in alle Amtssprachen der EU zu übersetzen, vgl. dazu Art. 28 der Geschäftsordnung des EuRH, der festlegt, dass Berichte, Stellungnahmen, Bemerkungen, Zuverlässigkeitserklärung sonstige Dokumente, die zur Veröffentlichung bestimmt sind, in allen Amtssprachen erstellt werden müssen. Auch in den Gesprächen mit Mitarbeitern des EuRH wurde die Übersetzungstätigkeit als Herausforderung hervorgehoben, die jedoch durch die multinationale Zusammensetzung des EuRH gelöst wird.

292 Vgl. dazu die ethischen Leitlinien des Europäischen Rechnungshofes, Anhang IV der Durchführungsbestimmungen des EuRH, die gem. Art. 1 des Beschlusses Nr. 66/2011 des EuRH für den EuRH gelten.

293 Vgl. „Ethische Leitlinien des Europäischen Rechnungshofes, Ziff. 34.

Status vorschreiben.[294] Hervorgehoben wird in diesen die Vermeidung von Abhängigkeit, die sich „aus politischer Voreingenommenheit, der Übernahme von Führungsaufgaben, der Überprüfung eigener Leistungen, finanziellen oder sonstigen persönlichen Interessen oder Beziehungen zu Dritten bzw. unzulässiger Beeinflussung durch Dritte ergibt."[295] Konkretisiert werden diese Leitlinien beispielsweise durch das Verbot, Zuwendungen oder Geschenke anzunehmen, das Verbot Prüfungsaufgaben bei einer Stelle wahrzunehmen, bei der sie selbst noch vor kurzem beschäftigt waren, oder die Pflicht, Umstände zu vermeiden, bei denen Beziehungen mit Führungskräften oder dem Personal geprüfter oder sonstiger Stellen die Entscheidungsfindung beeinflussen könnten.[296]

Letztlich lässt sich erkennen, dass die Unabhängigkeit der Mitarbeiter des EuRH zwar nicht primärrechtlich geregelt ist, aber ebenfalls wie die Unabhängigkeit der Mitglieder des EuRH zentrale und unbedingt verbindliche Voraussetzung für die Mitarbeiter des EuRH ist. Da die Mitarbeiter des EuRH aus unterschiedlichsten Bereichen des Ausbildungs- und Berufsspektrums stammen und es daher durchaus möglich erscheint, dass sie mit Bereichen konfrontiert werden, in die sie unmittelbare Verbindungen haben oder in denen sie sogar selbst tätig waren, ist die persönliche, fachliche und wirtschaftliche Unabhängigkeit der Mitarbeiter des EuRH ebenso geboten wie die Unabhängigkeit der Mitglieder gem. Art. 286 Abs. 1 AEUV. Die Unabhängigkeit soll gewährleisten, dass die Prüfungen des EuRH transparent und neutral die Schwächen im europäischen Haushalt offenlegen. Das ist nur möglich, wenn jeder einzelne Prüfer in seiner Rechtsstellung unabhängig ist. Diese Unabhängigkeit bezieht sich dabei vor allem auf die Prüfungsdurchführung, während die Prüfer bei der Auswahl der Prüfungen zwar durchaus ihre Erfahrungen beitragen, letztlich jedoch an die Vorgaben aus dem Kollegium gebunden sind. Die Unabhängigkeit der Mitarbeiter ist trotz fehlender primärrechtlicher Regelung nicht weniger entscheidend für den Status und die Rechtsstellung des EuRH selbst. Nur durch unabhängige Mitglieder und Mitarbeiter kann der EuRH seinen Prüfungsauftrag entsprechend der primärrechtlichen Ausgestaltung erfüllen. Die Grenzen der Unabhängigkeit des einzelnen Mitarbeiters finden sich erst in dem Kollegialcharakter des EuRH selbst.[297]

---

294 Vgl. dazu den „Pflichten- und Verhaltenskodex" der INTOSAI (ISSAI 30), Ziff. 35.

295 Ziff. 35 (a) ISSAI 30.

296 Geregelt in Ziff. 35 (a) iv., vi., vii. ISSAI 30. Näher definiert sind diese Tatbestände für Ziff. 43 ff. ISSAI 30.

297 Vgl. zum Kollegialprinzip im EuRH *Niedobitek* in: Streinz u. a., EUV/AEUV Kommentar, Art. 287 AEUV Rn. 26ff., der zu Recht darauf verweist, dass das Kollegialprinzip für den EuRH zwar nach außen gilt, aber „dass sich in der Organisation des Rechnungshofs auch monokratische Strukturen nachweisen lassen".

IV. Prüfungstätigkeit des Europäischen Rechnungshofes

Der EuRH ist zuständig für die Rechnungsprüfung der Europäischen Union und prüft dabei die Rechnungen über Einnahmen und Ausgaben der Europäischen Union.[298] Er vollzieht seine Prüfungen in vollständiger Unabhängigkeit zu anderen Unionsorganen und insbesondere auch zu den ORKB der Mitgliedstaaten. Dabei werden sowohl die Prüfungsgebiete, die Anzahl der Prüfungen für jedes Jahr und die Prüfungsadressaten unabhängig durch das Kollegium und die Kammern festgelegt. Die Maßstäbe in den Prüfungen des EuRH liegen in der Rechtmäßigkeit und Ordnungsmäßigkeit der Einnahmen und Ausgaben und der Wirtschaftlichkeit der Haushaltsführung, wobei er auch über Fälle von Unregelmäßigkeiten berichtet.[299] Der EuRH ist somit das beherrschende Organ der externen europäischen Finanzkontrolle.[300]

Der EuRH hat seit der Vertragsänderung von Nizza im Jahr 2001 „ausdrücklich die Befugnis [...] sich eine eigene Geschäftsordnung zu geben."[301] Dies ergab sich jedoch bereits vor der ausdrücklichen Niederlegung aufgrund des Selbstorganisationsrechts, das „aus den Vorschriften über seine Errichtung und die Zuweisung bestimmter Aufgaben folgt."[302] Das ausdrücklich festgelegte Recht, sich eine Geschäftsordnung zu geben, wurde durch die Niederlegung eher beschnitten als gestärkt, da der EuRH sich vor dieser Regelung ohne besondere Bedingungen eine Geschäftsordnung geben konnte, während im Primärrecht mittlerweile das Genehmigungserfordernis des Rates festgeschrieben ist.[303] Derzeit gilt die Geschäftsordnung in ihrer aktuellen Fassung vom 1.06.2010.[304] Die Geschäftsordnung enthält Regelungen über den Aufbau des EuRH sowie über die Aufgabenverteilung und den Ablauf der Prüfungen. Darüber hinaus sieht

298 Vgl. Art. 285 und 287 Abs. 1 UAbs. 1 S. 1 AEUV.

299 Vgl. Art. 287 Abs. 2 UAbs 1 AUEV.

300 *Bieber* in: Groeben u. a., Europäisches Unionsrecht, Band 4 Kommentar, Art. 287 AEUV Rn. 4.

301 *Magiera* in: Grabitz u. a., EUV/AEUV Kommentar, Art. 287 AEUV Rn. 26.

302 *Bieber* in: Groeben u. a., Europäisches Unionsrecht, Band 4 Kommentar, Art. 287 AEUV Rn. 37.

303 Vgl. dazu Art. 287 Abs. 4 UAbs. 5 AEUV.

304 Vgl. ABl. der Europäischen Union Nr. L 103/1 vom 23.04.2010.

sie weitere Regelungen vor, die die Durchführung von Prüfungen betreffen.[305] Zusätzlich dazu hat der EuRH im Rahmen der Rechnungsprüfung eigene Handbücher entwickelt, die genaue Prüfungsabläufe und Vorgehensweisen des EuRH beschreiben.[306] Weitere Leitlinien präzisieren konkrete Vorgehensweisen bei der Durchführung der Prüfung. Der EuRH organisiert sich in Kammern und Ausschüssen. Er „hat zur Vorbereitung seiner vertraglichen Aufgaben fünf ständige Kammern [...] gebildet, denen vier thematisch definierte „vertikale“ und ein funktional definierter „horizontaler“ Bereich zugewiesen sind.“[307] Diese Kammern sind für die Einbringung von Prüfungsvorschlägen, die Durchführung von Prüfungen sowie für die Annahme von Berichten und Stellungnahmen zuständig. Derzeit sind Kammern unter den Themenbereichen „Nachhaltige Nutzung natürlicher Ressourcen“, „Investitionen für Kohäsion, Wachstum und Integration“, „Externe Politikbereiche, Sicherheit und Justiz“, „Marktregulierung und wettbewerbsfähige Wirtschaft“ sowie „Finanzierung und Verwaltung der Union“ eingesetzt. Ausschüsse sind darüber hinaus für Aufgaben zuständig, die nicht in den Zuständigkeitsbereich der Kammern fallen.[308]

Im Folgenden soll der genaue Ablauf der Prüfung des EuRH beleuchtet werden. Dabei soll anhand der Geschäftsordnung und den weiteren Regelungen erarbeitet werden, wie die rechtlichen Voraussetzungen für eine Prüfung des EuRH aussehen, insbesondere wie die Prüfungsressourcen verteilt werden, wie Prüfungsadressaten festgelegt werden und wie die Prüfung im Detail abläuft. Darüber hinaus soll auf die Prüfungsergebnisse und ihre Wirkungsweise eingegangen werden, um den Einfluss des EuRH in der Haushaltskontrolle der Europäischen Union einordnen zu können

---

305 Vgl. dazu Art. 15 und 34 der Geschäftsordnung des EuRH, ABl. der Europäischen Union Nr. L 103/1 vom 23.04.2010.

306 Vgl. dazu das „Handbuch der Prüfung der Rechnungsführung und Compliance-Prüfung“ sowie das „Handbuch der Wirtschaftlichkeitsprüfung“.

307 *Bieber* in: Groeben u. a., Europäisches Unionsrecht, Band 4 Kommentar, Art 287 AEUV Rn. 41.; vgl. auch Art. 11 Abs. 1 der Durchführungsbestimmungen der Geschäftsordnungen des EuRH, wonach sich diese fünf Kammern in vier vertikale Kammern, die spezifische Einnahmen- und Ausgabenbereiche kontrollieren, und eine horizontale Kammer, die die Koordinierung, Kommunikation, Evaluierung, Qualitätssicherung und Entwicklung des EuRH untersucht, einteilen.

308 Vgl. dazu Art. 12 der Geschäftsordnung des EuRH, ABl. der Europäischen Union Nr. L 103/1 vom 23.04.2010; derzeit der Ausschuss für Qualitätskontrolle im Prüfungsbereich sowie der Verwaltungsausschuss.

1. Grundsätze der internationalen Finanzkontrolle

Bevor an dieser Stelle konkret auf die Prüfungstätigkeit des EuRH und seine Befugnisse eingegangen werden soll, sollen zuerst die grundsätzlichen Anforderungen an die Befugnisse einer Rechnungskontrollbehörde erörtert werden. Maßstab dafür sollen vor allem die INTOSAI-Leitlinien sein, die im Rahmen der *Deklaration von Lima* aufgestellt wurden, sowie die International Standards on Auditing.[309] Im Vordergrund der erforderlichen Befugnisse stehen die Untersuchungs- und Durchsetzungsbefugnisse der Rechnungskontrollbehörden. Zuerst einmal sollten hinsichtlich der Prüfungskompetenzen eindeutige Regelungen vorhanden sein.[310] Dabei hat der Gesetzgeber in der Verfassung nicht jede Prüfungskompetenz festzulegen, jedenfalls sollen aber zumindest die Grundzüge der Prüfungskompetenz der Rechnungskontrollbehörde festgelegt werden.[311]

Als eine der zentralen Prüfungsvoraussetzungen muss es den Rechnungskontrollbehörden möglich sein, „Zugang zu allem mit der Gebarung in Zusammenhang stehenden Unterlagen und Dokumenten [zu] haben und von den Organen der geprüften Stelle mündlich und schriftlich alle erforderlich erscheinenden Auskünfte verlangen [zu] können."[312] Die Möglichkeit von Vor-Ort-Prüfungen ist dabei unabdinglich, um die Durchsetzung der Prüfungsbefugnisse zu gewährleisten.[313] Zur Durchsetzung dieser Befugnisse im Falle einer Verweigerung von Prüfungsunterlagen durch die geprüfte Stelle muss die Rechnungskontrollbehörde „ermächtigt sein, an die zuständigen Behörden heranzutreten, die die erforderlichen Maßnahmen zu ergreifen und die Verantwortlichkeit geltend zu machen haben."[314]

Zuletzt soll die Rechnungskontrollbehörde „berechtigt und verpflichtet sein, eigenverantwortlich über die Ergebnisse ihrer Tätigkeit jährlich dem Parlament oder dem zuständigen Staatsorgan zu berichten.[315] Die Veröffentlichung des Berichts ist dabei zu gewährleisten, um insbesondere die Transparenz und Information der Prüfungen zu sichern und die Durchsetzung der

309 Diese Richtlinien bilden auch die Grundlage für die Prüfungen des EuRH, vgl. dazu den Jahresbericht des EuRH zum Haushaltsjahr 2016, ABl. der Europäischen Union Nr. C 322/11 vom 28.09.2017.

310 Vgl. § 18 Nr. 1 der Deklaration von Lima.

311 Ebd.

312 § 10 Nr. 1 der Deklaration von Lima.

313 Vgl. dazu § 10 Nr. 2 der Deklaration von Lima.

314 § 11 Nr. 2 der Deklaration von Lima.

315 § 16 Nr. 1 der Deklaration von Lima.

Prüfungsfeststellungen zu verbessern.[316] Die Veröffentlichungspflicht dürfte dabei vor allem den Erfordernissen einer effektiven Finanzkontrolle dienen, wenn das Rechnungsprüfungsorgan über keine eigene Durchsetzungsmöglichkeit seiner Prüfungsergebnisse verfügt, da es nur auf diesem Weg denkbar erscheint, den öffentlichen, politischen und medialen Druck auf den Prüfungsadressaten zu erhöhen. Darüber hinaus muss der Rechnungskontrollbehörde auch die Möglichkeit gegeben werden, neben den Jahresberichten über „besonders wichtige und bedeutungsvolle Wahrnehmungen [...] berichten [zu] können."[317]

2. Prüfungskompetenz des Europäischen Rechnungshofes

Die Prüfungskompetenz des EuRH umfasst alle Einnahmen und Ausgaben der Europäischen Union. Dabei kontrolliert er sowohl andere Unionsorgane sowie Einrichtungen und sonstige Stellen der EU.[318] Beschränkt wird die Prüfungskompetenz in diesem Zusammenhang lediglich dadurch, dass der Gründungsakt einer Institution der EU die Prüfung durch den EuRH ausschließen kann.[319] Nach der gesetzgeberischen Vorstellung ist der EuRH sogar für seine eigene Rechnungsprüfung zuständig, wobei er diese Kompetenz durch private Revisionsgesellschaften wahrnehmen lässt.[320]

Durch die Formulierung der Einnahmen und Ausgaben der EU umfasst die Kompetenz des EuRH vor allem auch solche Ausgaben, die außerhalb des Haushalts der EU stehen, beispielsweise diejenigen der Versorgungsagentur und der gemeinsamen Unternehmen der EAG oder des EEF. Nach der Abschaffung der Säulenstruktur in der EU durch den Vertrag von Lissabon gehören auch die GASP sowie die polizeiliche und justizielle Zusammenarbeit in den Prüfungsbereich des EuRH. Differenzierter wird die Kontrollbefugnis im Rahmen der Kontrolle der EZB sowie der EIB. Hinsichtlich der EZB ist „nur eine Prüfung der ‚Effizienz der Verwaltung' beziehungsweise der ‚operationellen Effizienz der

316 Ebd.

317 § 16 Nr. 2 der Deklaration von Lima.

318 Vgl. Art 287 Abs. 1 UAbs. 1 S. 2 AEUV.

319 Ebd.; Ein derartiger Ausschluss ist auch stillschweigend möglich, so beispielsweise beim ehemaligen EFWZ angenommen, vgl. *Hilf*, Die Organisationsstruktur der Europäischen Gemeinschaften, S. 157; ebenso zum stillschweigenden Ausschluss *Ehlermann*, Der Europäische Rechnungshof, S. 29.

320 *Graf*, Die Finanzkontrolle der Europäischen Gemeinschaft, S. 81.

Finanzverwaltung' durch den Rechnungshof"[321] vorgesehen. Darüber hinaus sind externe Rechnungsprüfer zuständig.[322] Gleiches gilt darüber hinaus für die EIB. „Hinsichtlich ihrer auf dem Kapitalmarkt beschafften oder eigenen Mittel unterliegt die EIB ausschließlich einer besonderen Finanzkontrolle durch einen von den Mitgliedstaaten ernannten Prüfungsausschuss."[323] Hinsichtlich der Verwaltung von Einnahmen und Ausgaben der EU durch die EIB hat der EuRH wiederum Prüfungskompetenz.[324] Im weiteren Verlauf der Arbeit soll noch differenzierter auf die Prüfungszuständigkeiten des EuRH, vor allem im Verhältnis zu mitgliedstaatlichen Finanzkontrollorganen, eingegangen werden.

a) Prüfungsaufgabe des Europäischen Rechnungshofs

Der EuRH verfügt im Rahmen der Rechnungsprüfung über kein Prüfungsmonopol.[325] Das ergibt sich bereits aus der Tatsache, dass die Prüfungszuständigkeit des EuRH durch den Gründungsakt ausgeschlossen werden kann.[326] Doch, wie bereits gesehen, ist seine Prüfungskompetenz durchaus weitreichend und schließt grundsätzlich alle Unionsorgane mit einigen Einschränkungen sowie zahlreiche weitere Einrichtungen und sonstige Stellen der Union ein.

Nachdem bereits im Verlaufe dieser Arbeit die Funktionen von Rechnungshöfen näher beleuchtet wurden, soll an dieser Stelle die Aufgabe des EuRH in der Europäischen Union im Vordergrund stehen. In der Literatur wurden hinsichtlich des EuRH die Begriffe des „finanziellen Gewissens der EU"[327] und der EuRH als „moralische Instanz"[328] geprägt.

Im Folgenden soll die Aufgabe von Rechnungshöfen generell beleuchtet werden, um sodann auf die konkreten Aufgabenbereiche des EuRH einzugehen.

---

321 *Bieber* in: Groeben u. a., Europäisches Unionsrecht, Band 4 Kommentar, Art. 287 AEUV Rn. 7.

322 Vgl. Art. 27 Ziff. 2 des Protokolls über die Satzung des Europäischen Systems der Zentralbanken, abrufbar unter (Stand 10.10.2018): https://www.ecb.europa.eu/ecb/legal/pdf/de_statute_2.pdf.

323 *Magiera* in: Grabitz u. a., EUV/AEUV Kommentar, Art. 287 AEUV Rn. 9; vgl. auch Art. 12 des Protokolls über die Satzung der Europäischen Investitionsbank.

324 Vgl. Art. 287 Abs. 3 UAbs. 3 AEUV.

325 *Niedobitek* in: Streinz u. a., EUV/AEUV Kommentar, Art. 285 AEUV Rn. 11.

326 Vgl. Art. 287 Abs. 1 UAbs.1 S. 2 AEUV.

327 *Inghelram*, Common Mark. Law Rev. 2000, 129, 145.

328 Vgl. *Graf*, Die Finanzkontrolle der Europäischen Gemeinschaft, S. 93; *Mart* in: Zavelberg, Die Kontrolle der Staatsfinanzen, S. 484.

aa) Aufgabe von Rechnungshöfen

„Von der Kontrolle durch die Rechnungshöfe werden [...] nicht nur alle staatlichen Maßnahmen erfasst, die sich in einer förmlichen Rechnung niedergeschlagen haben (‚Rechnungsprüfung'), sondern auch solche, ‚die sich noch nicht zu Rechnungen verdichtet haben' und weder im Haushaltsplan noch in der Haushaltsrechnung explizit zum Ausdruck kommen."[329] Finanzkontrolle soll „einerseits [...] eine sachgerechte und wirksame Verwendung öffentlicher Mittel sicherstellen und dabei unter Umständen zur Verbesserung der Ergebnisse führen, andererseits [...] [bezwecken], aus unabhängiger Perspektive öffentlich über die Qualität der Mittelverwendung Rechenschaft abzulegen."[330] Zweck der Prüfung soll vor allen Dingen sein, Transparenz in der Haushaltskontrolle zu schaffen. Dabei hat jeder Staat die Zielsetzung, die Fehlerquote im Haushalt und in der Mittelverwendung so gering wie möglich zu halten. Um darüber hinaus die Verwendung von Steuergeldern auch für den einzelnen Bürger transparent zu machen, dienen Rechnungshöfe dazu, in öffentlich zugänglichen Berichten und Stellungnahmen genau dieser Aufgabe nachzukommen. „Demokratische Legitimation und Rückkopplung [erfordern] nicht nur politisch-parlamentarische Kontrolle, sondern auch eine effiziente Finanzkontrolle. Diese Verknüpfung von Aufgaben und Finanzierung einerseits und politischer und finanzieller Kontrolle andererseits lässt sich im geltenden Verfassungsrecht [...] vielfältig nachweisen."[331] Das bedeutet, dass aus dem grundsätzlichem Vorliegen öffentlicher Abgaben zwar noch kein Rechtfertigungsbedürfnis des Staates besteht, da eine Zweckbindung der Mittelverwendung nur in den seltensten Fällen vorliegen dürfte; die grundsätzlich fehlerfreie Verwendung solcher Mittel dürfte dem Staat jedoch eine „erhöhte Verantwortung für die ordnungsgemäße Wahrnehmung der Finanzwirtschaft im Interesse der Wähler und zugleich Steuerzahler"[332] auferlegen. Primäres Ziel einer Finanzkontrolle dürfte somit die Schaffung demokratischer Legitimation von politisch-parlamentarischen Entscheidungen sein. Im Rahmen dieser Kontrolle dürfte die Aufgabe von Rechnungshöfen vor allem bei einer strukturellen ex-post Kontrolle sowie einer möglichst zeitnahen

329 *Krebs*, Kontrolle in staatlichen Entscheidungsprozessen, S. 181f.

330 *Mader*, Verteidigungsrechte im europäischen Gemeinschaftsverwaltungsverfahren, S. 288.

331 *Von Mutius* in: Boening/Arnim, Finanzkontrolle im repräsentativ-demokratischen System, S. 164.

332 *Von Mutius* in: Boening/Arnim, Finanzkontrolle im repräsentativ-demokratischen System, S. 165.

Untersuchung der Vorgänge und Transaktionen liegen. Der Umfang an Vorgängen, die im Rahmen des Haushalts vorliegen, lässt letztlich vor allem im Hinblick auf die personellen Ressourcen von Rechnungshöfen nur eine systematische Kontrolle zu. Der Fokus liegt also nicht in der Kontrolle eines einzelnen Vorgangs, sondern im Gesamtbild, das sich aus den Prüfungen der Rechnungshöfe über einen längeren Zeitraum ergibt, und der Nachprüfung der durch die interne Finanzkontrolle gewonnenen Ergebnisse. Daher muss in der Aufgabe von Rechnungshöfen von der reinen Betrugsbekämpfung und Aufdeckung finanzrelevanter Unregelmäßigkeiten deutlich abgegrenzt werden.[333]

Um der Aufgabe einer systematischen Überprüfung der Finanzen nachkommen zu können, ist es für Rechnungshöfe unabdinglich, Prüfungsbereiche festzulegen und Prüfungen auf die verschiedenen Einnahmen- und Ausgabenbereiche gleichmäßig zu verteilen. Entscheidend dürfte dabei sein, eine ausgewogene Verteilung der Prüfungen auf die festgelegten Prüfungsgebiete und Prüfungsadressaten zu sichern.

bb) Prüfungsauftrag in Abgrenzung zur Betrugsbekämpfung

Dem EuRH kommt im Rahmen der EU eine besondere Aufgabe zu. Die gerade erarbeiteten Grundsätze finden im Allgemeinen auch auf den EuRH Anwendung, doch gerade das Demokratiedefizit der EU offenbart ein erhöhtes Verlangen nach Transparenz und demokratischer Legitimation und vermittelt daher auch der externen Finanzkontrolle eine besondere Bedeutung.[334] Insofern treffen die unter der generellen Aufgabe der Rechnungshöfe erörterten Grundsätze auch auf den EuRH zu.

Eine besondere Rolle spielt neben der generellen Aufgabenbeschreibung die Bekämpfung von Betrugsfällen und Unregelmäßigkeiten in der EU. Dabei darf dem EuRH wie bereits in der allgemeinen Aufgabenbeschreibung erörtert nicht die Aufgabe zukommen, Betrügereien zu bekämpfen und Unregelmäßigkeiten aufzudecken. Das erscheint insofern inkonsistent, beruhte die Gründung des EuRH durchaus darauf, dass die Betrugsfälle in der EU seit der Einführung des

333 *Kok*, Common Mark. Law Rev. 1989, 345, 363, bereits im Hinblick auf den EuRH.

334 Näher zum Demokratiedefizit *Achenbach*, Demokratische Gesetzgebung in der Europäischen Union, S. 300 ff. zur dualen Legitimationsstruktur der Union; Kluth, Die demokratische Legitimation der Europäischen Union; *Magnette* in: Smismans, Civil society and legitimate European governance, S. 37.

Eigenmitteleinnahmensystems erheblich zunahmen.[335] Doch auch wenn der Zusammenhang naheliegen könnte, denn der EuRH nimmt in seinen anfänglichen Berichten sogar zu dem Thema Stellung,[336] muss die Aufgabe in diesem Zusammenhang vor allem in Abgrenzung zu den Aufgaben des Europäischen Amtes für Betrugsbekämpfung (OLAF) betrachtet werden. In seinen frühen Berichten bezieht sich der EuRH vor allem darauf, dass ein System entwickelt wird, das den betrügerischen Praktiken vorbeugt, wobei er betont, „dass die Mitgliedstaaten weiterhin in erster Linie für die Bekämpfung der betrügerischen Praktiken zuständig bleiben."[337] Aufgabe des EuRH ist eben gerade nicht die Betrugsbekämpfung, sondern im Zentrum steht die Aufdeckung struktureller Schwächen.[338] Dieser Aufgabe kam er nach, indem er anmahnte, dass ein System zur Vorbeugung von Betrug geschaffen werden muss, welches sich gerade nicht auf konkrete Betrugsfälle bezieht. Seine Einrichtung beruhte im Ergebnis nicht primär auf dem Anstieg von Betrugsfällen, sondern war „Ausdruck der gestiegenen Finanzautonomie der Gemeinschaften gegenüber den Mitgliedstaaten."[339]

Ein Zusammenhang zwischen Betrugsfällen beziehungsweise Unregelmäßigkeiten und den Aufgaben des EuRH lässt sich natürlich nicht verkennen. So können Betrugsfälle, wie sich auch aus den Jahresberichten ergibt, insbesondere darauf beruhen, dass strukturelle Schwächen vorliegen. Doch im Ergebnis dürfte der EuRH hier nur dann tätig werden, wenn die Betrugsfälle auf für den EuRH relevanten strukturellen Schwächen in Auszahlung und Kontrolle der Haushaltsmittel beruhen. In Abgrenzung zu der Rolle des OLAF und zur näheren Definition der Rolle des EuRH in der Betrugsbekämpfung gab es im Jahr 2004 mehrere Beschlüsse des EuRH, die die Rolle und die konkreten Aufgaben im Rahmen der Betrugsbekämpfung näher definieren sollen.[340] Grundsätzlich beschränkt sich

---

335 Vgl. dazu *Aigner*, Plädoyer für einen Europäischen Rechnungshof, S. 79ff., der die Betrugsfälle als eine Intention der Gründung ansieht; auch *Chavaki*, ZEuS 1999, 431, 452.

336 Vgl. *Kok*, Common Mark. Law Rev. 1989, 345, 360.

337 Vgl. dazu Jahresbericht des EuRH zum Haushaltsjahr 1986, ABl. der Europäischen Gemeinschaften Nr. C 336/66 vom 15.12.1987.

338 Vgl. dazu *O'Keeffe* in: Curtin u. a., Institutional dynamics of European integration, S. 189; *Kok*, Common Mark. Law Rev. 1989, 345, 363.

339 *Mader*, Verteidigungsrechte im europäischen Gemeinschaftsverwaltungsverfahren, S. 289.

340 Vgl. Beschluss Nr. 97/2004 des Rechnungshofes über die Modalitäten der Zusammenarbeit mit dem Europäischen Amt für Betrugsbekämpfung in Bezug auf dessen Zugang zu prüfungsrelevanten Informationen vom 16.12.2004, den Beschluss Nr. 98/2004 des Rechnungshofes über die Bedingungen und Modalitäten der internen

die Rolle des EuRH dabei darauf, dass, „wenn sich im Zuge der Prüfungsarbeiten Verdachtsmomente oder Hinweise auf mögliche Fälle von Betrug oder Korruption oder sonstige rechtswidrige Handlungen ergeben, [...] das für die Prüfungsaufgabe zuständige Mitglied unverzüglich ein Standardschreiben [verfasst], [...] das dem [...] zuständigen Mitglied [des EuRH] übermittelt und unter dessen Verantwortung an den Direktor des OLAF weitergeleitet wird."[341] Gleiches gilt neben den Kenntnissen, die der EuRH im Rahmen seiner Prüfungsarbeit erhält, auch dann, wenn der EuRH durch Dritte von einer möglichen Unregelmäßigkeit Kenntnis erlangt.[342]

cc) Prüfungsablauf

Diesem Prüfungsauftrag kommt der EuRH im Rahmen einer Systemprüfung nach. Das bedeutet, dass die im Rahmen einer Systemanalyse gewonnenen Ergebnisse hinsichtlich Einnahmen und Ausgaben stichprobenartig kontrolliert werden, da eine vollumfängliche Kontrolle der Transaktionen die Ressourcen des EuRH weit übersteigen würde und im Übrigen auch nicht rechtlich vorgesehen ist.[343] Das Prüfungskonzept des EuRH geht von der Annahme aus, dass sich „die interne Verwaltung [...] durch ihre Art der Organisation und durch ihre Funktionsweise selbst kontrollieren sollte, d. h. [sie beruht] auf dem Konzept der internen Kontrolle."[344] Das bedeutet, dass sich ein Prüfer mit sämtlichen Einzelelementen der internen Kontrolle beschäftigt, was beispielsweise der „Organisationsplan und die Verteilung der Zuständigkeiten für Maßnahmen

---

Untersuchungen zur Bekämpfung von Betrug, Korruption und sonstigen rechtswidrigen Handlungen zum Nachteil der finanziellen Interessen der Gemeinschaften vom 16.12.2004, sowie den Beschluss Nr. 99/2004 über die Modalitäten der Kooperation der Mitglieder des Hofes bei internen Untersuchungen zur Bekämpfung von Betrug, Korruption und sonstigen rechtswidrigen Handlungen zum Nachteil der finanziellen Interessen der Gemeinschaften.

341 Vgl. Art. 2 UAbs. 1 des Beschlusses Nr. 97/2004 vom 16.12.2017.

342 Vgl. Art. 2 UAbs. 2 des Beschlusses Nr. 97/2004 vom 16.12.2017.

343 *Waldhoff* in: Calliess u. a., EUV/AEUV Art. 287 AEUV Rn. 10; *Friedmann*, Der Europäische Rechnungshof und die Wirtschafts- und Finanzhilfen der EU für Mittel- und Osteuropa, S. 59f.; *Inghelram*, Common Mark. Law Rev. 2000, 129, 134; *Laffan*, J. Common Mark. Stud. 1999, 251, 256; *Niedobitek* in: Streinz u. a., EUV/AEUV Kommentar, Art. 287 AEUV Rn. 18.

344 Vgl. „Handbuch der Prüfung der Rechnungsführung und Compliance-Prüfung" S. 112.; sowie „Handbuch der Wirtschaftlichkeitsprüfung" S. 18; dazu auch der Jahresbericht des EuRH zum Haushaltsjahr 1980, S. 8.

und Entscheidungen mit finanziellen und haushaltsmäßigen Auswirkungen“[345] sein können. Es findet also an erster Stelle eine Bewertung der internen Kontrollsysteme statt, erst danach werden stichprobenartig Transaktionen überprüft, um bewerten zu können, inwieweit die internen Kontrollsysteme funktionieren und korrekte Ergebnisse liefern.[346]

Die Form der stichprobenartigen repräsentativen Kontrolle, die gerade beschrieben wurde, betrifft vor allem die Zuverlässigkeitserklärung, bei der eine statistische Erhebung der Haushaltszuverlässigkeit und die Feststellung einer Fehlerquote erfolgt, und die Durchführung der Prüfungen im Rahmen des Jahresberichtes. Die Zuverlässigkeitserklärung bindet dabei ein erhebliches Maß der Prüfungsmittel des EuRH.[347] Die Erklärung hat den Anspruch den gesamten Haushalt, folglich alle Unionsorgane und alle Vorgänge in der EU und in allen Mitgliedstaaten, zu berücksichtigen und eine möglichst genaue Fehlerquote zu ermitteln. Der EuRH hat für die Zuverlässigkeitserklärung daher eine detaillierte Methode der Feststellung der Zuverlässigkeit erarbeitet.[348] Er setzt dabei eine zulässige Fehlerquote von zwei Prozent an.[349] Im Rahmen der eben beschriebenen Systembewertung werden dann eine Risikoanalyse vorgenommen und die Prüfungen geplant.[350] Der EuRH befindet sich dabei derzeit in einem Umbruchprozess, in dem er sich zukünftig hinsichtlich des Prüfungsprozesses in der Zuverlässigkeitserklärung auf die Feststellungen der Kommission zur Haushaltszuverlässigkeit stützen möchte und sich seine Bewertungen und Prüfungen vor allem aus den daraus gewonnenen Ergebnissen und Erkenntnissen ergeben sollen. Während bisher an dieser Stelle durch eine repräsentative stichprobenartige

345 Vgl. dazu den Jahresbericht des EuRH für das Haushaltsjahr 1980, ABl. der Europäischen Gemeinschaften Nr. C 344/8 vom 31.12.21981.

346 Vgl. dazu auch zur Vertiefung das „Handbuch der Prüfung der Rechnungsführung und Compliance-Prüfung“ S. 78, der EURH verwendet dabei die Methode des Monetary-Unit-Sampling (MUS) auf die hier nicht genauer eingegangen werden soll, die aber im Handbuch detailliert beschrieben wird; vgl. auch den Jahresbericht für das Haushaltsjahr 2016, ABl. der Europäischen Union Nr. C 322/37 vom 28.09.2017.

347 Nahezu die Hälfte der Prüfungsressourcen.

348 Vgl. dazu der EuRH über „Die DAS-Methode“, abrufbar unter (Stand 10.10.2018): http://www.eca.europa.eu/Lists/ECADocuments/DAS_BROCHURE/DAS_BROCHURE_DE.PDF.

349 Vgl. in „Die DAS-Methode“ S. 11.

350 Vgl. in „Die DAS-Methode“ S. 12; sowie „Handbuch der Prüfung der Rechnungsführung und Compliance-Prüfung“ S. 20.

Kontrolle[351] eine eigene Fehlerquote ermittelt wird, soll sich in der Zukunft die Prüfung auf die Feststellungen der Kommission selbst stützen und somit nur noch eine Kontrolle der durch die Kommission vorgegebenen Fehlerquote erfolgen. Quelle der ersten Analyse und Problemfeststellung wären demnach die Ausführungen der Kommission, woraufhin der EuRH lediglich anhand eigener Prüfungen die Analyse und Feststellungen der Kommission überprüft.

Davon zu unterscheiden ist der Prüfungsablauf für die Sonderberichte. Innerhalb des Kollegiums wird im Rahmen der verschiedenen Prüfungsbereiche[352] zum Ende des Jahres festgelegt, wie die noch vorhandenen Prüfungskapazitäten für das nächste Haushaltsjahr verteilt werden, wobei berücksichtigt werden muss, dass Kapazitäten für Prüfungen aus aktuellen Anlässen freigehalten beziehungsweise zumindest flexibel gehalten werden. Die Prüfungsbereiche bemessen sich vor allem nach der Mittelverwendung und dem MFR, wobei die wichtigsten MFR-Rubriken einen Prüfungsbereich bilden.[353] Dabei wird darauf geachtet, dass die Prüfungen gleichmäßig verteilt werden und insbesondere im Hinblick auf die anderen Unionsorgane eine regelmäßige Kontrolle gewährleistet wird.[354] Das erfordert neben einem einjährigen Prüfungsplan einen darüber hinausgehenden mehrjährigen Prüfungsplan, der wichtige Prüfungen für die kommenden Jahre festlegt sowie eine Nachverfolgung der bereits abgelaufenen Prüfungen berücksichtigt.[355] Diese Verteilung der Prüfungen ist für ein nachvollziehbares und differenziertes Prüfungsurteil unabdinglich. Ein korrektes Prüfungsurteil braucht in Einklang mit den ISA eine ausreichende Anzahl an Prüfungsnachweisen, um das Risiko zu minimieren zu einem falschen Prüfungsurteil zu kommen.[356]

---

351 Diese repräsentative Stichprobe wird durch repräsentative Prüfungen in jeder der MFR-Rubriken gewonnen, vgl. dazu den Jahresbericht des Haushaltsjahres 2016, ABl. der Europäischen Union Nr. C 322/35 vom 28.09.2017.

352 Zu den aktuellen Prüfungsbereichen bieten aktuelle Jahresberichte einen Überblick: vgl. zu den einzelnen Rubriken Jahresbericht zum Haushaltsjahr 2015, ABl. der Europäischen Union Nr. C 375/7 vom 13.10.2016.

353 Ebd.

354 Vgl. dazu *Friedmann*, Der Europäische Rechnungshof und die Wirtschafts- und Finanzhilfen der EU für Mittel- und Osteuropa, S. 62f.; Diese Auswahlkriterien spiegeln sich auch in den Prüfungsberichten wieder; so sieht man beispielsweise Sonderberichte zum Europäischen Stabilitätsmechanismus (ESM) und erstmalig auch eine Kontrolle des EuGH; vgl. darüber hinaus auch zur Verteilung der Prüfungen hinsichtlich der Zuverlässigkeitserklärung im Jahresbericht für das Haushaltsjahr 2016, S. 35.

355 *Friedmann*, Der Europäische Rechnungshof und die Wirtschafts- und Finanzhilfen der EU für Mittel- und Osteuropa, S. 63.

356 Vgl. International standards on auditing (ISAs), S. 51 Rn. 5.

Der EuRH veröffentlicht jährlich sein Arbeitsprogramm, in dem die einzelnen geplanten Prüfungen für das kommende Jahr festgelegt werden. In diesem Prüfungsprogramm verarbeitet der EuRH vor allem auch Informationen und Ideen, die dem EuRH durch andere Unionsorgane mitgeteilt werden, und darüber hinaus den Input, der vor allem auch aus den Kammern selbst kommt. Das bedeutet, dass der EuRH bereits bei der Prüfungsplanung die Stakeholder-Interessen beispielsweise des EuP berücksichtigt und, soweit er dies für sinnvoll erachtet, in sein Arbeitsprogramm einbezieht. Darüber hinaus können hier auch Erkenntnisse aus der ressourcenaufwendigen Zuverlässigkeitserklärung verwendet werden, um die Prüfungen aus der Zuverlässigkeitserklärung nicht nur für das Prüfungsurteil im Rahmen der Erklärung zu verwenden, sondern auch darüber hinaus einen Nutzen aus diesen Prüfungen zu ziehen. In der Gesamtheit kommt durch diese verschiedenen Einflüsse eine größere Zahl an Prüfungsideen und -vorschlägen zusammen, aus denen wiederum die relevantesten und wichtigsten Themen herausgefiltert werden.[357] Nach der Festlegung der Prüfungsthemen wird das Arbeitsprogramm durch das Kollegium des EuRH verabschiedet. Für das Haushaltsjahr 2018 wurde erstmals eine Priorisierung der Prüfungen durch den EuRH vorgenommen. Der EuRH hat folglich bei der Planung und der Verteilung auf die Kammern die Prüfungen in hoch prioritäre Prüfungen und prioritäre Prüfungen aufgeteilt, um bei höherer Ressourcenauslastung dafür Sorge zu tragen, dass wichtige Prüfungen in jedem Fall durchgeführt werden, und andere, die nicht von höchster Priorität sind, im Falle zu hoher Auslastung oder aktuell notwendiger Prüfungen zeitlich verschoben werden können.[358] Nach der Zusammenstellung der Prüfungen werden diese dann den einzelnen Kammern zugeordnet, die wiederum im Anschluss Prüfungsteams zusammenstellen und konkreten Prüfungen zuordnen. Die Größe der Prüfungsteams hängt dabei vor allem vom Prüfungsinhalt und -umfang ab, sowie von Faktoren wie der Anzahl der kontrollierten Mitgliedstaaten oder den sprachlichen Anforderungen bei der Prüfungsdurchführung. Innerhalb der Kammern und Prüfungsteams werden daraufhin die Prüfungen konkreter geplant. Das umfasst einerseits die organisatorische sowie andererseits die inhaltliche Planung der Prüfung. Diese Planungen und Vorgehensweisen werden wiederum von den Kammern selbst verabschiedet.

---

357 So kommen im Rahmen der Erarbeitung des Arbeitsprogrammes teilweise über 100 Prüfungsvorschläge zusammen.

358 Vgl. dazu das Arbeitsprogramm 2018, S. 3ff. im Vergleich zum Arbeitsprogramm 2017, S. 7ff.

Am Anfang einer Prüfung steht dann wieder zuerst eine Systembewertung. Dabei werden die internen Prüfungssysteme beschrieben, anhand aufgedeckter Schwächen Prüfungsziele und daraufhin Schlüsselkontrollpunkte bei der Prüfung bestimmt.[359] Im ersten Schritt „soll sich der Prüfer eine fundierte Kenntnis über die Systeme erarbeiten, auf denen die interne Kontrolle und die Verwaltung der Politiken bzw. Einnahmen und Ausgaben beruht."[360] „Aufgrund der Beurteilung des Systems ist es dem Prüfer möglich zu bestimmen, an welcher Stelle Tests durchgeführt werden sollen, mit dem Ziel sich von dem ordnungsgemäßen Funktionieren des Systems zu überzeugen oder die möglichen Folgen festgestellter Mängel abzuschätzen.[361] Außerdem kann er Art und Umfang der Tests bestimmen, aus denen sachlich begründete und aussagekräftige Schlussfolgerungen gezogen werden können."[362] Ein Prüfer kann auf dem Wege einer Risikoanalyse das Prüfungsumfeld verstehen und aus dieser Analyse die richtigen Schlussfolgerungen für die Prüfung schließen. „Eine ordentliche Planung stellt sicher, dass der Prüfungsaufwand risikobezogen gesteuert wird, potenzielle Probleme frühzeitigt erkannt und behoben werden und die Prüfung ordnungsgemäß organisiert und gelenkt wird, damit sie auf sparsame, wirtschaftliche und wirksame Weise durchgeführt werden kann."[363] Die Prüfung fängt daher erst einmal mit einer Sammlung von Informationen an.[364] Das kann die Sammlung prüfungsrelevanter Unterlagen, Studien zu der betroffenen Thematik, sowie Gespräche oder Umfragen mit dem Prüfungsadressaten sein. Bei dieser anfänglichen Sammlung von Informationen können beispielsweise auch externe Experten zurate gezogen werden.

---

359 *Friedmann*, Der Europäische Rechnungshof und die Wirtschafts- und Finanzhilfen der EU für Mittel- und Osteuropa, S. 64.

360 *Friedmann*, Der Europäische Rechnungshof und die Wirtschafts- und Finanzhilfen der EU für Mittel- und Osteuropa, S. 63; vgl. dazu auch das „Handbuch der Prüfung der Rechnungsführung und Compliance-Prüfung" S. 35ff., hier wird genau auf Ermittlung des Risikos eingegangen, sowie die Art und Weise durch die Prüfer die Systemanalyse durchführt, bei der die Prüfer die geprüfte Stelle und das Prüfungsumfeld und die interne Kontrolle der geprüften Stelle verstehen; dazu auch im „Handbuch der Wirtschaftlichkeit" S. 34ff.; S. 127.

361 Vgl. „Handbuch der Prüfung der Rechnungsführung und Compliance-Prüfung" S. 46.

362 *Friedmann*, Der Europäische Rechnungshof und die Wirtschafts- und Finanzhilfen der EU für Mittel- und Osteuropa, S. 68; vgl. auch „Handbuch der Prüfung der Rechnungsführung und Compliance-Prüfung" S. 55.

363 „Handbuch der Prüfung der Rechnungsführung und Compliance-Prüfung" S. 31.

364 Vgl. auch „Handbuch der Prüfung der Rechnungsführung und Compliance-Prüfung" S. 23, 30.

Bei der Prüfung werden alle Einschätzungen und zuvor gewonnenen Erkenntnisse aus der Prüfungsplanung und -durchführung verarbeitet. Um die zuvor gewonnenen Einschätzungen und Feststellungen verifizieren und auch belegen zu können, hat das Prüfungsteam die Möglichkeit in den Mitgliedstaaten zu kontrollieren. Dabei werden schon aus Ressourcengründen nicht alle Mitgliedstaaten abgedeckt, sondern eine stichprobenartige Auswahl aus mehreren Mitgliedstaaten kontrolliert.[365]

Sind diese Prüfungen abgeschlossen, werden die Ergebnisse im Rahmen eines Prüfungsberichtes und einem in diesem enthaltenen Prüfungsurteil zusammengefasst.[366] Die Schlussfolgerungen und Ergebnisse werden vorerst den zuständigen Stellen in den Mitgliedstaaten mitgeteilt, sodass diese sich zu den Feststellungen äußern können. Erst unter Einbeziehung dieser Äußerungen entsteht dann der Berichtsentwurf. Der erste Berichtsentwurf wird in der Kammer selbst diskutiert, bei dem ein Mitglied aus dem Prüfungsteam den Berichtsentwurf vorstellt. Ein externes Mitglied aus dem Bereich der Qualitätskontrolle überprüft im Rahmen dieser Vorstellung den Aussagegehalt des Berichtes und die Angemessenheit der Aussagen und Belege, die in dem Bericht getroffen werden. Erst nachdem der Bericht die Kammer passiert hat, geht der Entwurf an die Kommission selbst. Diese hat wiederum die Möglichkeit zu den Bemerkungen im Prüfungsbericht Stellung zu nehmen. Daraufhin findet unter Berücksichtigung des Berichtes und der darauffolgenden Antworten ein kontradiktorisches Verfahren statt, in dem die Kammer und die Kommission die Möglichkeit haben, sich gegenseitig auszutauschen. Erst nach dem kontradiktorischen Verfahren wird der endgültige Prüfungsbericht erstellt, der dann nach den vorgeschriebenen Lesungen verabschiedet wird. Das Kollegium hat dabei die Möglichkeit, bei Vorbehalten über den Bericht bereits in der ersten Lesung in der Kammer sowie vor oder nach Durchführung des kontradiktorischen Verfahrens einzugreifen und zu beschließen, dass der Bericht innerhalb des Kollegiums diskutiert wird und auf Kollegiumsebene des EuRH beschlossen wird.

Nach endgültiger Verabschiedung des Berichts wird dieser verbreitet.[367] Die Empfehlungen, die im Rahmen des Berichts ausgesprochen werden, werden durch den EuRH in einem gewissen zeitlichen Abstand weiterverfolgt, um dafür Sorge zu tragen, dass die geprüften Stellen sich tatsächlich mit der Weiterverfolgung der angesprochenen Empfehlungen beschäftigen.[368] Die Weiterverfolgung

---

365 Dies umfasst meist eine Prüfung in 5–7 Mitgliedstaaten.

366 Vgl. International standards on auditing (ISAs), S. 853 Rn. 7.

367 Vgl. „Handbuch der Wirtschaftlichkeit“ S. 96.

368 Vgl. „Handbuch der Wirtschaftlichkeit“ S. 97.

dient dabei vor allem der „Steigerung der Wirksamkeit der Prüfungsberichte [...], der Unterstützung der Legislativ- und Haushaltsbehörde, [...] der Bewertung der Leistung des EuRH [...] sowie der Schaffung von Anreizen für einen Lernprozess und Weiterentwicklung [...].[369]

b) Prüfungsmaßstäbe des Europäischen Rechnungshofs

Im Folgenden sollen die einzelnen Prüfungsmaßstäbe des EuRH genauer dargestellt werden. Die Maßstäbe des EuRH sind einerseits die Rechtmäßigkeit und Ordnungsmäßigkeit der Einnahmen und Ausgaben der EU, andererseits die Kontrolle der Wirtschaftlichkeit der Haushaltsführung.[370]

aa) Rechtmäßigkeit und Ordnungsmäßigkeit[371]

Der Maßstab der Rechtmäßigkeit sieht die Prüfung aller primärrechtlichen und sekundärrechtlichen Vorschriften des Unionsrechts vor.[372] Dabei ist zu beachten, dass der EuRH in seiner Prüfung nicht auf den der Ausgabe zugrundeliegenden Rechtsakt beschränkt ist, sondern vielmehr eine umfassende Prüfungskompetenz hinsichtlich des primären und sekundären Unionsrechts hat.[373] Der EuGH verweist zwar darauf, dass der EuRH auf eine Prüfungskompetenz der Rechtmäßigkeit, die nur die Maßstäbe des Haushaltsplanes und des zugrundeliegenden Rechtsakts, auf den sich die Ausgabe stützt, beschränkt ist.[374] Bereits aus Art. 159 I der Haushaltsordnung der Europäischen Union[375] ergibt sich jedoch, dass die Prüfung der Rechtmäßigkeit „unter Beachtung der Verträge, des Haushaltsplans, dieser Verordnung, der aufgrund dieser Verordnung erlassenen delegierten Rechtsakte und aller sonstigen in Umsetzung der Verträge erlassenen Rechtsakte" erfolgt. Die Beurteilung des EuGH kann im Ergebnis also nicht überzeugen, lässt sie lediglich darauf schließen, dass es zwischen der Überprüfung des EuRH in der Rechnungsprüfung und der Nachprüfungsmöglichkeit

369 „Handbuch der Wirtschaftlichkeit" S. 97.

370 Vgl. Art. 287 Abs. 2 UAbs. 1 AEUV.

371 Zur Durchführung der Prüfung hinsichtlich Rechtmäßigkeit und Ordnungsmäßigkeit geht der EuRH detailliert in seinem „Handbuch der Prüfung der Rechnungsführung und Compliance-Prüfung" ein.

372 *Niedobitek* in: Streinz u. a., EUV/AEUV Kommentar, Art. 287 AEUV Rn. 12.

373 Ebd.

374 Urteil des EuGH vom 24.04.1986 – 294/83, Rn. 28; *Magiera* in: Grabitz u. a., EUV/AEUV Kommentar, Art. 287 AEUV Rn. 10.

375 ABl. Nr. L 298/1 vom 26.10.2012.

des EuGH hinsichtlich der Rechtmäßigkeit eines grundlegenden Rechtsaktes keine Kollision gibt. Während der EuRH die Rechtmäßigkeit der Transaktion auf Grundlage des zugrundeliegenden Rechtsaktes überprüfe, prüfe der EuGH im Gegensatz dazu die Rechtmäßigkeit des zugrundeliegenden Rechtsaktes an sich. Daher stehe eine Überprüfung des EuRH nicht im Konkurrenzverhältnis zu der Rechtmäßigkeitskontrolle des EuGH.[376]

Der EuGH stellt jedoch fälschlicherweise fest, dass der EuRH eine Ausgabe einzig und allein anhand des zugrundeliegenden Rechtsaktes überprüfen kann.[377] Das würde allerdings den eben beschriebenen Grundsätzen der Haushaltsordnung widersprechen. Stattdessen verbleibt es dabei, dass der EuRH keinerlei Einschränkungen bei der Heranziehung von gesetzlichen Vorschriften im Rahmen der Rechtmäßigkeitskontrolle hat, sondern vielmehr auf alle Regelungen in der Rechtmäßigkeitskontrolle zurückgreifen kann, die im Zusammenhang mit der Transaktion stehen.[378] Die Zielsetzung der Kontrolle von EuGH und EuRH sind im Ergebnis jedoch vollkommen unterschiedlich. Während der EuRH seine Rechtmäßigkeitskontrolle nur unter dem Gesichtspunkt der Beurteilung der Rechtmäßigkeit einer Transaktion innerhalb der Vergaberichtlinien sieht, geht es für den EuGH im Ergebnis nur um die Rechtmäßigkeitsbeurteilung selbst. Letztlich dürfte ein weiterer wichtiger Unterschied zudem darin liegen, dass eine Überschneidung auch deshalb nicht in Betracht kommt, da der EuRH im Gegensatz zum EuGH keine verbindlichen und damit zwingenden Entscheidungen treffen kann.[379] Eine Beurteilung der Rechtmäßigkeit des zugrundeliegenden Rechtsaktes dürfte für den EuRH folglich nur im Rahmen der Beurteilung der zu prüfenden Transaktion relevant sein, da ansonsten der zugrundeliegende Rechtsakt für den EuRH keine Bedeutung hat. Letztlich kann diese Unterscheidung auch wieder auf die verfassungsrechtliche Einordnung des EuRH zurückgeführt werden. Der EuRH steht als Zwischenorgan verfassungsrechtlich zwischen Exekutive und Legislative, seine Beurteilungen haben einzig und allein im Rahmen der Rechnungsprüfung Relevanz und lediglich berichtenden und beratenden Charakter. Eine relevante Kompetenzüberschneidung, in

---

376 Vgl. Urteil des EuGH vom 24.04.1986 – 294/83, Rn. 28.

377 Ebd.

378 So auch Generalanwalt Mancini in seinem Schlussantrag zur Rechtssache 204/86, S. 5342; *Inghelram*, Common Mark. Law Rev. 2000, 129, 133.

379 Darauf verweist richtigerweise auch Generalanwalt Mancini in seinem Schlussantrag zur Rechtssache 204/86, S. 5342; *Inghelram*, Common Mark. Law Rev. 2000, 129, 133; *Niedobitek* in: Streinz u. a., EUV/AEUV Kommentar, Art. 287 AEUV Rn. 12.

diesem Fall mit der rechtsprechenden Gewalt, kommt schon aus diesem Grunde nicht in Betracht.

Als weiterer Maßstab prüft der EuRH die Ordnungsmäßigkeit. Diese umfasst die förmliche und „rechnerische Richtigkeit der zu prüfenden Posten.“[380] Die Ordnungsmäßigkeit ähnelt ihrer Überprüfung nach einer Überprüfung der ordnungsgemäßen Buchführung.[381]

bb) Wirtschaftlichkeit[382]

Im Übrigen findet eine Prüfung der Wirtschaftlichkeit statt. Dabei formuliert die Geschäftsordnung, dass die Mittel „nach dem Grundsatz der Wirtschaftlichkeit der Haushaltsführung, d.h. im Einklang mit den Grundsätzen der Sparsamkeit, der Wirtschaftlichkeit und der Wirksamkeit zu verwenden“[383] sind. Der EuRH legt das Merkmal der Wirtschaftlichkeit im Rahmen internationaler Standards aus.[384] „Der Grundsatz der Sparsamkeit erfordert, dass die Ressourcen, die von dem betreffenden Organ bei ihren Tätigkeiten eingesetzt werden, zum richtigen Zeitpunkt, in ausreichender Menge und angemessener Qualität sowie mit dem geringstmöglichen Kostenaufwand bereitgestellt werden. Der Grundsatz der Wirtschaftlichkeit betrifft die optimale Relation zwischen den eingesetzten Mitteln und den erzielten Ergebnissen. Der Grundsatz der Wirksamkeit betrifft das Erreichen bestimmter gesetzter Ziele und angestrebter Ergebnisse.“[385] Damit impliziert die Regelung, dass jede im Haushaltsplan vorgesehene Ausgabe mit einer Zielsetzung versehen wird, durch die die Ausgabe letztlich hinsichtlich der Wirtschaftlichkeit durch den EuRH überprüfbar wird. Das Prinzip der Wirtschaftlichkeitsüberprüfung knüpft an die primärrechtlich verankerten Vorgaben bei der Ausführung des Haushaltsplanes an.[386] Die Wirtschaftlichkeitsüberprüfung des EuRH wird überwiegend weit ausgelegt, was zur Folge hat, dass der EuRH im Rahmen der Überprüfung der Zielsetzungs-Ergebnis-Relation seine Aufgabe derart versteht, Unionspolitiken überprüfen zu

---

380 *Waldhoff* in: Calliess u. a., EUV/AEUV Kommentar, Art. 287 AEUV Rn. 6.

381 *Ternes*, Die Finanzkontrolle in der Europäischen Gemeinschaft, S. 73.

382 Vgl. zu dem Maßstab der Wirtschaftlichkeit die Ausführungen im „Handbuch der Wirtschaftlichkeit“, insbesondere S. 20ff.

383 Art. 30 Abs. 1 der Haushaltsordnung des Europäischen Union, ABl. der Europäischen Union Nr. L 298/1 vom 26.10.2012.

384 *Niedobitek* in: Streinz u. a., EUV/AEUV Kommentar, Art. 287 AEUV Rn. 13.

385 Art. 30 Abs. 2 der Haushaltsordnung des Europäischen Union, ABl. der Europäischen Union Nr. L 298/1 vom 26.10.2012.

386 Vgl. Art. 310 Abs. 5 AEUV.

können und gegebenenfalls Stellung zu beziehen. „Eine solchermaßen weit verstandene Wirtschaftlichkeitsprüfung läuft […] Gefahr, die Grenze zu einer politischen Opportunitätsprüfung zu überschreiten."[387] Letztlich lässt sich jedoch nicht vermeiden, dass eine Überprüfung der Wirtschaftlichkeit sich auch mit Unionspolitiken und deren Zielsetzungen beschäftigt, um eine Ausgabe und ihre Effektivität bewerten zu können.[388]

c) Ort und Zeit der Prüfung

Der EuRH hat die Möglichkeit seine Prüfungen erforderlichenfalls an Ort und Stelle bei anderen Unionsorganen, in den Räumlichkeiten der Einrichtungen oder sonstigen Stellen, die Einnahmen und Ausgaben der Union verwalten, sowie auch bei natürlichen und juristischen Personen, die Zahlungen aus dem Unionshaushalt erhalten, zu vollziehen.[389] In den Mitgliedstaaten kann die Prüfung vor Ort unter vorheriger Benachrichtigung der nationalen Rechnungsprüfungsorgane erfolgen.[390] Diese haben die Möglichkeit sich selbst oder inform der zuständigen nationalen Rechnungsprüfungsorgane an der Prüfung zu beteiligen, wobei unter Wahrung der Unabhängigkeit vertrauensvoll zusammengearbeitet werden soll.[391] Die Prüfung an Ort und Stelle in den Mitgliedstaaten offenbarte eine wichtige Neuerung in der europäischen Finanzkontrolle. Diese Regelung sorgt einerseits dafür, dass der EuRH bei der Prüfung von in den Mitgliedstaaten verwendeten europäischen Geldern, welche einen Großteil des europäischen Haushalts ausmachen, nicht nur die Aushändigung erforderlicher Unterlagen verlangen kann, sondern ein neues Durchsetzungsinstrument seiner Rechte durch die Prüfung vor Ort erhält. Andererseits soll diese Regelung dafür

---

387 *Niedobitek* in: Streinz u. a., EUV/AEUV Kommentar, Art. 287 AEUV Rn. 13; *Brunner* in: Schiffer, Verfassung, Verwaltung, Finanzkontrolle, S. 179f. der darauf verweist, dass es „keinesfalls Aufgabe des Rechnungshofs sein [kann], Politik zu machen".

388 Magiera in: *Arnim*, Finanzkontrolle im Wandel, S. 233f.; auch *Arnim*, DVBl 1983, 664, 667, der auf das Erfordernis einer stärkeren politischen Kontrolle von Rechnungshöfen hindeutet; zu dieser Problematik äußert sich; *Desmond*, Managing the finances of the European Union, S. 4, der jedoch einschränkt, dass die externe Finanzkontrolle trotzdem keine Politiken beurteilen sollte, sondern lediglich das „wo und warum" überprüft; *Korthals*, DÖV 2000, 855, 860, der darauf hinweist, dass „das Dogma des unpolitischen Handelns der Rechnungshöfe als neutrale und nicht handelnde, der politischen Wertung weitgehend entrückte Fachorgane […] nicht haltbar" ist.

389 Vgl. Art. 287 Abs. 3 UAbs. 1 AEUV.

390 Vgl. Art. 287 Abs. 3 UAbs. 1 S. 2 AEUV.

391 Vgl. Art. 287 Abs. 3 UAbs. 2 AEUV.

sorgen, dass der Austausch zwischen nationalen Rechnungsprüfungsorganen und dem EuRH intensiviert und die Zusammenarbeit gestärkt wird. Die angestrebte Kooperation wurde dabei durch den Vertrag von Nizza, der vorsah, einen Kontaktausschuss aus dem Präsidenten des EuRH und den Präsidenten der mitgliedstaatlichen Rechnungsprüfungsorgane einzusetzen, weiter verstärkt.[392]

Eingeschränkt wird die Vor-Ort-Kontrolle im Rahmen der Einnahmen der EU. Es stellte sich hier anfangs die Frage, inwieweit der EuRH berechtigt sein würde, Einnahmen der Mitgliedstaaten überprüfen zu können. Insbesondere auf Forderung von Italien, das die Prüfung darauf begrenzen wollte, ob die Einnahmen „vom Mitgliedstaat tatsächlich erhoben und an die Gemeinschaft abgeführt worden seien“[393], begrenzte man die Einnahmenprüfung in den Mitgliedstaaten darauf, dass der EuRH nicht berechtigt war, die materiellen Geschäfte, die der Einnahme zugrunde lagen, zu überprüfen.[394] Der EuRH ist folglich nicht berechtigt den Vorgang an sich beim Abgabepflichtigen zu überprüfen, sondern nur dazu, zu überprüfen, ob anhand der Belege die Einnahmen korrekt berechnet und eingeordnet wurden. Inwieweit der EuRH bei anderem Kompetenzverständnis seine Kontrollmöglichkeiten weiter ausschöpfen würde, muss an dieser Stelle dahingestellt bleiben, schließlich hängt eine vertiefte Wahrnehmung wiederum von einer höheren Ressourcenauslastung ab.[395] Ob diese Regelung derart immer noch fortbesteht, darf jedoch bezweifelt werden, schließlich wurde in der Zwischenzeit die Vor-Ort-Kontrolle insbesondere auch auf Privatpersonen und auf die der Zuverlässigkeitserklärung zugrunde liegenden Vorgänge erweitert und es erscheint zumindest denkbar, dass sich die Grenzen der Einnahmenkontrolle ebenso verschoben haben.[396]

---

392 In der Erklärung Nr. 18 der Schlussakte im Rahmen des Vertrags von Nizza heißt es: „Die Konferenz fordert den Rechnungshof und die einzelstaatlichen Rechnungsprüfungsorgane auf, den Rahmen und die Bedingungen für ihre Zusammenarbeit unter Beibehaltung ihrer jeweiligen Autonomie zu verbessern. Zu diesem Zweck kann der Präsident des Rechnungshofs einen Ausschuss für Kontakte mit den Präsidenten der einzelstaatlichen Rechnungsprüfungsorgane einsetzen.“ Vgl. auch *Magiera* in: Grabitz u. a., EUV/AEUV Kommentar, Art. 287 AEUV Rn. 13; an dieser Stelle sei jedoch darauf hingewiesen, dass der Kontaktausschuss bereits vor der Einsetzung im Rahmen des Vertrags von Nizzas als solcher zusammenkam.

393 *Ehlermann*, Der Europäische Rechnungshof, S. 31.

394 *Ehlermann*, Der Europäische Rechnungshof, S. 31; *Magiera* in: Grabitz u. a., EUV/AEUV Kommentar, Art 287 AEUV Rn. 14.

395 So auch *Ehlermann*, Der Europäische Rechnungshof, S. 32.

396 *Magiera* in: Grabitz u. a., EUV/AEUV Kommentar, Art. 287 AEUV Rn. 14.

Hinsichtlich der Häufigkeit der Vor-Ort-Kontrolle muss zwischen den verschiedenen Produkten des EuRH unterschieden werden. Im Rahmen der Zuverlässigkeitserklärung wird bezüglich der Ausgabenprüfung in großen Teilen eine Kontrolle vor Ort gemacht. Im Rahmen der Einnahmen findet in der Realität nur eine Unterlagenprüfung statt, was letztlich mit der eben thematisierten eingeschränkten Prüfungskompetenz des EuRH zu tun hat. Der Umbruchprozess im Rahmen der Zuverlässigkeitserklärung dürfte vermehrt dazu führen, dass lediglich eine reine Unterlagenprüfung in den Bereichen erfolgt, in denen der EuRH feststellt, dass die internen Kontrollsysteme funktionieren und somit auch die Feststellungen der Kommission korrekt sind. Hierin wird auch der Sinn und Zweck des Umbruchs im EuRH deutlich, schließlich können durch diese Vorgehensweise vermehrt auch Prüfungsressourcen gespart beziehungsweise gezielter eingesetzt werden. Bei den Sonderberichten konzentriert sich die Prüfung vorerst auf eine Unterlagenprüfung und erst im späteren Prozess der Prüfung können dann auch Prüfungen vor Ort durchgeführt werden. Bei den weiteren Veröffentlichungen wie den Landscape-Analysen sowie den Themenberichten findet dagegen grundsätzlich keine Kontrolle vor Ort statt, bei den Schnellberichten hängt die Vor-Ort-Kontrolle immer von dem einzelnen Fall, der geprüft wird, ab.

Zeitlich gesehen vollzieht der EuRH seine Prüfungen als ex-post-Kontrolle.[397] Die zeitliche Verzögerung der Finanzkontrolle hat jedoch seit der Einführung des EuRH immens abgenommen. Fanden Prüfungen vorher mit deutlichem zeitlichen Abstand statt, kann der EuRH mittlerweile sogar während des Haushaltsjahres, also vor dem Jahresabschluss, Transaktionen kontrollieren.[398] „Die Prüfung der Einnahmen [kann] schon anhand der betreffenden Feststellungen und die Prüfung der Ausgaben anhand der betreffenden Mittelbindungen erfolgen."[399] Vor dieser ausdrücklichen gesetzlichen Regelung wurde der Zeitpunkt der Finanzkontrolle durch Auslegung des ex-post-Begriffs ermittelt. Danach durfte die Prüfung erst nach vollständiger Abwicklung des Vorgangs, folglich erst nach der letzten Zahlung vollzogen werden.[400] Eine Kontrolle wurde demnach „um Monate, ja Jahre hinausgeschoben."[401] Diese Weiterentwicklung, die dem EuRH letztlich sogar die Möglichkeit einer mitlaufenden Kontrolle bietet,[402]

397 *Magiera* in: Grabitz u. a., EUV/AEUV Kommentar, Art. 287 AEUV Rn. 12; *Niedobitek* in: Streinz u. a., EUV/AEUV Kommentar, Art. 287 AEUV Rn. 14.

398 Vgl. Art. 287 Abs. 2 UAbs. 4 AEUV.

399 *Magiera* in: Grabitz u. a., EUV/AEUV Kommentar, Art. 287 AEUV Rn. 12.

400 *Ehlermann*, Der Europäische Rechnungshof, S. 32.

401 Ebd.

402 *Magiera* in: Grabitz u. a., EUV/AEUV Kommentar, Art. 287 AEUV Rn. 12.

darf in ihrer Bedeutung nicht unterschätzt werden. Die Effizienz der Finanzkontrolle steigert sich, desto näher die Kontrolle zeitlich an der einnahme- oder ausgaberelevanten Transaktion liegt. Der Einfluss auf andere Unionsorgane, auf Gesetzgebung und Verwaltung und auf die weitere Mittelverwendung gewinnt durch seine Aktualität an Bedeutung, denn letztlich sind gerade Berichte und Stellungnahmen, die auf das Interesse eines Stakeholders zurückgehen, nur dann effizient, wenn der Stakeholder sie rechtzeitig erhält und verarbeiten kann.[403]

d) Kompetenzkonflikte mit nationalen Rechnungsprüfungsbehörden

Betrachtet man die Prüfungskompetenz des EuRH und seine Aufgabe und Maßstäbe in ihrer Ähnlichkeit zu nationalen Rechnungsprüfungsbehörden stellt sich die Frage, inwieweit zwischen EuRH und den nationalen Rechnungsprüfungsbehörden Kompetenzabgrenzungsschwierigkeiten bestehen. Grundsätzlich stellt sich die Problematik schon aus dem Grunde, da sowohl Einnahmen im Rahmen des Eigenmittelsystems der Europäischen Union als auch die Ausgaben, die zu 94 % in die Mitgliedstaaten fließen,[404] eng mit der Finanzkontrolle in den Mitgliedstaaten verbunden sind. Im Folgenden soll zwischen der Einnahmen- und Ausgabenkontrolle differenziert werden.

aa) Einnahmen

Hinsichtlich der Einnahmen erscheint die Zuständigkeit des EuRH vor allem dann problematisch, wenn dieser die Einnahmequellen der Europäischen Union kontrolliert. Das Eigenmittel-System der Europäischen Union ist eine Kombination aus Eigenmitteln durch Agrarabgaben und Zöllen, sowie einer weiteren Finanzierung aus der Mehrwertsteuer der Mitgliedstaaten und des Bruttosozialprodukts bzw. des Bruttonationaleinkommens der Mitgliedstaaten.[405] Ohne genauer auf das komplexe Eigenmittelsystem der EU eingehen zu wollen,[406] stellt

403 So auch *Bieber* in: Groeben u. a., Europäisches Unionsrecht, Band 4 Kommentar, Art. 287 AEUV Rn. 16.

404 Nach Angaben der Europäischen Union fließt 94 Prozent des Haushaltes zurück in die Mitgliedstaaten zur Förderung von Programmen und Projekten, Informationen abrufbar unter (Stand 10.10.2018): https://ec.europa.eu/germany/eu60/verwaltungsmoloch_de.

405 *Magiera* in: Grabitz u. a., EUV/AEUV Kommentar, Art. 311 AEUV Rn. 16; *Reister*, Haushalt und Finanzen, S. 30.

406 Vertiefend zum Eigenmittelsystem der EU: *Waldhoff* in: Calliess u. a., EUV/AEUV Kommentar, Art. 311 AEUV Rn. 3f. *Magiera* in: Grabitz u. a., EUV/AEUV

sich die Frage, inwieweit der EuRH die Quellen der Eigenmittel kontrollieren kann. Dieser Frage musste sich der EuGH in der Rechtssache Kommission gegen Bundesrepublik Deutschland[407] im Jahr 2009 stellen. Dabei hatte der EuRH im Rahmen der Einnahmen der EU vor, Prüfungen über die Zusammenarbeit der Verwaltungsbehörden auf dem Gebiet der Mehrwertsteuer durchzuführen. Die Bundesrepublik Deutschland verweigerte daraufhin auf Prüfungsanfrage des EuRH die Zusammenarbeit. Die Bundesrepublik machte in diesem Zusammenhang geltend, dass der EuRH lediglich dazu befugt sein dürfte, „die korrekte Bestimmung der erzielten Mehrwertsteuereinnahmen durch die Mitgliedstaaten und die Korrektheit der ihnen zugrundeliegenden Berechnungen zur Bestimmung des Betrags der Mehrwertsteuermittel [...zu überprüfen. Die Befugnis] erstrecke sich dagegen nicht auf die Strukturen der nationalen Finanzverwaltungen und die von ihnen angewandten Verfahren zur Erhebung der Mehrwertsteuer, die in die alleinige Zuständigkeit der Mitgliedstaaten fielen. Die Befugnis zur Kontrolle dieser Strukturen und Verfahren könne daher nur den zuständigen Stellen zustehen."[408] Entgegen dieser Annahme geht es in der Prüfung des EuRH eben auch darum die Strukturen über die Zusammenarbeit der Verwaltungsbehörden auf dem Gebiet der Mehrwertsteuer überprüfen zu können und darauf schließlich die korrekte Erhebung der Mehrwertsteuermittel zu verifizieren. „Eine Zusammenarbeit zwischen den nationalen Verwaltungsbehörden [...] [führt] bei effektiver und mit den Bestimmungen der Verordnung im Einklang stehenden Durchführung zu einer Verringerung der Betrugsfälle und zur wirksamen Erhebung der Mehrwertsteuereinnahmen."[409] Dabei missachtet der EuGH vor allem auch nicht, dass der Großteil der Mehrwertsteuereinnahmen nationale Steuereinnahmen bleiben und nur ein geringer Teil zu den Eigeneinnahmen der EU fließt.[410] Der Zusammenhang zwischen Einnahmen der Gemeinschaft und der ausreichenden Zusammenarbeit der Verwaltungsbehörden sei im Ergebnis entgegen der Auffassung der Bundesrepublik Deutschland gegeben.[411]

Kommentar, Art. 311 AEUV Rn. 4ff. *Bieber* in: Magiera, Entwicklungsperspektiven der Europäischen Gemeinschaft, S. 41ff.; *Reister*, Haushalt und Finanzen, S. 26ff.; *Niedobitek* in: Streinz u. a., EUV/AEUV Kommentar, Art. 311 AEUV Rn. 5ff.

407 Urteil des EuGH vom 15.11.2011 – C-539/09.

408 Urteil des EuGH vom 15.11.2011 – C-539/09, Rn. 46.

409 Urteil des EuGH vom 15.11.2011 – C-539/09, Rn. 80.

410 Vgl. Urteil des EuGH vom 15.11.2011 – C-539/09, Rn. 69.

411 Vgl. Urteil des EuGH vom 15.11.2011 – C-539/09, Rn. 43, 80.

Das Urteil dürfte vor allem einen Einblick geben, wie weit der EuGH die Zuständigkeit des EuRH auslegt. Den Zusammenhang, den der EuGH dabei zwischen der verwaltungsbehördlichen Zusammenarbeit und der Richtigkeit der Einnahmen sieht, wird weit ausgelegt. Die Argumentationsstruktur des EuGH dürfte sich dabei auf jede verwaltungsbehördliche Zusammenarbeit übertragen, denn diese dürfte im Grunde genommen immer dazu dienen, Fehler und betrügerische Handlungen zu vermeiden und aufzudecken. Das weite Verständnis der Prüfungskompetenz des EuRH dürfte vor allem zwei Kernaussagen zulassen, die sich unmittelbar oder mittelbar aus dem Urteil ableiten. Zum einen zeigt das Urteil, dass der EuRH in Bezug auf die Einnahmen der Union im Hinblick auf seine Unabhängigkeit freie Hand bei der Auswahl seiner Prüfungen hat, so lange sich im weitesten Sinne ein unmittelbarer Zusammenhang zwischen Prüfung und Einnahmen finden lässt.[412] Zum anderen dürften die Grenzen der Prüfungszuständigkeit des EuRH dort liegen, wo mitgliedstaatliches Handeln zwar die Eigenmitteleinnahmen der EU berührt, jedoch kein unmittelbarer Bezug durch unionsrechtliche Vorgaben besteht. Beispielhaft können dafür die Eigenmitteleinnahmen aus dem Bruttonationaleinkommen sein. Hier dürften wirtschaftspolitische Entscheidungen der Mitgliedstaaten Auswirkungen auf das Bruttonationaleinkommen haben und folglich auch die Einnahmen der EU berühren. Trotzdem fallen derartige wirtschaftspolitische Entscheidungen nicht in den Zuständigkeitsbereich der EU und damit auch nicht in die Prüfungskompetenz des EuRH; schließlich liegen diese vollständig außerhalb des Geltungsbereiches der Union.[413]

bb) Ausgaben

Hinsichtlich der Ausgaben der EU könnten Kompetenzkonflikte vor allem an der Stelle auftreten, wo europäische Fördergelder mit nationalen Fördergeldern zusammentreffen. Das dürfte vor allem dann der Fall sein, wenn aus Mitteln der Union Beihilfen gewährt werden, da diese durch die Behörden der Mitgliedstaaten verwaltet werden, sowie in Fällen in denen Mitgliedstaaten und die Union gemeinsam finanzieren.[414] Dabei gilt jedoch auch die Unabhängigkeit der Rechnungskontrollbehörden untereinander. Das bedeutet, dass der EuRH für

412 Vgl. dazu Urteil des EuGH vom 15.11.2011 – C-539/09, Rn. 32; sowie der Generalanwalt beim EuGH, Schlussantrag vom 25.05.2011 zur Rechtssache C-539/09, Rn. 63.

413 Vgl. mit der gleichen Differenzierung der Generalanwalt beim EuGH, Schlussantrag vom 25.05.2011 zur Rechtssache C-539/09, Rn. 77.

414 Vgl. *Waldhoff* in: Calliess u. a., EUV/AEUV Kommentar, Art. 287 AEUV Rn. 12.

jegliche Verwendung europäischer Gelder uneingeschränkte Prüfungskompetenz hat, die nicht durch nationale Rechnungskontrollbehörden eingeschränkt werden kann. Das gilt selbstverständlich gleichermaßen anders herum. Folglich erscheint es auch nicht ausgeschlossen, dass ein Vorgang unabhängig voneinander vom EuRH und den zuständigen nationalen Rechnungskontrollbehörden kontrolliert wird. Der EuRH arbeitet dabei mit der Vorgabe, vorher stattgefundene, nationale Prüfungen und Prüfungsergebnisse zu berücksichtigen und darauf zu überprüfen, inwieweit sie für den EuRH und seine Prüfungen verwendbar sind.[415]

Probleme hinsichtlich der Prüfungskompetenz im Rahmen der Ausgaben stellen sich vor allem hinsichtlich der Unionsorgane, bei denen die Prüfungskompetenz nur eingeschränkt besteht. Das ist, wie bereits gesehen, bei der EIB und der EZB der Fall. An dieser Stelle sieht sich der EuRH immer wieder mit Prüfungsschwierigkeiten konfrontiert, da die EZB und EIB aufgrund bezweifelter Prüfungskompetenz den Zugang zu Unterlagen für den EuRH verweigern.[416] Auf die Zugangsprobleme bei einzelnen Unionsorganen soll im weiteren Verlauf der Arbeit noch genauer eingegangen werden.

3. Prüfungsbefugnisse des Europäischen Rechnungshofes

Im Folgenden soll näher auf die Prüfungsbefugnisse des EuRH eingegangen werden. Der EuRH hat grundsätzlich in jeder Prüfung einerseits die Möglichkeit einer Prüfung der Rechnungsunterlagen und andererseits die Möglichkeit vor Ort zu prüfen.[417] Hinsichtlich der Prüfung der Rechnungsunterlagen kann der EuRH alle erforderlichen Unterlagen und Informationen vom Prüfungsadressaten herausverlangen.[418] Prüfungen vor Ort dürften für den EuRH deutlich ressourcenintensiver sein, geben dem EuRH jedoch die Möglichkeit einerseits effektiver prüfen zu können und aus den Unterlagen gewonnene Kenntnisse abzusichern. Hinsichtlich der Prüfungsunterlagen gilt eine Verschwiegenheitspflicht. Das bedeutet, dass die Prüfer über alle innerhalb der Prüfung erhaltenen Informationen Stillschweigen bewahren müssen.[419] Diese Verschwiegenheitspflicht stellt

---

415 In Einklang mit dem „Handbuch der Prüfung der Rechnungsführung und Compliance-Prüfung" S. 108ff.; sowie dem „Handbuch der Wirtschaftlichkeit" S. 72; auch in den ISA, vgl. International standards on auditing (ISAs), S. 743ff.

416 Vgl. dazu näher Abschnitt IV. 3. a).

417 Vgl. Art. 287 Abs. 3 UAbs. 1 AEUV.

418 Vgl. Art. 287 Abs. 3 UAbs. 2 AEUV.

419 Vgl. „Handbuch der Rechnungsführung und Compliance-Prüfung" S. 18.

eine der wichtigsten Voraussetzungen für die vollumfänglichen Zugangsbefugnisse des EuRH dar, da der EuRH in vielen Fällen mit sensiblen, wenn nicht sogar vertraulichen Informationen konfrontiert ist und der Prüfungsadressat sich daher darauf verlassen können muss, dass derartige Prüfungsinformationen nicht an die Öffentlichkeit gelangen.[420]

Für den EuRH dürfte im Rahmen seiner Prüfungsbefugnisse vor allem ein effektiver Zugang zu erforderlichen Unterlagen und Informationen sowie eine gute Zusammenarbeit mit anderen Unionsorganen und den Rechnungshöfen in den Mitgliedstaaten relevant sein. Erst wenn sowohl der Zugang als auch die Zusammenarbeit gesichert sind, kann der EuRH seiner Prüfungsaufgabe entsprechend nachkommen.

a) Zugangsbefugnisse gegenüber Unionsorganen

Die Zugangsbefugnisse des EuRH sind durch den Gesetzgeber eindeutig und ohne Einschränkung formuliert worden. Trotz dieser klaren gesetzgeberischen Vorstellung stellt sich die Frage, inwiefern der EuRH seine Zugangsbefugnisse auch derart geltend machen kann oder sich eben auch immer wieder mit Verweigerungen des Prüfungsadressaten auseinandersetzen muss. Beispielhaft für diese Problematik sind die aktuellen Prüfungen des SSM[421] und die hiermit einhergehende Zusammenarbeit mit der EZB und die Überprüfung des EuGH[422] im Jahr 2017. Auch das Verhältnis zur EIB war über lange Zeit hinsichtlich des Zugangs zu prüfungsrelevanten Dokumenten und Informationen durchaus problematisch.

Im Sonderbericht zur Prüfung zum SSM macht der EuRH geltend, dass er es für erforderlich hält, dass die EZB „alle für den Hof zur Erfüllung seines Prüfungsauftrags erforderlichen Dokumente zur Verfügung stellen“[423] muss. Der EuRH führt weiter im Sonderbericht aus, dass er“ sich in allen Bereichen, die er zu prüfen beabsichtigte, einem bedeutenden Hindernis gegenübergestellt“[424] sah, da die EZB den Zugang zu erforderlichen Dokumenten verweigerte. Die Beurteilung des SSM war dem EuRH infolgedessen nur teilweise möglich.[425] Dabei widmet der EuRH in seinem Sonderbericht einen ausführlichen Abschnitt

420 Ebd.
421 Sonderbericht Nr. 29/2016 vom 18.11.2016.
422 Sonderbericht Nr. 14/2017 vom 26.09.2017.
423 Sonderbericht Nr. 29/2016 vom 18.11.2016, S. 13.
424 Sonderbericht Nr. 29/2016 vom 18.11.2016, S. 9.
425 Ebd.

dem beschränkten Informationszugang durch die EZB.[426] Die Verweigerung der EZB begründete diese vor allem damit, dass die nicht herausgegebenen Dokumente außerhalb der Zuständigkeit des EuRH lägen.[427] Dabei beruft sich die EZB vor allem auf das eingeschränkte Mandat des EuRH. Schließlich verdeutlicht die EZB, „dass alle Prüfungsbelege vorgelegt wurden, die gemäß Art. 27.2 der ESZB-Satzung und Artikel 20 Absatz 7 der SSM-Verordnung unter das Mandat des Hofs zur Prüfung der „operationellen *Effizienz der* **Verwaltung der EZB**" fallen."[428] Aus diesem Grund sieht die EZB einen uneingeschränkten Zugang des EuRH als gegeben an, da lediglich die Dokumente nicht ausgehändigt worden sind, die die operationelle Effizienz nicht betrafen.

Gleiche Probleme lassen sich auch in der Prüfung des EuGH finden.[429] Der EuRH hatte bei der Prüfung des EuGH ebenfalls Probleme Zugang zu allen erforderlichen Dokumenten und Unterlagen zu erhalten, um eine stichprobenartige Kontrolle der Rechtssachen durchführen zu können.[430] „Der EuGH vertrat die Auffassung, dass aufgrund der im Vertrag verankerten Verpflichtung zur Wahrung des *Beratungsgeheimnisses*[431] der Zugang zu bestimmten Dokumenten (wie den internen Vermerken und dienstlichen Mitteilungen, die zwischen der Kanzlei und den Richtern/Generalanwälten oder zwischen den Richtern/Generalanwälten ausgetauscht werden, sowie bestimmten Teilen der *Vorberichte* der Richter) auf die Richter, Generalanwälte und ausgewählte Mitglieder des EuGH

426 Vgl. dazu Anhang II zum Sonderbericht Nr. 29/2016 vom 18.11.2016, S. 88 ff.

427 Sonderbericht Nr. 29/2016 vom 18.11.2016, S. 9; nähere Darstellung der divergierenden Rechtsauffassungen der Mitgliedstaaten und des EuRH im Gegensatz zur EZB, vgl. Erklärung des Kontaktausschusses vom 26.09.2015, abrufbar unter (Stand: 10.10.2018): http://www.eca.europa.eu/sites/cc/Lists/CCDocuments/CC_STATEMENT_2015/CC_SSM_statement_DE.pdf.

428 Vgl. zu den Antworten der EZB im Rahmen des Sonderberichts Nr. 29/2016 vom 18.11.2016, S. 3 der Antworten der EZB.

429 Hinsichtlich des EuGH sind die Probleme der Finanzkontrolle immanent. Die Finanzkontrolle als unabhängiger, lückenloser Kontrolleur der Einnahmen und Ausgaben auf der einen Seite und die richterliche Unabhängigkeit auf der anderen Seite dürften zwei gegensätzliche Rechtsgüter betreffen, zwischen denen im Falle einer Prüfung immer Reibungspunkte bestehen; zu der Problematik *Blasius,* DÖV 2002, 12, 15f., der zu dem Ergebnis kommt, dass nur dort, „wo die Gefahr besteht, dass einzelne Richter oder Spruchkörper in konkreten gerichtlichen Verfahren durch Handlungen der Finanzkontrolle beeinflusste werden könnten, [...] die Unabhängigkeit der Justiz Vorrang [genießt]", *Blasius,* DÖV 2002, 12, 16.

430 Vgl. dazu Sonderbericht Nr. 14/2017 vom 26.09.2017, Rn. 12.

431 Art. 35 der Satzung des EuGH.

beschränkt bleiben und dem Europäischen Rechnungshof nicht gewährt werden sollte."[432] Um trotzdem zu aussagekräftigen Prüfungsergebnissen zu gelangen, erarbeitete der EuRH Fragebögen für die Mitarbeiter des EuGH, um durch diese an entsprechende Informationen hinsichtlich der Bearbeitung der Rechtssachen zu gelangen.[433] „Die Fragebögen bezogen sich auf die wichtigsten Faktoren, die sich auf die Bearbeitungsdauer einer Rechtssache auswirken. Diese Faktoren wurden in Absprache mit den Kanzleien der Gerichte des EuGH und den Kabinetten ihrer Präsidenten ermittelt. Darüber hinaus befragte der Hof eine Reihe von Richtern und Generalanwälten."[434]

Ähnliche Probleme stellten sich auch hinsichtlich der EIB. Der EuRH stellte in seinem Jahresbericht zum Haushaltsjahr 1987 fest, dass es bei der Prüfung von Transaktionen, an denen die EIB beteiligt ist, zu Unregelmäßigkeiten bei der Informationsaushändigung gekommen ist.[435] Auch hier wurde durch die EIB eine Prüfungszuständigkeit seitens des EuRH bezweifelt und daher eine Aushändigung der erforderlichen Unterlagen und Informationen verweigert, wodurch der EuRH in seinen Prüfungsmöglichkeiten beschränkt wurde.[436] Nach diesen offensichtlichen Problemen, die sich vor allem durch die Sonderstellung der EIB und die eingeschränkte Prüfungskompetenz des EuRH für Vorgänge der EIB begründet,[437] musste diesbezüglich eine Lösung gefunden werden, die die Zuständigkeit und die Zugangsbefugnisse des EuRH klar regelt. Schließlich schlossen der EuRH, die EIB und die Kommission, um zukünftigen Problemen vorzubeugen, eine trilaterale Vereinbarung[438], die den Zugang des EuRH zu prüfungsrelevanten Dokumenten und Informationen sichern und damit der effektiven Durchsetzung der Zugangsrechte des EuRH dienen soll. Die EIB hat danach dem EuRH innerhalb von 5 Werktagen die für die Prüfung erforderlichen Dokumente auszuhändigen.[439] Darüber hinaus hat die EIB zusätzliche Informationen und Dokumente schnellstmöglich an den EuRH herauszugeben.[440] Hinsichtlich

---

432 Sonderbericht Nr. 14/2017 vom 26.09.2017, Rn. 13; ebenso der EuGH selbst in den Antworten des EuGH zu Rn. 13.

433 Vgl. dazu Sonderbericht Nr. 14/2017 vom 26.09.2017, Rn. 14.

434 Sonderbericht Nr. 14/2017 vom 26.09.2017, Rn. 14.

435 Vgl. Jahresbericht zum Haushaltsjahr 1987, S. 19.

436 Vgl. *Skiadas*, Eur. Public Law 1999, 215, 219; *Niedobitek* in: Streinz u. a., EUV/AEUV Kommentar, Art. 287 AEUV Rn. 19.

437 Vgl. Abschnitt. IV. 1.

438 Vgl. die Vereinbarung in ihrer aktuellen Fassung vom 27.10.2016.

439 Vgl. Punkt 3. c) i. des EIB-Abkommens in seiner aktuellen Fassung.

440 Vgl. Punkt 3 c) ii. des EIB-Abkommens in seiner aktuellen Fassung.

der Vor-Ort-Kontrolle regelt die Vereinbarung einen effektiven Zugang zu prüfungsrelevanten Informationen und Dokumenten.[441] Zur Effektivität der Vereinbarung und Durchsetzung der einzelnen Rechte, die in der Vereinbarung geregelt sind, haben sich alle Vereinbarungsparteien einem Schlichtungsverfahren unterworfen, das Differenzen im Rahmen des Verfahrens aus dem Weg räumen soll.[442] Das Abkommen gilt für 4 Jahre und kann nach Ablauf der 4 Jahre stillschweigend verlängert werden.[443] Dieses Abkommen zeigt einen Lösungsweg, der auch exemplarisch für andere Organe gelten könnte, insbesondere nachdem sich nun ähnliche Zugangsprobleme mit der EZB und dem EuGH aufgetan haben.

Anhand der hier geschilderten Prüfungen des EuRH lässt sich erkennen, dass sich an einigen Stellen Probleme hinsichtlich des Zugangs zu prüfungsrelevanten Dokumenten und Unterlagen zeigen. Der EuRH versucht diesen Problemen vor allem möglichst praktisch zu begegnen. Das dürfte einerseits dem geschuldet sein, dass der EuRH ein großes Interesse an vertrauensvoller Zusammenarbeit hat und zumindest im ersten Schritt nicht in Betracht ziehen dürfte, seine Rechte anderweitig durchzusetzen, sondern vielmehr selbst dem Ansatz vertrauensvoller Zusammenarbeit durch seine Herangehensweise Rechnung trägt. Andererseits schafft der EuRH durch seine Vorgehensweise eine Arbeitsgrundlage aufgrund derer zukünftige Prüfungen leichter durchzuführen sind.

aa) Zugang durch Kommunikation und Feststellung der Zusammenarbeitsdefizite

Diese Beispiele zeigen, dass sich der Zugang zu prüfungsrelevanten Dokumenten durchaus als problematisch herausstellen kann. Ohne an dieser Stelle schon auf Rechtsschutzmöglichkeiten des EuRH eingehen zu wollen, lässt sich erkennen, dass der EuRH vor allem auf die Durchschlagskraft seiner Berichte vertraut. Gerade bei der Zusammenarbeit mit bisher noch nicht kontrollierten Unionsorganen lässt sich diese Tendenz erkennen. Verweigert der Prüfungsadressat danach die Herausgabe von prüfungsrelevanten Dokumenten und Informationen geht der EuRH nicht den Weg über den EuGH,[444] sondern macht in seinem abschließenden Prüfungsbericht das Zusammenarbeitsdefizit geltend.

---

441 Vgl. Punkt 4 d) des EIB-Abkommens in seiner aktuellen Fassung.

442 Zum Ablauf des Schlichtungsverfahrens vgl. Punkt 8 und 9 des EIB-Abkommens in seiner aktuellen Fassung.

443 Vgl. Punkt 10 des EIB-Abkommens in seiner aktuellen Fassung.

444 Was beispielsweise bei der Prüfung des EuGH selbst wohl auch verfehlt wäre und hinsichtlich der EIB unsicher wäre, vgl. dazu Abschnitt IV. 3. a) bb).

Dabei setzt der EuRH auf die Wirkung der Prüfungsberichte, die den Druck auf den Prüfungsadressaten erhöhen. Der Sonderbericht über den SSM erhielt beispielsweise erhöhte mediale Aufmerksamkeit und wurde unter anderem auch im deutschen Bundestag diskutiert.[445]

Die Vorgehensweise des EuRH ist vor allem darauf ausgerichtet, eine kooperative Lösung mit dem Prüfungsadressaten zu erreichen. Dies dürfte einerseits den Grund haben, dass der EuRH in seiner Arbeit vor allem auf ein funktionierendes Kooperationsverhältnis zwischen den Organen angewiesen ist, da seine Berichte und die einhergehenden Empfehlungen und Schlussfolgerungen immer nur dann Wirkung erzielen, wenn sie auch tatsächlich umgesetzt werden. Ein gerichtliches Vorgehen würde demnach auch immer einen Bruch des Kooperationsverhältnisses zwischen den Organen bedeuten, der für den EuRH nicht wünschenswert wäre. Andererseits sind die Grundlagen des Problems beim Dokumentenzugang häufig Unstimmigkeiten bei den Fragen, wie weit die Prüfungsbefugnis des EuRH für das entsprechende Organ reicht. Daraus lässt sich auch die Folge ziehen, dass beispielsweise das Abkommen mit der Kommission und der EIB keine unbedingte Lösung des Problems darstellt. Auch der EuRH macht dabei geltend, dass das Abkommen lediglich die Bereiche betrifft, die EU-Ausgaben umfassen, nicht dagegen solche Bereiche, die lediglich im Namen der EU getätigt werden oder durch die EU abgesichert sind.[446] Zwar ist in dem Abkommen wie bereits gesehen der Dokumentenzugang geregelt, letztlich ist die problematische Frage in allen Fällen jedoch nicht die Frage des Vorhandenseins eines Zugangsrechts, sondern vielmehr die Frage der Reichweite dieses Rechts hinsichtlich konkreter Prüfungsvorgänge. Daher dürfte das vorrangige Problem des Abkommens sein, dass es einerseits für die heutigen Bedürfnisse nicht mehr ausreicht und andererseits eine zu ungenaue Festlegung der Zugangsbefugnisse regelt. Die oben genannten Beispiele haben gezeigt, dass das Problem der Geltendmachung der Zugangsbefugnisse nicht bei den Zugangsbefugnissen selbst liegt, sondern bei der Prüfungskompetenz des EuRH. Aus der Perspektive des Prüfungsadressaten wurde dem EuRH immer vollumfänglicher Prüfungszugang gewährt.[447] Es würde daher nicht verwundern, wenn sich die Zugangsprobleme

445 Vgl. dazu Bundestag-Drucksache 18/10846 vom 17.01.2017.

446 Vgl. dazu die Landscape-Analyse zu „Lücken, Überschneidungen und Herausforderungen: eine Landscape-Analyse der EU-Regelungen zur Rechenschaftspflicht und zur öffentlichen Finanzkontrolle, S. 43.

447 Hier lässt sich beispielhaft die Wahrnehmung der EZB anführen, die im Rahmen des Prüfungsberichtes geltend macht, dass sie die Zugangsbefugnisse als vollumfänglich erfüllt ansieht, vgl. Sonderbericht Nr. 29/2016, S. 3 der Antworten der EZB.

auch in den aktuellen Prüfungen des EuRH im Zusammenhang mit der EIB fortsetzen und offenbaren, dass das Abkommen im Grundsatz einen sinnvollen Ansatz darstellt, in seiner Umsetzung allerdings keine Lösung der Probleme darstellt.

Das Vorgehen des EuRH beruht insgesamt vor allem auf Kommunikation, der schnellen Findung von Lösungen gemeinsam mit dem Prüfungsadressaten und schließlich der Geltendmachung verbleibender Probleme. Die Geltendmachung in den Prüfungsberichten hat dabei den Vorteil, dass die Problemsituation einerseits öffentlich wird, andererseits der politische und haushaltsrechtliche Druck auf die betroffenen Organe erhöht wird und zuletzt eine Lösung durch Kommunikation eine erheblich schnellere Lösung bieten dürfte. Die gerichtliche Geltendmachung bleibt daher die ultima ratio für den EuRH, wobei hierbei auch nicht vernachlässigt werden darf, dass bei der gerichtlichen Geltendmachung erheblich mehr Zeit bis zur Feststellung vergehen würde.

bb) Gerichtliche Geltendmachung der Zugangsrechte

Es stellt sich jedoch auch die Frage, inwiefern der EuRH die Möglichkeit zur gerichtlichen Geltendmachung seiner Zugangsrechte hat. Denn die Erarbeitung der Zugangsrechte über die Geltendmachung in Prüfungsberichten dürfte zwar eine in der bisherigen Praxis relevante und auch langfristig effektive Möglichkeit sein, Zugang zu Dokumenten und Informationen zu erhalten, kann jedoch keinerlei rechtliche Verbindlichkeit erzeugen. Daher bleibt die Frage nach der gerichtlichen Geltendmachung der Zugangsrechte bestehen.

Hinsichtlich anderer Unionsorgane hat der EuRH spätestens durch seine Einordnung als Unionsorgan die Möglichkeit, seine Rechte gegenüber anderen Unionsorganen vor dem EuGH einzuklagen. Durch den Vertrag von Amsterdam wurde der EuRH dabei ausdrücklich für die Nichtigkeitsklage aktivlegitimiert.[448] Im Rahmen der Nichtigkeitsklage könnte der EuRH jede Entscheidung der Kommission, des Rates, des Europäischen Parlaments oder der EZB, die eine Verweigerung der Aushändigung von prüfungsrelevanten Dokumenten betrifft, vor dem EuGH angreifen.[449]

Darüber hinaus ist eine Nichtigkeitsklage gegen Organe der EIB beispielsweise unter den Voraussetzungen des Art. 271 lit. b), c) AEUV vorgesehen. Eine Klage gegen die EIB wegen Verweigerung der Aushändigung von Unterlagen,

---

448 Vgl. dazu Art. 260 Abs. 3 AEUV; *Friedrich/Inghelram*, DÖV 1999, 669, 673; *Bergel*, Rechnungshöfe als vierte Staatsgewalt?, S. 159f.

449 Vgl. *Friedrich/Inghelram*, DÖV 1999, 669, 673.

könnte unter diesen Umständen zumindest in Betracht kommen. Diese hat für den EuRH unter der Berücksichtigung der Einschränkungen der Prüfungsbefugnis des EuRH hinsichtlich der EIB eine erhöhte Relevanz, schließlich wurde bereits festgestellt, dass sich Zuständigkeitsprobleme und Differenzen besonders dort hervortun, wo der EuRH in irgendeiner Weise Einschränkungen in seiner Zuständigkeit erfahren hat. Eine ausdrückliche Passivlegitimation der EIB in einem Verfahren nach Art. 263 AEUV fehlt. Eine Passivlegitimation der EIB ist lediglich in den Fällen des Art. 271 lit. b), c) AEUV vorgesehen, wo der EuRH nicht als möglicher Kläger genannt ist. Eine abschließende Regelung stellt dies jedoch nicht dar.[450] Der EuGH hat bereits in mehreren Verfahren eine Klage gegen die EIB zugelassen, obwohl gemäß Art. 271 lit. b), c) AEUV eine solche nicht vorgesehen war.[451] Dabei stellt der EuGH ausdrücklich fest, dass der Art 271 lit. b), c)[452] „die Zuständigkeit des Gerichtshofes [...], in denen der Gerichtshof für Rechtsstreitigkeiten der Bank zuständig ist, [...] nicht erschöpfend aufzählen soll."[453] Eine Nichtigkeitsklage durch den EuRH gegen die EIB hat es bisher nicht gegeben, obwohl der EuRH sich bereits in frühen Jahren dem Spannungsverhältnis und der Zusammenarbeit mit der EIB widmete.[454] Die fehlende Notwendigkeit könnte sich durch das Abkommen des EuRH mit der EIB und der Kommission, das als Konsequenz aus den Differenzen zwischen EuRH und EIB im Juni 1989 geschlossen wurde und die Zugangsrechte regelt, begründen.[455] Dieses Abkommen gilt in seiner aktualisierten Fassung bis heute fort. Trotzdem dürfte eine gerichtliche Geltendmachung durchaus in Betracht kommen, sollte beispielsweise das in dem Abkommen vorgesehene Schlichtungsverfahren[456] keinen Erfolg haben. So lässt die Rechtsprechung des EuGH einer derartigen Auslegung in dieser Hinsicht einigen Spielraum. Schließlich dürfte eine Verweigerung der EIB letztlich nichts anderes als eine Pflichtverletzung zwischen Organen sein, bei der ein Organ einen Verstoß gegen seine Befugnisse geltend macht.[457] Die Verfahren bei denen der EuGH jedoch ein Verfahren außerhalb

---

450 *Schwarz* in: Rengeling u. a., Handbuch des Rechtsschutzes in der Europäischen Union, S. 327.

451 Vgl. dazu Urteil des EuGH vom 15.6.1976 – 110/75, Rn. 16f.; Urteil des EuGH vom 2.12.1992 – C-370/89, Rn. 17.

452 Damals noch Art. 180 lit. b), c) EG-Vertrag.

453 Urteil des EuGH vom 2.12.1992 – C-370/89, Rn. 17.

454 Vgl. Jahresbericht zum Haushaltsjahr 1987, S. 19.; intensiv zu diesem Spannungsverhältnis *Skiadas*, Eur. Public Law 1999, 215, 217ff.

455 Vgl. *Skiadas*, Eur. Public Law 1999, 215, 219.

456 Vgl. zum Schlichtungsverfahren Punkt 8 und 9 des EIB-Abkommens.

457 So auch *Friedrich/Inghelram*, DÖV 1999, 669, 674.

des Art. 271 lit. b), c) AEUV zulässt, ähneln neben der generellen Aussage der offenen Zuständigkeit[458] nicht dem hier thematisierten Verfahren. Daher lässt sich auch keine endgültige Aussage zur Zulässigkeit einer derartigen Klage treffen.

Neben der angesprochenen Nichtigkeitsklage erscheint darüber hinaus die Untätigkeitsklage gemäß Art. 265 AEUV denkbar. Diese ist gegenüber der Nichtigkeitsklage subsidiär.[459] Allerdings dürfte diese für den EuRH nur sehr eingeschränkte Relevanz haben. Zwar ist der EuRH als Organ der Union aktivlegitimiert,[460] schließlich bedarf es jedoch zur Zulässigkeit der Untätigkeitsklage eines Vorverfahrens, wobei das in Frage stehende Organ zuvor aufgefordert werden muss, tätig zu werden.[461] Daraufhin muss innerhalb von zwei Monaten Stellung genommen werden.[462] Dieses Stellungnahmerecht wird vom EuGH weit ausgelegt. Es reicht dabei, dass das Organ „eindeutig einen Standpunkt in der Sache bezieht oder einen konkreten und abschließenden Beschluss in der Sache fasst."[463] Sollte ein anderes Unionsorgan folglich die Herausgabe von Unterlagen und Informationen verweigern, reicht eine Kundgabe des betroffenen Organs, dass der Zugang verweigert wird, bereits für die Unzulässigkeit der Untätigkeitsklage aus. Da ein solcher Vorgang bereits mit der Prüfungsankündigung, in der Praxis aber spätestens mit der Prüfung selbst einhergehen dürfte, hat die Untätigkeitsklage für den Zugang zu Unterlagen und Informationen für den EuRH nur geringe Relevanz.[464]

b) Zugangsbefugnisse in den Mitgliedstaaten

Darüber hinaus stellt sich die Frage, inwiefern der EuRH Möglichkeiten zur Geltendmachung seiner Zugangsrechte gegenüber Mitgliedstaaten und Privaten hat. Ausgangspunkt der Informations- und Zugangsrechte des EuRH dürfte die vertrauensvolle Zusammenarbeit des EuRH mit den einzelstaatlichen

458 Vgl. Fn. 419.

459 *Gaitanides* in: Groeben u. a., Europäisches Unionsrecht, Band 4 Kommentar, Art. 265 AEUV Rn. 3.

460 Vgl. Art. 265 Abs. 1 AEUV; *Dörr* in: Grabitz u. a., EUV/AEUV Kommentar, Art. 265 AEUV Rn. 7; *Gaitanides* in: Groeben u. a., Europäisches Unionsrecht, Band 4 Kommentar, Art. 265 AEUV Rn. 6.

461 Vgl. Art. 265 Abs. 2 S. 1 AEUV.

462 Vgl. Art. 265 Abs. 2 S. 1 AEUV.

463 *Ehricke* in: Streinz u. a., EUV/AEUV Kommentar, Art. 265 AEUV Rn. 11.

464 So auch *Bergel*, Rechnungshöfe als vierte Staatsgewalt?, S. 204; *Friedrich/Inghelram*, DÖV 1999, 669, 674f.

Rechnungsprüfungsorganen sein.[465] Die Übermittlungspflicht der einzelstaatlichen Rechnungsprüfungsorgane und Dienststellen hat der europäische Gesetzgeber ausdrücklich festgehalten.[466]

aa) Vertragsverletzungsverfahren gegen Mitgliedstaaten

Zuerst einmal erscheint es denkbar, dass der EuRH im Rahmen des Vertragsverletzungsverfahrens vorgehen kann. Ein Verstoß im Sinne einer Vertragsverletzung, die Gegenstand eines Vertragsverletzungsverfahrens sein kann, kann nur durch die Kommission geltend gemacht werden. Eine Durchsetzung von Zugangsrechten wäre demnach mittelbar über die Kommission im Zuge eines Vertragsverletzungsverfahrens und einer daraus einhergehenden Verpflichtung des Mitgliedstaates zur Übermittlung von Unterlagen und Informationen denkbar.

Darüber hinaus hat der EuRH jedoch keine ausdrücklich geregelte Möglichkeit seine Zugangsrechte gegenüber Mitgliedstaaten selbst einzuklagen. Denkbar ist es jedoch, dass der EuGH ein Vertragsverletzungsverfahren durch den EuRH durchaus zulassen könnte.[467]

(1) Aktivlegitimation durch Rechtsfortbildung

Ausgangspunkt dieser Überlegung ist eine Nichtigkeitsklage des Europäischen Parlaments aus dem Jahr 1988.[468] So hat der EuGH die Nichtigkeitsklage des Europäischen Parlaments zugelassen, obwohl die damalige gesetzliche Regelung eine Klagebefugnis des Europäischen Parlaments nicht vorsah.[469] Dabei gilt es zu klären, ob sich die Grundsätze, die der EuGH in diesem Urteil erarbeitet hat, auf eine Klagebefugnis des EuRH in einem Vertragsverletzungsverfahren übertragen lassen. Der EuGH stützt die Klagebefugnis des EuP in der Nichtigkeitsklage auf eine Auslegung des institutionellen Gleichgewichts und sieht die Rechtsfortbildung zur Wahrung des Rechts der Union gedeckt.[470] Dabei kam es im vorliegenden Verfahren insbesondere darauf an zu überprüfen, inwieweit

465 Vgl. Art. 287 Abs. 3 UAbs. 1 S. 3 AEUV.

466 Vgl. Art. 287 Abs. 3 UAbs. 2 AEUV.

467 Diesen Ansatz vertritt *Friedrich/Inghelram*, DÖV 1999, 669, 676; *Inghelram*, Common Mark. Law Rev. 2000, 129, 140.

468 Vgl. die sog. Radioaktivitäts-Entscheidung, Urteil des EuGH vom 22.5.1990 – C-70/88.

469 Ebd.

470 Vgl. dazu den heutigen Art. 19 I EUV und den damaligen Art. 164 des EWG-Vertrages in seiner ursprünglichen Fassung vom 25.03.1957; *Giegerich*, ZaöRV 1990, 812, 826.

das Europäische Parlament die Möglichkeit hat, eigene Befugnisse gerichtlich geltend zu machen.[471] Der EuGH stellte demnach fest, dass das Europäische Parlament über keine ausreichenden gerichtlichen Durchsetzungsmöglichkeiten seiner Befugnisse verfügt.[472] „Die Befugnisse [des Parlaments] sind jedoch Bestandteil des von den Verträgen gewollten institutionellen Gleichgewichts. [...] Die Wahrung des institutionellen Gleichgewichts gebietet es, dass jedes Organ seine Befugnisse unter Beachtung der Befugnisse der anderen Organe ausübt. Sie verlangt auch, dass eventuelle Verstöße gegen diesen Grundsatz geahndet werden können."[473] Überträgt man diese Grundsätze auf das vorliegende Problem des EuRH, stellt sich insbesondere die Frage, inwieweit sich diese auf das Vertragsverletzungsverfahren und demnach auf ein Verfahren im Verhältnis EuRH gegenüber Mitgliedstaat übertragen lassen. Das institutionelle Gleichgewicht soll vor allen Dingen im Verhältnis zwischen den Unionsorganen dafür sorgen, dass „Kompetenzverschiebungen zwischen den Organen, etwa wenn es um Verfahrensrechte der Organe"[474] geht, beurteilt und vermieden werden. Auch wenn wir im Rahmen des Vertragsverletzungsverfahrens kein Verfahren zwischen den Organen haben, steht im Fokus dieser Überlegungen das Verhältnis zwischen EuRH und Kommission und die Frage, ob der EuRH im Rahmen des institutionellen Gleichgewichts nicht gerade unabhängig von der Kommission seine Befugnisse gegenüber den Mitgliedstaaten geltend machen können muss. Letztlich geht es bei der Geltendmachung von Zugangs- und Informationsrechten um die Wahrung der Befugnisse des EuRH. Zwar dürften hier einerseits die Zugangsbefugnisse des EuRH hinsichtlich der Mitgliedstaaten berührt sein, vor allen Dingen beeinträchtigt eine derartige Einschränkung allerdings das Verhältnis des EuRH zur Kommission. Eine Aktivlegitimation im Vertragsverletzungsverfahren würde demnach nach den Grundsätzen des institutionellen Gleichgewichts bewirken müssen, dass der EuRH „nicht in seinen Befugnissen beeinträchtigt werden kann, ohne über eine der in den Verträgen vorgesehenen Klagemöglichkeiten zu verfügen, von der in gesicherter und wirksamer Wiese Gebrauch gemacht werden kann."[475] Es dürfte bedenklich sein, wenn eine Abhängigkeit des EuRH zur Kommission, die für die Ausführung

---

471 Vgl. Urteil des EuGH vom 22.5.1990 – C-70/88, Rn. 17ff; vgl. auch *Dervisopoulos* in: Rengeling u. a., Handbuch des Rechtsschutzes in der Europäischen Union, S. 121.

472 Vgl. Urteil des EuGH vom 22.5.1990 – C-70/88, Rn. 16, 20.

473 Vgl. Urteil des EuGH vom 22.5.1990 – C-70/88, Rn. 21f.

474 *Calliess* in: Calliess u. a., EUV/AEUV Kommentar, Art. 13 EUV Rn. 11.

475 Vgl. Urteil des EuGH vom 22.5.1990 – C-70/88, Rn. 25.

des Haushaltsplanes verantwortlich ist[476] und damit zentraler Prüfungsadressat des EuRH ist, besteht. Durch den Umweg der Einleitung eines Vertragsverletzungsverfahrens durch die Kommission ist jedoch genau dies der Fall. Der EuRH hat eben keine gesicherte und wirksame Möglichkeit, seine Befugnisse geltend zu machen. Stattdessen muss er sich in einer die Unabhängigkeit berührenden Weise an die Kommission wenden, die dann in ihrem Ermessen ein Vertragsverletzungsverfahren einleiten kann. Demnach lassen sich die Grundsätze des EuGH in dem besagten Verfahren durchaus auf das hier vorliegende Problem übertragen.[477] Der Einwand, dass die Auslegung des institutionellen Gleichgewichts zur Herleitung einer Aktivlegitimation nur für Verfahren, die das Verhältnis und die Befugnisse zwischen den Organen berühren, möglich ist, kann nicht überzeugen. Das institutionelle Gleichgewicht wird nicht durch die Mitgliedstaaten und in diesem Fall durch die Nichtzurverfügungstellung von Informationen und Dokumenten berührt, vielmehr bewegt sich das Problem in diesem Zusammenhang um die Frage, ob es ausreicht, dass die Kommission als klagebefugtes Organ zur Wahrung der Befugnisse des EuRH ausreichend ist. Die fehlende Klagebefugnis im Rahmen des Vertragsverletzungsverfahrens berührt folglich eben nicht nur die Durchsetzungsmöglichkeiten gegenüber den Mitgliedstaaten, sondern auch die Befugnisse im Verhältnis zur Kommission. Anhand dieser Argumentation ist es schlüssig, dass dem EuRH im Rahmen der Rechtsfortbildung ein Klagerecht für das Vertragsverletzungsverfahren zuerkannt werden könnte, auch wenn die Informations- und Zugangsrechte im Verhältnis zwischen EuRH und Mitgliedstaaten berührt sind.

Trotz dieser grundsätzlichen Argumentation kann dem entgegengehalten werden, dass im Rahmen des Vertragsverletzungsverfahren gemäß Art. 258, 259 AEUV lediglich die Kommission und die Mitgliedstaaten aktivlegitimiert sind.[478] Die Aktivlegitimation der Kommission begründet sich vor allem mit der Aufgabe als „Hüterin der Verträge“.[479] Ob dementsprechend einem weiteren Organ

---

476 Vgl. Art. 317 Abs. 1 S. 1 AEUV.

477 So auch *Friedrich/Inghelram*, DÖV 1999, 669, 676; *Inghelram*, Common Mark. Law Rev. 2000, 129, 140; a.A. *Bergel*, Rechnungshöfe als vierte Staatsgewalt?, S. 205, der den Standpunkt vertritt, dass Grundsätze des Urteils vom 22.5.1990 in der Rechtssache C-70/88 nicht auf den vorliegenden Fall anwendbar sind, da in diesem Fall lediglich das Verhältnis zwischen EuRH und Mitgliedstaat berührt ist.

478 *Burgi* in: Rengeling u. a., Handbuch des Rechtsschutzes in der Europäischen Union, S. 76.

479 Vgl. dazu Art. 17 EUV; *Martenczuk* in: Grabitz u. a., EUV/AEUV Kommentar, Art. 17 EUV Rn. 15ff., 19; *Schmidt/Schmitt von Sydow* in: Groeben u. a., Europäisches Unionsrecht, Band 1 Kommentar, Art. 17 EUV Rn. 49ff.; *Breitenmoser/Weyeneth*

die Möglichkeit eines Vertragsverletzungsverfahrens zugestanden werden wird, erscheint zumindest unter diesem Gesichtspunkt als zweifelhaft und hat sich in der bisherigen Rechtsprechung des EuGH auch nicht angedeutet. Gerade auch der Sinn und Zweck des Vertragsverletzungsverfahrens als „Aufsichtsklage“[480], um die Gewährleistung der generellen Einhaltung des Unionsrechts zu garantieren, spricht nicht für eine Aktivlegitimation. „Der Kommission ist es durch das Verfahren ermöglicht, im allgemeinen Interesse der Union, also ohne die Verletzung eigener Rechte geltend zu machen, gegen die objektive Verletzung des Unionsrechts vorzugehen, damit diese abgestellt wird (objektiv-rechtliche Funktion).“[481] Auch die gesetzliche Formulierung des Art. 258 AEUV stützt diese Annahme, schließlich bezieht sich das Verfahren auf die „Auffassung der Kommission“[482]. Gerade diese Form der Aktivlegitimation widerspricht jedoch der im Rahmen der oben beschriebenen Nichtigkeitsklage ausgearbeiteten Grundsätzen des EuGH, die auf der Geltendmachung eigener Rechte und Befugnisse beruhten. Eine generelle Aktivlegitimation des EuRH hinsichtlich des Vertragsverletzungsverfahrens ist demzufolge nicht denkbar, aber auch in keiner Weise notwendig. Vielmehr dürfte sich die durch Rechtsfortbildung erhaltene Aktivlegitimation auf die Verletzung der Rechte des EuRH durch die Mitgliedstaaten beschränken, um mit den Grundsätzen des EuGH aus der *Radioaktivitäts-Entscheidung* in Einklang zu sein. Letztlich ließe sich dieses „Sonderklagerecht“ im Rahmen des Vertragsverletzungsverfahrens vor allem auf die Unabhängigkeit des EuRH zurückführen, die eine derartige Abhängigkeit zur Kommission als ausreichenden Grund für eine derartige Rechtsfortbildung rechtfertigen kann. Alternativ wäre sicherlich noch darüber nachzudenken, ob die Einleitung des Vertragsverletzungsverfahrens der Kommission zumindest hinsichtlich der Geltendmachung der Rechte des EuRH bindend sein könnte oder der EuRH im Rahmen einer Nichtigkeitsklage gegen eine Verweigerung der Kommission vorgehen könnte; allerdings dürfte zumindest letztere Möglichkeit eine erhebliche zeitliche Verzögerung mit sich bringen. Auf diese Weise wäre eine Beeinträchtigung der Unabhängigkeit des EuRH zu befürchten.

---

in: Groeben u. a., Europäisches Unionsrecht, Band 2 Kommentar, Art. 70 AEUV Rn. 21.

480 *Burgi* in: Rengeling u. a., Handbuch des Rechtsschutzes in der Europäischen Union, S. 77.

481 *Ehricke* in: Streinz u. a., EUV/AEUV Kommentar, Art. 258 AEUV Rn. 1.

482 Art. 258 Abs. 1 AEUV.

(2) Fazit

Die Entscheidung des EuGH und die Zuerkennung der Klagebefugnis des Europäischen Parlaments ist sicherlich auch im Zusammenhang mit der zu dieser Zeit wachsenden Bedeutung und der Erweiterung der Befugnisse des Europäischen Parlaments im Gesetzgebungsverfahren zu sehen.[483] So spielte der EuGH eine nicht zu vernachlässigende Rolle in der Stärkung der Stellung und Befugnisse des EuP. Eine Übertragung dieser Grundsätze und damit ein Weiterentwickeln der Kompetenzen des EuRH durch die Rechtsprechung des EuGH erscheint in diesem Zusammenhang durchaus denkbar. Letztlich zeigt die Übertragbarkeit der Grundsätze des Verfahrens, dass der EuRH wohl die Möglichkeit hat, im Rahmen eines Vertragsverletzungsverfahrens auch selbst seine Informations- und Zugangsrechte geltend zu machen. Auch wenn das Vertragsverletzungsverfahren grundsätzlich vorrangig der Kommission als „Hüterin der Verträge" zusteht, erscheint eine Ausnahme in diesem Zusammenhang geboten. Eine Ausuferung der Klagebefugnis im Vertragsverletzungsverfahren ist darüber hinaus nicht zu befürchten. Logischerweise könnte sich die Frage stellen, ob dann nicht weiteren Organen die Möglichkeit eines Vertragsverletzungsverfahrens in bestimmten Situationen zustehen müsste. Die Situation des EuRH zeichnet sich jedoch auch in diesem Zusammenhang durch seine besondere Stellung im Organgefüge der Europäischen Union aus. Seine Unabhängigkeit prägt gerade auch das Verhältnis zu den anderen Unionsorganen. Die Möglichkeit der Einleitung eines Vertragsverletzungsverfahrens unter Geltendmachung eigener Rechte kann also nur im Zusammenhang mit der Unabhängigkeit von der Kommission gesehen werden. Aus diesem Grund lassen sich die Grundsätze der *Radioaktivitäts-Entscheidung* nicht in jeder Hinsicht auf andere Unionsorgane im Vertragsverletzungsverfahren übertragen.

Die Möglichkeit eines eigenen Vertragsverletzungsverfahrens durch den EuRH dürfte in der Praxis jedoch wenig Relevanz haben, konnte der EuRH bislang seine Informations- und Zugangsrechte über die Kommission, die ein Vertragsverletzungsverfahren einleitet, geltend machen.[484] So lange der EuRH demzufolge seine Rechte über die Kommission geltend machen kann, wird der EuGH sich mit einer Auseinandersetzung der ehemals erarbeiteten Grundsätze hinsichtlich dieser Problemsituation nicht beschäftigen müssen. Zuletzt gilt es noch zu sagen, dass das Vertragsverletzungsverfahren kein Verurteilungsverfahren ist. Demzufolge könnte der EuRH aus dem Verfahren selbst keine

---

483 Vgl. *Giegerich*, ZaöRV 1990, 812, 830.

484 So beispielsweise im Verfahren des EuGH vom 15.11.2011 – C-539/09.

Informations- und Zugangsrechte geltend machen. Das Verfahren hat dagegen vielmehr den Zweck der objektiven Feststellung eines Verstoßes.[485] Trotzdem zeigt die Erfahrung, dass das Vertragsverletzungsverfahren in der Praxis häufig schon im Vorfeld der Klageerhebung zur Abstellung des Verstoßes führt.[486]

bb) Zugangsrechte gegenüber Privaten

Bei der Geltendmachung von Informations- und Zugangsrechten gegenüber Privaten sind keine europäischen Rechtsschutzregelungen vorgesehen. Insbesondere gibt es „kein Verfahren gegen Privatpersonen vor dem EuGH."[487] Der EuRH dürfte demzufolge an die nationalen Gerichte gebunden sein.[488] Grundsätzlich müssen die privaten Empfänger von EU-Geldern ihre schriftliche Zustimmung zur Prüfung der Verwendung der Gelder durch den EuRH erteilen, um Finanzhilfen der EU zu erhalten.[489]

Darüber hinaus stellt sich jedoch die Frage, ob die Mitgliedstaaten hinsichtlich der Informations- und Zugangsrechte nicht verpflichtet sind, den EuRH bei der Geltendmachung seiner Rechte zu unterstützen. Zwar besteht grundsätzlich die Pflicht zur loyalen Zusammenarbeit, darüber hinaus können die mitgliedstaatlichen Kontrollorgane jedoch selbst entscheiden, ob sie an einer Prüfung des EuRH teilnehmen möchten oder nicht.[490] Die Pflicht zur loyalen Zusammenarbeit könnte sich jedoch durchaus in Bezug auf die Information- und Zugangsrechte des EuRH auswirken und sogar eine verpflichtende Mitwirkung der Mitgliedstaaten bei der Geltendmachung der Rechte begründen.[491] Denkbar

---

485 *Ehricke* in: Streinz u. a., EUV/AEUV Kommentar, Art. 258 AEUV Rn. 1.

486 Ebd.

487 *Friedrich/Inghelram*, DÖV 1999, 669, 676.

488 So auch *Friedrich/Inghelram*, DÖV 1999, 669, 676.

489 Vgl. Art. 161 Abs. 5 der Haushaltsordnung der Europäischen Union, ABl. der Europäischen Union Nr. L 298/1 vom 26.10.2012.

490 Vgl. Art. 287 Abs. 3 UAbs. 1 S. 4 AEUV.

491 Diesen Ansatz vertritt *Inghelram*, Common Mark. Law Rev. 2000, 129, 143 zur Mitwirkungspflicht, die sich aus dem Gebot der loyalen Zusammenarbeit aus Art. 4 Abs. 3 AEUV ergeben könnte; ebenso *Friedrich/Inghelram*, DÖV 1999, 669, 676; *Inghelram* in: Lenz u. a., EU-Verträge Kommentar, Art. 287 AEUV Rn. 10, wobei hier klar zwischen loyaler Zusammenarbeit und Übermittlungspflicht unterschieden wird. Die Übermittlungspflicht ergibt sich dabei aus der unbedingten Formulierung des Art. 287 Abs. 3 UAbs. 2 AEUV; *Bieber* in: Groeben u. a., Europäisches Unionsrecht, Band 4 Kommentar, Art. 287 AEUV RN. 21; *Ehlermann*, Der Europäische Rechnungshof, S. 36.

ist sogar, dass die Formulierung in Art. 287 Abs. 3 UAbs. 2 AEUV eine Verpflichtung der zuständigen mitgliedstaatlichen Behörden und auch der staatlichen Rechnungskontrollbehörden ergibt, im Bereich der Unterlagenübermittlung mit dem EuRH zusammenzuarbeiten.[492] Letztlich könnte eine solche Übermittlungspflicht daher unter Berücksichtigung des verbindlichen Wortlauts tatsächlich bestehen. Schon das *effet utile* des Unionsrechts könnte eine derartige Auslegung gebieten. Dabei ist der EuRH bei der Durchsetzung seiner Zugangsbefugnisse auf die mitgliedstaatlichen Kontrollbehörden und zuständigen Dienststellen angewiesen. Hierin ist jedoch eine Einschränkung der mitgliedstaatlichen Rechnungskontrollbehörden zu sehen sein, die nicht als Zuarbeiter des EuRH fungieren, sondern selbst durch ihre Unabhängigkeit geprägt sind. Der EuRH muss sich daher an die mitgliedstaatlichen Prüfungsadressaten wenden, um Zugang zu allen erforderlichen Unterlagen zu erhalten.

Im Ergebnis spielt die Durchsetzung der Zugangsbefugnisse hinsichtlich erforderlicher Unterlagen und Dokumente jedoch eine untergeordnete Rolle, da bereits die Regelungen der Haushaltsordnung und die schriftliche Zustimmung des Zuwendungsempfängers auf Aushändigung zur Prüfung erforderlicher Unterlagen dafür sorgt, dass der Rechnungshof in der Realität keine Probleme hinsichtlich des Zugangs zu prüfungsrelevanten Unterlagen hat.[493]

c) Fazit

Letztlich lässt sich erkennen, dass der EuRH sich innerhalb seiner Informations- und Zugangsrechte mit einigen Durchsetzungsschwierigkeiten auseinandersetzen muss. Die gerichtliche Durchsetzung der Informations- und Zugangsrechte ist dabei in vielen Punkten weitgehend ungeklärt. Dabei dürfte sich der Zustand der gerichtlichen Durchsetzung der Zugangsbefugnisse vor allem mit der bisherigen Praxis des EuRH begründen, seine Zugangsrechte über seine Prüfungsberichte geltend zu machen und der bisher teilweise unproblematischen Geltendmachung im Rahmen des Vertragsverletzungsverfahrens. Aus diesem Grund hat die Problematik der gerichtlichen Geltendmachung von Zugangs- und Informationsrechten bisher wenig Aufmerksamkeit erlangt. Trotzdem muss an dieser Stelle festgehalten werden, dass hier erhebliche und klärungsbedürftige Defizite vorliegen. Der EuRH ist letztlich bei seinen Prüfungen hinsichtlich der Informations- und Zugangsrechte an vielen Stellen auf die Kooperation

492 *Bieber* in: Groeben u. a., Europäisches Unionsrecht, Band 4 Kommentar, Art. 287 AEUV Rn. 21.

493 So zeigen sich in der Prüfungspraxis nur selten Zugangsprobleme bei Dritten.

der Prüfungsadressaten angewiesen. Das ist ein Fakt, der sich zumindest auf den ersten Blick nicht vorteilhaft auf die Unabhängigkeit des EuRH auswirken kann, auch wenn sich bisher an dieser Stelle nur teilweise Schwierigkeiten ergeben haben. Zwar hat sich die vom EuRH verfolgte Praxis bisher als effektiv erwiesen, allerdings dürfte eine Vertiefung beziehungsweise Klärung der gerichtlichen Durchsetzungsmöglichkeiten des EuRH überfällig sein. Dabei ist vor allem an eine gesetzlich verankerte Klagebefugnis hinsichtlich der Durchsetzung von Zugangsbefugnissen zu erforderlichen Dokumenten und Unterlagen des EuRH für das Vertragsverletzungsverfahren zu denken, darüber hinaus eine weitergehende Ausarbeitung des Dokumentenzugangs hinsichtlich der anderen Unionsorgane und vor allem auch die Frage, inwieweit eine gerichtliche Durchsetzungsmöglichkeit der Zugangsrechte gegenüber der EIB besteht.

Alles in allem muss jedoch trotz aller rechtlicher Bedenken ebenso festgestellt werden, dass sich das durch Kommunikation sowie politischen und medialen Druck geprägte Durchsetzungssystem des EuRH bisher als äußerst effektiv erwiesen und zusätzlich auch seine Position gegenüber den anderen Unionsorganen gestärkt hat. Die weiteren Erfahrungen mit der EZB und dem EuGH bei der Nachverfolgung der Prüfungsergebnisse im Rahmen der Sonderberichte werden diesbezüglich weitere Erkenntnisse liefern, ob der EuRH sich nach anfänglichem Abtasten bei dem Zugang zu erforderlichen Dokumenten und Informationen durchsetzen und dementsprechend eine ausreichende externe Finanzkontrolle gewährleistet werden kann. Darüber hinaus dürften auch aktuelle Prüfungen der EIB weiteres Spannungspotential hinsichtlich des Dokumentenzugangs haben. Hier stehen derzeit sowohl die Prüfung des EFSI[494] als auch die Prüfung von JASPERS[495] an, die in dieser Hinsicht weitere Erkenntnisse liefern werden.

d) Zusammenarbeit zwischen den Organen

Wie es sich bereits im Bereich der Informations- und Zugangsrechte angedeutet hat, ist der EuRH in seiner Prüfungsarbeit auf die Zusammenarbeit mit den Prüfungsadressaten angewiesen. Nur wenn sich diese auf die Prüfung einlassen, kann der EuRH eine effektive Finanzkontrolle gewährleisten. Daher soll im Folgenden näher auf das Verhältnis zu den einzelnen Unionsorganen und den einzelstaatlichen Rechnungskontrollbehörden eingegangen werden.

---

494 Ein Sonderbericht zum EFSI ist für das Jahr 2018 geplant, vgl. Arbeitsprogramm 2018, S. 7.

495 Ein Sonderbericht ist dabei für das Jahr 2017 geplant, vgl. Arbeitsprogramm 2017, S. 8.

aa) Interinstitutionelle Beziehungen

Der EuRH lebt als unabhängiges Zwischenorgan davon, dass die Organe der Union eng zusammenarbeiten. Schon aus diesem Grund ist die vertrauensvolle Zusammenarbeit ein Kernprinzip für die Arbeit des EuRH. Nur wenn die Arbeit des EuRH auch ausreichend Berücksichtigung innerhalb der Arbeit anderer Unionsorgane findet, kann die Finanzkontrolle des EuRH effektiv sein. Hinsichtlich der einzelnen Unionsorgane soll an dieser Stelle differenziert werden. Seit dem Vertrag von Lissabon ist die gegenseitige Loyalitätsverpflichtung zwischen den Unionsorganen in den Verträgen niedergelegt.[496] Rechtlich gesehen hat diese Regelung jedoch nichts geändert, war die Verpflichtung zu loyaler Zusammenarbeit bereits vorher aus dem allgemeinen Loyalitätsgrundsatz abgeleitet worden.[497] So unbestimmt wie der Grundsatz der loyalen Zusammenarbeit in den Verträgen niedergelegt ist, birgt er für die Zusammenarbeit zwischen den Organen insofern Probleme, als dass sich unmittelbare Ansprüche aus diesem Grundsatz kaum herleiten lassen. Vielmehr dürfte es Aufgabe des EuGH sein, dem Gebot der loyalen Zusammenarbeit konkreteren Inhalt zu geben.[498] Das Verhältnis zwischen dem EuRH und den einzelnen Unionsorganen war teilweise durch vollkommen unterschiedliche Probleme geprägt und hat sich über die Jahre sehr unterschiedlich entwickelt.[499] Im Folgenden soll diese Entwicklung dargestellt werden, wobei sich auf die zentralen Kooperations- und Kommunikationspartner des EuRH im Rahmen der Haushaltsausführung, Haushaltskontrolle und Haushaltsentlastung, nämlich das EuP, die Kommission und den Rat, konzentriert werden soll.

(1) Europäisches Parlament

Das Verhältnis zum Europäischen Parlament war bereits von Anfang an auf eine konstruktive Zusammenarbeit gerichtet.[500] Dieser Umstand dürfte nicht verwundern, war das Europäische Parlament überhaupt erst der Initiator der Gründung des EuRH.[501] Das Parlament erhoffte sich durch eine effektive

---

496 Vgl. Art. 13 EUV Abs. 2 S. 2 EUV; *Nettesheim* in: Grabitz u. a., EUV/AEUV Kommentar, Art. 13 EUV Rn. 79.

497 Vgl. Art. 7 EG-Vertrag in seiner Nizza-Fassung; *Calliess* in: Calliess u. a., EUV/AEUV Kommentar, Art. 13 EUV Rn. 28.

498 So auch *Nettesheim* in: Grabitz u. a., EUV/AEUV Kommentar, Art. 13 EUV Rn. 79.

499 Vgl. dazu *Laffan*, J. Common Mark. Stud. 1999, 251, 256.

500 Vgl. *Laffan*, J. Common Mark. Stud. 1999, 251, 261.

501 Vgl. *Aigner*, Plädoyer für einen Europäischen Rechnungshof, S. 15; *Ehlermann*, Der Europäische Rechnungshof, S. 17; *Laffan*, J. Common Mark. Stud. 1999, 251, 254.

Finanzkontrolle in der Europäischen Union eine umfangreiche Unterstützung bei der Haushaltskontrolle.[502] Diese Unterstützungspflicht des EuRH gegenüber dem Europäischen Parlament ist gesetzlich in Art. 287 Abs. 4 UAbs. 4 AEUV ausgestaltet. Dabei hat der EuRH vor allen Dingen die Funktion, das Parlament im Rahmen der Haushaltskontrolle zu unterstützen. Der EuRH hat in diesem Zusammenhang vor allen Dingen auch auf Forderungen des Parlaments einzugehen, „seinen Jahresbericht zu ergänzen oder einen Sonderbericht vorzulegen, wenn […] das Europäische Parlament dies zum Zwecke der Haushaltsführung [beantragt].[503] Der Jahresbericht, sowie die Sonderberichte und die Zuverlässigkeitserklärung des EuRH dienen wie bereits gesehen als Grundlage im Entlastungsverfahren.[504] Diese Unterstützungsfunktion des EuRH unterstreicht das gegenseitige Abhängigkeitsverhältnis zum EuP und ebenso das Interesse beider Parteien fruchtbar zusammenzuarbeiten. Das bestätigt sich auch im Prüfungsablauf des EuRH, der in seiner Prüfungsplanung vor allem auch versucht die Prüfungsvorschläge des EuP in sein Arbeitsprogramm einzubeziehen.[505] Letztlich kann man sagen, dass das Verhältnis des EuRH zum EuP von Beginn an ein sehr kooperatives Verhältnis war.

(2) Kommission

Im Gegensatz zum EuP war das Verhältnis zur Kommission von Anfang an von Problemen geprägt. Auch hier lässt sich das Verhältnis bereits mit der Gründungszeit des EuRH erklären. Während das Parlament die Gründung des EuRH initiierte und entscheidend vorantrieb, war die Kommission anfänglich nicht an einem starken europäischen Finanzkontrollorgan interessiert. Vor allem das Risiko eines stärker werdenden Kontrollmechanismus aus Parlament und EuRH dürfte den Ausschlag für die anfängliche Abwehrhaltung der Kommission gegeben haben. Da diese jedoch auch einer der wichtigsten Adressaten der Prüfungsberichte des EuRH war, war eine Verbesserung der Beziehungen zwischen EuRH und Kommission gerade auch für den EuRH von großem Interesse. Trotz dieses Umstands ließ eine fruchtbare Zusammenarbeit nach der Gründung des EuRH noch einige Zeit auf sich warten. Immer wieder traten neue Konflikte auf,

502 Vgl. zur Wichtigkeit eines Rechnungshofs für das Parlament bei der Haushaltskontrolle *Schneider*, Zusammenwirken Rechnungshof und Parlament, S. 2f.

503 *Bieber* in: Groeben u. a., Europäisches Unionsrecht, Band 4 Kommentar, Art. 287 AEUV Rn. 33.

504 Vgl. Art. 319 Abs. 1 S. 2 AEUV.

505 Vgl. dazu Abschnitt IV. 2. a) cc).

beispielsweise über unverhältnismäßige Aufwendungen der Kommission Ende der 1970er Jahre, fehlende Kommunikation zwischen den beiden Organen, von der Kommission angemahnte Berichte des EuRH, die nach Ansicht der Kommission falsche Maßstäbe anlegten oder falsche Schlüsse in ihren Berichten zögen, oder die generelle Kritik der Kommission, dass der EuRH seine Kompetenzen überschreiten würde.[506] Einen Tiefpunkt erreichten die interinstitutionellen Beziehungen zwischen EuRH und Kommission schließlich unter Kommissionspräsident *Jacques Delors*[507] und dem Präsidenten des EuRH *André Middelhoek*[508], die sich in ihren Amtszeiten kein einziges Mal trafen.[509] Einen Wendepunkt in der Beziehung zwischen Kommission und EuRH dürfte letztlich die Zeit vor und nach dem Rücktritt der Santer-Kommission 1999 gewesen sein, die aufgrund der Versagung der Haushaltsentlastung für das Haushaltsjahr 1996 geschlossen zurückgetreten war.[510] Dabei hatte der Kommissionspräsident *Jacques Santer* das Erfordernis einer verbesserten Zusammenarbeit zwischen Kommission und EuRH wahrgenommen und versuchte die interinstitutionellen Beziehungen der beiden Organe in der Folgezeit beispielsweise durch regelmäßige Kommunikation zu verbessern.[511] Dass sich die Kommunikation und Interaktion zwischen EuRH und Kommission weiter verbessert hat, lässt sich schon an den Prüfungsberichten des EuRH erkennen. Die umfangreiche Kommunikation im Rahmen des kontradiktorischen Verfahrens, die Akzeptanz und Aufnahme der meisten Empfehlungen des EuRH durch die Kommission und die Umsetzungsbilanz des EuRH zeigen, dass die Kommission den EuRH mittlerweile als gleichrangigen Partner und Berater akzeptiert hat.[512] Das spiegelt auch die Entwicklung der Fehlerquote im Einnahmen- und Ausgabenbereich der Europäischen Union wieder.[513] Im Jahresbericht für das Haushaltsjahr 2016 erteilte der EuRH

---

506 Vgl. *Harden u. a.*, Eur. Public Law 1995, 599, 619; *Laffan*, J. Common Mark. Stud. 1999, 251, 256ff.

507 Kommissionspräsident von 1985–1995.

508 Präsident des Europäischen Rechnungshofes von 1992–1995.

509 Vgl. *Harden u. a.*, Eur. Public Law 1995, 599, 619; *Laffan*, J. Common Mark. Stud. 1999, 251, 258.

510 Siehe dazu *Rossi*, EuR 2013, 170, 174.

511 *Laffan*, J. Common Mark. Stud. 1999, 251, 259.

512 Vgl. dazu auch Abschnitt III. 1. d).

513 An dieser Stelle wird sich vor allem auf die aktuellen Jahresberichte bezogen, die zeigen, dass sich die Fehlerquote im Schnitt mittlerweile auf 3,1 % verringert hat, vgl. Jahresbericht zum Haushaltsjahr 2016, ABl. der Europäischen Union Nr. C 322/11 vom 28.09.2017.

erstmalig seit Einführung der Zuverlässigkeitserklärung ein eingeschränktes Prüfungsurteil, nachdem seit 1994 die Zuverlässigkeitserklärung stets versagt worden war.[514] Dabei verweist der EuRH darauf, dass im Haushaltsjahr 2016 die Hälfte aller überprüften Vorgänge nicht mehr mit wesentlichen Fehlern behaftet waren.[515] Es ergab sich bei den Zahlungen eine Gesamtfehlerquote von 3,1 Prozent.[516] Damit bestätigt sich nicht nur der Trend einer weiter sinkenden Fehlerquote im Rahmen der Zahlungen der EU,[517] sondern man nähert sich weiter der Fehlerquotengrenze von 2 % an, die als Zielsetzung einer ordnungsgemäßen Haushaltsführung dient.[518] Die Entwicklung der Fehlerquote und das erstmalig verbesserte Prüfungsurteil des EuRH sind letztlich Ausdruck und Beweis der verbesserten Zusammenarbeit zwischen EuRH und Kommission.

(3) Rat

Auch die anfänglichen Beziehungen zwischen EuRH und Rat waren von Ablehnung und Distanz geprägt.[519] Schon zu Beginn der unabhängigen externen Finanzkontrolle war die Wahrnehmung der Rechnungshofberichte durch den Rat für seine Arbeit sekundär. Gerade auf der Ministerialebene wurde den Prüfungsberichten des EuRH keine besondere Priorität eingeräumt.[520] Vielmehr wurden Berichte des EuRH vom Rat regelmäßig nicht einmal aufgenommen und zur Diskussion gestellt, sodass die Arbeit des EuRH im Rat letztlich über lange Zeit keine Rolle spielte.[521] 1995 versuchte ECOFIN festzulegen, dass die Sonderberichte des EuRH zumindest durch einen Ausschuss des Rates oder durch eine

---

514 Vgl. dazu den Jahresbericht für das Haushaltsjahr 2016, ABl. der Europäischen Union Nr. C 322/10 vom 28.09.2017.

515 Vgl. dazu den Jahresbericht für das Haushaltsjahr 2016, ABl. der Europäischen Union Nr. C 322/18 vom 28.09.2017.

516 Vgl. dazu den Jahresbericht für das Haushaltsjahr 2016, ABl. der Europäischen Union Nr. C 322 vom 28.09.2017, S. 11, 18.

517 Vgl. dazu den Jahresbericht für das Haushaltsjahr 2016, ABl. der Europäischen Union Nr. C 322 vom 28.09.2017, S. 10, 27 im Haushaltsjahr 2015 lag die Fehlerquote bei 3,8 Prozent, vgl. dazu den Jahresbericht für das Haushaltsjahr 2015, ABl. der Europäischen Union Nr. C 375/20 vom 28.09.2017, im Haushaltsjahr 2014 dagegen noch bei 4,4 Prozent, vgl. dazu den Jahresbericht für das Haushaltsjahr 2014, Amtsblatt der Europäischen Union Nr. C 373/18 vom 10.11.2015.

518 Vgl. zu der Wesentlichkeitsschwelle das „Handbuch der Compliance-Prüfung" S. 259.

519 *Price*, YEL 1983, 239, 242.

520 *Harden u. a.*, Eur. Public Law 1995, 599, 625.

521 Vgl. *Harden u. a.*, Eur. Public Law 1995, 599, 625; *Kok*, Common Mark. Law Rev. 1989, 345, 358; *Laffan*, J. Common Mark. Stud. 1999, 260; *Price*, YEL 1983, 239, 242.

vom Ausschuss der Ständigen Vertreter der Mitgliedstaaten eingesetzte Arbeitsgruppe sorgfältig zu prüfen sind.[522]

Trotzdem besteht nach wie vor das Problem der verschiedenartigen Interessen des Rates und des EuRH. Während im Rat nach wie vor nationale und politische Interessen im Vordergrund stehen, versucht der EuRH seine Prüfungsergebnisse und Empfehlungen unter dem Gesichtspunkt der ordnungsgemäßen Haushaltsführung zu verfolgen.[523] Der Kontakt des EuRH besteht nach wie vor zu den Arbeitsgruppen des Rates. An dieser Stelle besteht jedoch das Problem, dass die Arbeitsgruppen des Rates keinerlei Entscheidungsbefugnisse haben.[524] Daher läuft die Kommunikation mittelbar über die Arbeitsgruppen zu den Entscheidungsträgern des Rates. Letztlich wird deutlich, dass die Prüfungsergebnisse somit nur mittelbar an den eigentlichen Adressaten gelangen.

Daher muss der Verbesserung der Kommunikation und Zusammenarbeit mit dem Rat weiter erhöhte Aufmerksamkeit beigemessen werden. Die Wahrnehmung im Rat kann insbesondere dadurch verbessert werden, dass direkter mit den unmittelbaren Entscheidungsträgern kommuniziert wird, um Prüfungen und Prüfungsergebnisse unmittelbar an den richtigen Adressaten weitergeben zu können. Dazu könnte beispielsweise die Vorstellung von Prüfungsberichten und -ergebnissen in den Ausschüssen des Rates und eine nähere Kommunikation mit ECOFIN und COREPER dienen.

Eine effizientere Kommunikation zwischen Rat und EuRH dürfte für eine effektive Zusammenarbeit und Umsetzung der Empfehlungen des EuRH unabdinglich sein. Daher gilt es zu beobachten, inwiefern der EuRH seine Kommunikation zum Rat erweitert und damit auch mittelbar die Verbindung zu nationalen Interessen bei der Mittelverwaltung verbessert. Die Einbindung des EuRH dürfte letztlich jedoch auch im Interesse des Rates und der damit verbundenen Interessen der Mitgliedstaaten sein. Schließlich ist der EuRH ein Organ der Überprüfung, Beratung und Transparenz. Das Interesse der Mitgliedstaaten an Prüfungsberichten und Stellungnahmen des EuRH als Expertise dürfte hinsichtlich der ordnungsgemäßen, rechtmäßigen und wirtschaftlichen Mittelverwendung innerhalb der EU für die Mitgliedstaaten durchaus wichtig sein und durch vermehrte Aufnahme von Prüfungsvorschlägen der Mitgliedstaaten

522 *Harden u. a.*, Eur. Public Law 1995, 599, 625.

523 Vgl. *Laffan*, J. Commdeon Mark. Stud. 1999, 260.

524 Vgl. *Nettesheim/Grabitz/Hilf* in: Grabitz u. a., EUV/AEUV Kommentar, Art. 240 AEUV Rn. 18.

durch den EuRH dürfte das Interesse an einer engeren Zusammenarbeit und Kommunikation steigen.[525]

bb) Zusammenarbeit mit den mitgliedstaatlichen Rechnungskontrollbehörden

Neben der Zusammenarbeit mit den anderen Unionsorganen steht auch die Zusammenarbeit des EuRH mit den mitgliedstaatlichen Rechnungskontrollorganen im Fokus. Unabhängig von der bereits angesprochenen vertrauensvollen Zusammenarbeit zwischen EuRH und den mitgliedstaatlichen Rechnungskontrollbehörden hinsichtlich des Informations- und Dokumentenzugangs,[526] könnte ein effektives Kooperationsverhältnis zwischen diesen einer effektiveren und ressourcensparenden europäische Finanzkontrolle dienen.[527]

Im Folgenden soll auf die derzeitige Zusammenarbeit eingegangen werden. Darüber hinaus sollen Kooperationsmöglichkeiten zwischen Rechnungshöfen vor allem an bereits vorhandenen Beispielen erörtert werden. Als Vergleich zur derzeitigen Zusammenarbeit zwischen EuRH und mitgliedstaatlichen Rechnungskontrollbehörden sollen hier die Organisation der INTOSAI und der EUROSAI dienen, die die Zusammenarbeit von Rechnungshöfen in verschiedenen Mitgliedschaftskonstellationen regeln. Zuletzt sollen schließlich anhand dieses Vergleiches Perspektiven einer zukünftigen Zusammenarbeit und ihrer Grenzen dargelegt werden.

(1) Vertrauensvolle Zusammenarbeit

Bereits in den Anfangszeiten des EuRH wurde die mangelnde Kooperation zwischen den einzelnen Rechnungsprüfungsorganen auf europäischer und mitgliedstaatlicher Ebene kritisiert.[528] Die EU, beziehungsweise anfänglich noch die EG, versuchte dabei immer wieder auf eine vertieftere Zusammenarbeit innerhalb der Finanzkontrolle hinzuwirken, ohne dass die Unabhängigkeit der einzelnen

---

525 Der EuRH greift vermehrt Vorschläge der Mitgliedstaaten für Prüfungen und Stellungnahmen auf, um einerseits das Kooperationsverhältnis zu diesen zu stärken und auch für die Mitgliedstaaten als Sachverständiger in der Finanzkontrolle zu fungieren, beispielhaft dürfte hierbei die Stellungnahme des EuRH zur Verlängerung und Aufstockung des EFSI sein, die vor allem auch auf Forderung verschiedener Mitgliedstaaten abgegeben wurde, vgl. ABl. der Europäischen Union Nr. C 465 vom 13.12.2016.

526 Vgl. Art. 287 Abs. 3 S. 3 AEUV sowie Abschnitt IV. 3. b).

527 Diesen Ansatz vertritt auch *Mähring*, DÖV 2006, 195, 196.

528 So beispielsweise Gräfe in: *Schiffer*, Verfassung, Verwaltung, Finanzkontrolle, S. 368.

Rechnungsprüfungsbehörden berührt sein sollte. Immer wieder gab es Vorstöße, die auf eine stärkere Zusammenarbeit zwischen den nationalstaatlichen Rechnungsprüfungsbehörden und dem EuRH hinwirken sollten.[529] Die vertrauensvolle Zusammenarbeit wurde im Rahmen des Vertrags von Amsterdam in Art. 287 Abs. 3 AEUV eingefügt.[530] Dabei zeigte sich jedoch in den folgenden Jahren, dass das unbestimmte Merkmal der vertrauensvollen Zusammenarbeit keine entscheidende Fortentwicklung der Zusammenarbeit der europäischen und mitgliedstaatlichen Rechnungsprüfungsbehörden bewirkte. Im Zuge dessen ermächtigte man daher im Rahmen des Vertrags von Nizza den Präsidenten des EuRH dazu, einen Kontaktausschuss zu schaffen, der die Kommunikation zwischen den Rechnungsprüfungsbehörden und damit auch die Zusammenarbeit verbessern sollte.[531] Sowohl die rechtliche Grundlage der vertrauensvollen Zusammenarbeit als auch die mögliche Einrichtung eines Kontaktausschusses waren jedoch keine Neuerungen. Der Kontaktausschuss aus den Präsidenten der ORKB der EU traf sich bereits seit 1960; unmittelbar nach seiner Gründung 1978 trat der Präsident des EuRH als weiteres Mitglied dem Kontaktausschuss bei.[532] Folglich dürfen sowohl die gesetzliche Regelung der vertrauensvollen Zusammenarbeit als auch die Möglichkeit der Einberufung eines Kontaktausschusses weniger als rechtliche Neuerung, sondern vielmehr als Appell zu einer Verbesserung der Zusammenarbeit der ORKB mit dem EuRH verstanden werden. Der Kontaktausschuss besteht aus 29 Mitgliedern, nämlich den Präsidenten der ORKB der Mitgliedstaaten der EU sowie dem Präsidenten des EuRH, und tritt jährlich zusammen. Aufgabe des Kontaktausschusses ist es vor allen Dingen einen „regelmäßigen Informations- und Erfahrungsaustausch zwischen den beteiligten Institutionen [zu fördern] sowie […] die Entwicklung kompatibler

---

529 So zum Beispiel auch der Berichtsentwurf des Europäischen Parlaments vom 17.11.1993 (PE 206.059) über den Rahmen für eine engere Zusammenarbeit zwischen Europäischen Rechnungshof und nationalen Rechnungsprüfungsbehörden; vgl. auch die Landscape-Analyse zu „Lücken, Überschneidungen und Herausforderungen: eine Landscape-Analyse der EU-Regelungen zur Rechenschaftspflicht und zur Kontrolle der öffentlichen Finanzkontrolle, S. 68 Rn. 185.

530 *Bieber* in: Groeben u. a., Europäisches Unionsrecht, Band 4 Kommentar, Art. 287 AEUV Rn. 20.

531 Vgl. Erklärung Nr. 18 zum Vertrag von Nizza (Fn. 378); *Magiera* in: Grabitz u. a., EUV/AEUV Art. 287 AEUV Rn. 13; *Bieber* in: Groeben u. a., Europäisches Unionsrecht, Band 4 Art. 287 AEUV Rn. 20.

532 Vgl. dazu die „Vorstellung“ des Kontaktausschusses der Obersten Rechnungskontrollbehörden der EU, abrufbar unter (Stand 10.10.2018): http://www.eca.europa.eu/sites/cc/de/Pages/About.aspx.

Prüfungsgrundsätze für die vertraglich geforderte Zusammenarbeit [zu entwickeln]."[533] Dazu bildet er neben den jährlichen Treffen vor allem Arbeitsgruppen, die die Aufgabe verfolgen, in verschiedenen Bereichen Prüfungsmethodik und Prüfungsobjekte miteinander zu vergleichen und die Kommunikation zwischen den Mitgliedstaaten und der EU aufrechtzuerhalten und darüber hinaus in verschiedenen Bereichen gemeinsame Prüfungen durchzuführen.[534] In regelmäßigen Sachstandsberichten werden in der Folge die Ergebnisse der Arbeitsgruppen zusammengetragen und die weiteren Tätigkeiten der Arbeitsgruppe festgelegt.[535]

Die Tatsache, dass immer mehr Ausgaben der Union im Rahmen der Kofinanzierung innerhalb der Mitgliedstaaten fließen, die dementsprechend auch „zunehmend durch einzelstaatliche Behörden in den Mitgliedstaaten und den Empfängerländern verwaltet werden, [...] [wodurch] sich der Schwerpunkt der Prüfung dieser Mittel immer stärker in diese Länder verlagert"[536], könnte dafür sprechen, Prüfungsstandards zu vereinheitlichen und gegenseitige Prüfungsergebnisse zu nutzen. Durch ein effektives Nutzen der gegenseitigen Ressourcen und Arbeit könnten Prüfungen deutlich schneller und hinsichtlich des Ressourcenverbrauchs deutlich effizienter vollzogen werden. Grundsätzlich erscheint die Einsetzung eines Ausschusses zuerst einmal als sinnvolle Möglichkeit die Zusammenarbeit der ORKB mit dem EuRH zu verbessern und eine derartige Kooperation zu fördern.

Das Problem, das jedoch hinter einer vertieften Zusammenarbeit steht, sind vor allem die Prüfungsunterschiede, die zwischen den einzelnen Rechnungsprüfungsbehörden bestehen. Dabei gibt es für die Auswahl von Rechnungsprüfern schon keine einheitlichen Ausbildungsstandards und Auswahlstandards.[537] Darüber hinaus steht einer Zusammenarbeit vor allem entgegen, dass die nationalen

533 *Magiera* in: Grabitz u. a., EUV/AEUV Kommentar, Art. 287 AEUV Rn. 13.

534 Vgl. dazu die einzelnen Arbeitsgruppen des Kontaktausschusses, die sich grundsätzlichen Prüfungstätigkeiten, sowie spezifischen Prüfungsobjekten und der Umsetzung gemeinsamer Strategien widmen, abrufbar unter (Stand 10.10.2018): http://www.eca.europa.eu/sites/cc/de/Pages/ActiveWorkingGroups.aspx.

535 Vgl. dazu beispielsweise den Sachstandsbericht von Oktober 2016, abrufbar unter (Stand 10.10.2018): http://www.eca.europa.eu/sites/cc/Lists/CCDocuments/Status%20Outline%202016/CC2016_statusoutline_DE.pdf.

536 Vgl. Vorstellung des Kontaktausschusses, abrufbar unter (Stand 10.10.2018): http://www.eca.europa.eu/sites/cc/de/Pages/About.aspx; vgl. dazu auch *Graf*, Die Finanzkontrolle der Europäischen Gemeinschaft, S. 86f.

537 *Broesigke* in: Zavelberg, Die Kontrolle der Staatsfinanzen, S. 447, der darauf hinweist, dass eine einheitliche Ausbildung für Rechnungsprüfer nur schwer denkbar ist.

Rechnungsprüfungsbehörden mit völlig unterschiedlichen Kompetenzen ausgestattet sind, durch verschiedenes nationales Recht andere Prüfungsmaßstäbe bestehen und die Prüfungen selbst unterschiedlich ablaufen.[538] Die Rechnungsprüfungsbehörden haben dabei verschiedene Herangehensweisen, verschiedene Prüfungssysteme, untersuchen anhand unterschiedlicher gesetzlicher Grundlagen und haben verschiedene Prüfungsziele, wodurch sich Prüfungen unter verschiedenen Rechnungsprüfungsorganen nur schwer wiederverwendbar machen lassen.[539]

Alles in allem kann festgestellt werden, dass die vertrauensvolle Zusammenarbeit eine sehr unbestimmte Zielvorstellung des europäischen Gesetzgebers darstellt. Um dieser Vorstellung mehr Inhalt zu verleihen, wurde das Einsetzen eines Kontaktausschusses beschlossen, um in dieser Hinsicht vor allem zu verdeutlichen, dass eine Vertiefung der vertrauensvollen Zusammenarbeit notwendig ist und auch vorangetrieben wird.

(2) Kooperation zwischen Rechnungshöfen am Beispiel INTOSAI und EUROSAI

Die Idee hinter einer vertrauensvollen Zusammenarbeit der Rechnungskontrollbehörden stellt keine neue Idee in der Finanzkontrolle dar. Vielmehr gibt es schon seit mehr als 60 Jahren den Ansatz von Organisationen zur Förderung einer institutionellen Kooperation zwischen Finanzkontrollorganen. Dieser Abschnitt soll anhand der Beispiele INTOSAI und EUROSAI analysieren, wie eine Kooperation zwischen Rechnungsprüfungsbehörden aussehen kann und wie eine solche auf europäischer Ebene umsetzbar ist. Darüber hinaus stellt sich überdies die Frage, inwieweit sich die EU sogar die Fortschritte von INTOSAI und EUROSAI selbst zunutze machen kann.

(a) INTOSAI

INTOSAI „ist eine als ständige Institution eingerichtete, autonome, unabhängige, fachbezogene und unpolitische Organisation. Sie zielt darauf ab,

---

538 Zu den Problemen bei der Zusammenarbeit und Wiederverwertung von Prüfungsergebnissen nationalstaatlicher Rechnungsprüfungsbehörden *Graf*, Die Finanzkontrolle der Europäischen Gemeinschaft, S. 86; *Harden u. a.*, Eur. Public Law 1995, 599, 613; *Price*, YEL 1983, 239, 243f.

539 Zu Prüfungszielkonflikten zwischen Hof und nationalstaatlichen Rechnungsprüfungsbehörden *Bergel*, Rechnungshöfe als vierte Staatsgewalt?, S. 212; hinsichtlich verschiedener Interessenlagen von Hof und Mitgliedstaaten *Harden u. a.*, Eur. Public Law 1995, 599, 626.

gegenseitige Unterstützung zu bieten, den Gedanken-, Wissens-, Erfahrungsaustausch zu fördern, innerhalb der internationalen Gemeinschaft als anerkanntes globales Sprachrohr der ORKB zu agieren, als Normsetzerin für die öffentliche Finanzkontrolle zu fungieren, gute nationale Regierungsführung zu fördern und sich für den Ausbau von Sachkompetenzen, die Zusammenarbeit und kontinuierliche Leistungsverbesserung einzusetzen."[540] Gegründet wurde die INTOSAI im Jahr 1953 auf dem I. Internationalen Kongress der INTOSAI in Havanna.[541] Mitglied der INTOSAI sind die ORKB „aller Staaten, die Mitglieder der Vereinten Nationen oder einer ihrer Sonderorganisationen sind, und [...] jener supranationalen Organisationen, die dem Völkerrecht unterliegen, Rechtsstatus haben und über einen angemessenen Grad an wirtschaftlicher, technisch-organisatorischer oder finanzieller Integration verfügen."[542] Dabei steht jeweiligen regionalen Rechnungsprüfungsbehörden, die im Verhältnis zu den ORKB nicht national, sondern wie beispielsweise Landesrechnungshöfe nur regional tätig werden, keine Möglichkeit zur Mitgliedschaft in INTOSAI offen.[543]

Die Organisation ist darauf ausgerichtet als gemeinsames Forum der ORKB zu dienen, Erfahrungen innerhalb der Finanzkontrolle und Rechnungsprüfung auszutauschen und darüber hinaus gemeinsame Richtlinien und Standards in der Rechnungsprüfung zu entwickeln.[544] Die INTOSAI wird dabei nicht rechtlich verbindlich tätig.[545]

Grundsätzlich bietet die INTOSAI ein rechtlich unverbindliches Forum der verschiedenen ORKB, um sich über Prüfungsstandards und -erfahrungen auszutauschen, um wiederum den wachsenden Anforderungen staatlicher Finanzkontrolle gerecht zu werden. Als bedeutendste Errungenschaft muss die *Deklaration von Lima* angesehen werden, die grundsätzliche Leitlinien für Rechtsstellung, Status und Prüfungsabläufe aufstellt.[546] Nach zwei Jahrzehnten Zusammenarbeit

---

540 Art. 1 Abs. 1 der INTOSAI-Statuten.

541 Vgl. *Nawrath*, DÖV 2000, 861, 861; *Broesigke* in Zavelberg, Die Kontrolle der Staatsfinanzen, S. 436.

542 Art. 2 Abs. 1 der INTOSAI-Statuten.

543 *Isensee*, Außenvertretung der deutschen Rechnungshöfe in der Europäischen Union, S. 29.

544 Vgl. *Isensee*, Außenvertretung der deutschen Rechnungshöfe in der Europäischen Union, S. 27; *Nawrath*, DÖV 2000, 861, 862; *Zavelberg*, DÖV 1993, 1000, 1001ff., der aufzeigt, dass durch die Zusammenarbeit bereits erste Fortschritte erzielt worden sind.

545 *Isensee*, Außenvertretung der deutschen Rechnungshöfe in der Europäischen Union, S. 28.

546 Vgl. die Deklaration von Lima aus dem Jahr 1977.

und Sammlung von gemeinsamen Lösungen und Empfehlungen, bot diese „eine Zusammenfassung dieser Empfehlungen und damit Leitlinien der Rechnungskontrolle.“[547]

(b) EUROSAI

Die INTOSAI hat in ihren Statuten festgelegt, dass „mit der INTOSAI verbundene autonome Einrichtungen, die zum Zwecke der Förderung der beruflichen und fachlichen Zusammenarbeit ihrer Mitglieder auf regionaler Ebene errichtet wurden“[548], anerkannt werden. Eine von sieben solchen anerkannten Einrichtungen ist die EUROSAI, gegründet im Jahr 1990.[549] Im Unterschied zum Kontaktausschuss besteht die EUROSAI, obwohl begrifflich naheliegend, nicht nur aus den ORKB der Mitgliedstaaten der EU, sondern aus allen europäischen Staaten.[550] „Die EUROSAI verfolgt mit ihrer Arbeit die Ziele und Grundsätze, wie sie im Rahmen von INTOSAI festgelegt sind. EUROSAI ist also im Schwerpunkt darauf ausgerichtet, das berufliche und fachliche Verständnis sowie die Zusammenarbeit der Mitgliedstaaten zu fördern, beim Austausch von Prüfungsmethoden und Fachkenntnissen zusammenzuarbeiten und damit insgesamt zu einer weiteren Verbesserung der öffentlichen Finanzkontrolle beizutragen.“[551] Die regionale Einrichtung bringt dabei den Vorteil mit sich, vermehrt auch auf regionale europäische Probleme einzugehen und dabei in kleinerem Rahmen effizienter zu arbeiten.[552]

Ähnlich wie bei der INTOSAI finden in regelmäßigen Abständen, zumindest alle drei Jahre, Kongresse statt.[553] Auf diesem werden langfristige Zielsetzungen und Richtlinien festgelegt und vor allem Fachausschüsse und Arbeitsgruppen gebildet und deren Aufgaben festgelegt.[554]

---

547 *Broesigke* in Zavelberg, Die Kontrolle der Staatsfinanzen, S. 440.

548 Art. 12 Abs. 1 der INTOSAI-Statuten.

549 Vgl. dazu den Punkt „Über EUROSAI“, abrufbar unter (Stand 10.10.2018): http://www.eurosai.org/de/about-us/about-eurosai/.

550 Im Gegensatz zu dem Kontaktausschuss mit 29 Mitgliedern, hat EUROSAI derzeit 50 Mitglieder, vgl. dazu die Vorstellung der EUROSAI, abrufbar unter (Stand 10.10.2018): http://www.eurosai.org/de/about-us/about-eurosai/; vgl. auch *Isensee*, Außenvertretung der deutschen Rechnungshöfe in der Europäischen Union, S. 29.

551 *Nawrath*, DÖV 2000, 861, 863.

552 So auch *Nawrath*, DÖV 2000, 861, 863.

553 Vgl. Art. 7 Nr. 1 EUROSAI-Statuten; letzter Kongress war im Jahre 2014 in Den Haag ausgerichtet vom niederländischen Rechnungshof, der nächste Kongress wird im Jahr 2017 in der Türkei stattfinden.

554 Vgl. Art. 9 der EUROSAI-Statuten.

(c) Zwischenfazit

Die Strukturen der INTOSAI und EUROSAI weisen erhebliche Ähnlichkeiten auf, was aufgrund ihrer institutionellen Nähe jedoch auch nicht verwundern dürfte. Daher erscheint es überflüssig zwischen diesen beiden im weiteren Verlauf zu differenzieren. Grundsätzlich lässt sich ein Grundprinzip in der bisherigen Zusammenarbeit der Rechnungshöfe weltweit erkennen. Die Zusammenarbeit basiert vor allem auf dem Austausch von Prüfungsmethoden und Fachwissen, der Festlegung gemeinsamer Leitlinien und der Durchführung gemeinsamer Prüfungen. INTOSAI und EUROSAI dienen als weltweites beziehungsweise als europäisches Forum der Finanzkontrolle. Die beiden Modelle verdeutlichen jedoch, dass ein vergleichbares Forum inform des Kontaktausschusses bereits auf Ebene der EU vorhanden ist. Der Kontaktausschuss ist anders organisiert als die INTOSAI und EUROSAI. Während diese eigene Organisationen darstellen, ist der Kontaktausschuss lediglich die Zusammenkunft der Präsidenten der ORKB; er stellt jedoch keine eigene Organisationsform dar.[555] Er kongruiert jedoch in großen Teilen in seinen Zielsetzungen und Arbeitsweisen mit der INTOSAI und EUROSAI. Die Erarbeitung einheitlicher Prüfungsstandards und die Arbeitsweise mit eingesetzten Arbeitsgruppen ähneln der Arbeitsweise der INTOSAI und EUROSAI. Trotzdem stagniert die Zusammenarbeit der Rechnungshöfe in der EU. Gründe für diese Stagnation lassen sich an mehreren Stellen finden.

Einerseits liegt ein Problem in der Zusammensetzung des Kontaktausschusses. Dieser besteht ähnlich wie INTOSAI und EUROSAI nur aus den ORKB der Mitgliedstaaten sowie dem EuRH. Es fehlen regionale Rechnungsprüfungsbehörden. Gerade im Hinblick auf die EU muss jedoch festgestellt werden, dass ein großer Teil der Ausgaben in den Mitgliedstaaten in den Zuständigkeitsbereich regionaler Rechnungsprüfungsbehörden fallen. Auf ähnliche Ursachen dürfte die Gründung der regionalen Organisation EURORAI im Jahr 1992 zurückzuführen sein, die sich in der EURORAI „ein eigenes Gremium für ihre internationalen Kommunikationsinteressen geschaffen"[556] haben. Die Einbindung regionaler Rechnungshöfe könnte daher zentraler Bestandteil einer weitergehenden vertieften Zusammenarbeit der Rechnungskontrollbehörden sein.

---

555 Vgl. dazu hinsichtlich des Kontaktausschusses unter dem Punkt „Vorstellung", abrufbar unter (Stand 10.10.2018): https://www.eca.europa.eu/sites/cc/de/Pages/About.aspx.

556 *Isensee*, Außenvertretung der deutschen Rechnungshöfe in der Europäischen Union, S. 30.

Andererseits dürfte auch die Unverbindlichkeit der Zusammenarbeit eine zentrale Ursache für das Zusammenarbeitsdefizit sein. Im Ergebnis findet im Rahmen des Kontaktausschusses zwar Kommunikation statt, letztlich haben die Ergebnisse inform von Erklärungen und Entschließungen des Kontaktausschusses kaum Einfluss auf den Prüfungsalltag des EuRH. Veröffentlichungen des Kontaktausschusses schließen sich an die jährlichen Sitzungen an. Dabei gilt es vor allem gemeinsamen Problemen entgegenzuwirken,[557] weniger jedoch der Erarbeitung gemeinsamer Prüfungsstandards sowie insbesondere nicht um die Intensivierung der Durchführung gemeinsamer Prüfungen.

Ein weiterer Grund dürfte nicht zuletzt die Unabhängigkeit der einzelnen Rechnungsprüfungsbehörden sein. Diese findet ihre Ausprägungen gerade auch in der Unabhängigkeit von anderen Rechnungsprüfungsbehörden. Das bedeutet, dass die einzelnen Rechnungsprüfungsbehörden in der Auswahl ihrer Prüfungsadressaten und der Art und Weise der Rechnungsprüfungsmethodik unter Berücksichtigung internationaler Rechnungsprüfungsstandards[558] vollkommen frei sind. Eine Angleichung von Prüfungsmethoden und Prüfungsstandards könnte demzufolge durchaus eine Beeinflussung der Unabhängigkeit der Rechnungsprüfungsbehörden bedeuten. Darüber hinaus muss auch berücksichtigt werden, dass die einzelnen Rechnungsprüfungsorgane unter verschiedenen rechtlichen Maßstäben prüfen. Eine gemeinsame Prüfung ist insofern immer nur eingeschränkt sinnvoll, können beispielsweise Vergaberichtlinien im Rahmen der geteilten Mittelverwaltung auf europäischer und mitgliedstaatlicher Ebene erheblich voneinander abweichen. Die Prüfungsergebnisse der einen Rechnungskontrollbehörde haben demzufolge nur sehr eingeschränkte Aussagekraft für eine andere Rechnungskontrollbehörde.

(3) Perspektiven der vertrauensvollen Zusammenarbeit

Inwieweit kompatible Prüfungsgrundsätze trotzdem denkbar sind, erscheint zweifelhaft. Denn spätestens bei einer Vereinheitlichung von Prüfungsstandards und -maßstäben dürften sich die einzelnen ORKB und der EuRH auf ihre Unabhängigkeit zurückziehen.

557 Vgl. dazu Erklärung des Kontaktausschusses vom 25.09.2015 zur Sicherstellung einer vollständig prüfbaren, rechenschaftspflichtigen und wirksamen Bankenaufsicht nach Einführung des einheitlichen Aufsichtsmechanismus.

558 Vgl. dazu insbesondere die International Standards on Auditing (ISA) und die Deklaration von Lima.

Ein großes Defizit auf europäischer Ebene dürfte vor allem das Format des Kontrollausschusses sein. Der Kontrollausschuss besteht aus den Präsidenten der verschiedenen ORKB der einzelstaatlichen Finanzkontrolle. Dabei lässt sich sofort erkennen, dass dieses Kommunikationsgremium eigentlich untauglich für die vertrauensvolle Zusammenarbeit ist, schließlich würde die vorrangige Zusammenarbeit nur unter der Einbindung der regional zuständigen Rechnungsprüfungsbehörden vollziehbar sein. Schließlich finden Ausgaben und damit auch die Prüfungen des EuRH in den Mitgliedstaaten vorrangig auf regionaler Ebene statt, sodass die nationale Prüfungskompetenz teils gar nicht bei den obersten nationalen Rechnungsprüfungsbehörden liegt. Daher käme eine Zusammenarbeit lediglich mit den zuständigen Kontrollbehörden, also der „sachnächsten Stelle“[559], in Betracht. Mit diesen besteht jedoch durch den Ausschluss aus dem Kontaktausschuss keinerlei Austausch.

Darüber hinaus erscheint es äußerst zweifelhaft, dass die Zusammenarbeit sich bis hin zu gemeinsamen Prüfungsstandards und Prüfungsmethoden und damit auch der vermehrten Durchführung gemeinsamer Prüfungen entwickelt.[560] Die gemeinsame Kommunikation sowie die Festlegung von unverbindlichen Leitlinien und der Austausch von Fachkenntnissen dürfte die Grenze dessen sein, was die Rechnungsprüfungsbehörden letztlich in ihrer Zusammenarbeit zulassen können, ohne die eigene Arbeit und Unabhängigkeit gefährdet zu sehen. Darüber hinaus sichtet der EuRH beispielsweise bei eigenen Prüfungen zu Beginn alle Prüfungsunterlagen nationaler Rechnungsprüfungsbehörden und beurteilt diese nach der Verwendbarkeit für die eigene Prüfung.[561] Auch dieser Vorgang zeigt, dass der EuRH die Möglichkeiten der Wiederverwendbarkeit und Verwertung von nationalen Prüfungsergebnissen durchaus erkannt hat und

559 *Isensee*, Außenvertretung der deutschen Rechnungshöfe in der Europäischen Union, S. 2, der sich generell mit der Frage beschäftigt, welcher nationale Rechnungshof (hier im Fall Deutschland also Bundes- oder Landesrechnungshof) die Vertretung der deutschen Rechnungshöfe in der EU, folglich im Kontaktausschuss, übernimmt und hierbei zu dem Ergebnis gelangt, dass die alleinige Vertretungsbefugnis dem Bundesrechnungshof zusteht (vgl. S. 45).

560 Vgl. *Gräfe* in: Geist, State audit, S. 337ff., der vertieft darauf eingeht, inwiefern bilaterale Prüfungen denkbar sind, aber auch darauf hinweist, dass die „Annäherung zu einem Anstieg der Probleme hinsichtlich der reibungsfreien Zusammenarbeit führen wird“.

561 Im Einklang mit dem „Handbuch der Prüfung der Rechnungsführung und Compliance-Prüfung“ S. 108ff.; sowie dem „Handbuch der Wirtschaftlichkeit“ S. 72; auch in den ISA, vgl. International standards on auditing (ISAs), S. 743ff.

diesbezüglich versucht, im Rahmen eigener Prüfungen die Ergebnisse anderer Rechnungsprüfungsbehörden bestmöglich in die eigene Arbeit zu integrieren.

Letztendlich darf man nicht verkennen, dass sich mit EuRH und nationalen Rechnungsprüfungsbehörden völlig unabhängige externe Finanzkontrollorgane gegenüberstehen. Zwar gibt es durchaus Möglichkeiten, die Kommunikation und den Austausch sowie die Wiederverwendung von Prüfungsergebnissen anderer Rechnungsprüfungsbehörden zu verbessern, letztlich kann diese Zusammenarbeit jedoch am Ende immer nur begrenzt sein. Denkbar wäre in diesem Zusammenhang beispielsweise die noch intensivere Durchführung gemeinsamer Prüfungen oder die Ausweitung der Mitwirkungspflicht der mitgliedstaatlichen Rechnungsprüfungsbehörden bei Prüfungen des EuRH. Diese Möglichkeiten sind jedoch in Anbetracht des unabhängigen Status einer Rechnungsprüfungsbehörde nur dann möglich, wenn sich diese selbst dazu entschließt.

Darüber hinaus dürfen auch die begrenzten Möglichkeiten gemeinsamer Prüfungen aufgrund der unterschiedlichen rechtlichen Grundlagen, aufgrund derer die Rechnungskontrollbehörden prüfen, nicht außer Betracht bleiben. Daher gilt es diesbezüglich festzustellen, in welcher Form eine Prüfungskooperation überhaupt denkbar ist. Die Rechnungsprüfung unterscheidet dabei verschiedene Arten der Prüfungszusammenarbeit.[562] Zuerst einmal gibt es die parallelen Prüfungen. Bei diesen wird gemeinsam beschlossen, eine Prüfung durchzuführen; es werden dann eine einheitliche Methodik und Prüfungsansätze festgelegt und die Prüfung wird mehr oder weniger zeitlich übereinstimmend durchgeführt.[563] Jede Rechnungskontrollbehörde stellt dabei, ein eigenes Prüfungsteam [...], das jeweils an die Leitung des eigenen Hauses und nur zu vom eigenen Mandat gedeckten Angelegenheiten berichtet."[564] Daneben gibt es die abgestimmten Prüfungen. Diese umfassen „entweder eine gemeinsame Prüfung mit gesonderten Prüfungsberichten an die Leitung der jeweiligen ORKB oder eine parallele Prüfung mit einem gemeinsamen Prüfungsbericht neben den nationalen Einzelberichten."[565] Zuletzt gibt es noch die gemeinsame Prüfung. Hierbei werden

562 Diese Thematik behandelt ISSAI 5800 als „Leitfaden für die Prüfungszusammenarbeit unter ORKB"; im Übrigen eine weitere Veröffentlichung von Leitlinien, die aus der Kooperation der ORKB im Rahmen der INTOSAI entstanden ist, was verdeutlicht, dass derartige Organisationen vor allem organisatorischen und grundsätzlichen Funktionen nachgehen statt konkrete gemeinsame Prüfungen in Angriff zu nehmen.

563 Vgl. dazu ISSAI 5800 „Leitfaden für die Prüfungszusammenarbeit unter ORKB" S. 4.

564 ISSAI 5800 „Leitfaden für die Prüfungszusammenarbeit unter ORKB" S. 4.

565 Ebd.

die Prüfungen gemeinsam durchgeführt, die Entscheidungen im Rahmen der Prüfung zusammen getroffen und zuletzt ein gemeinsamer Prüfungsbericht der jeweiligen Leitung des Prüfungsorgans vorgelegt.[566] Eine gemeinsame Prüfung dürfte in der Zusammenarbeit weniger Relevanz haben, da sich einerseits die Maßstäbe der Prüfung hinsichtlich der rechtlichen Grundlagen erheblich unterscheiden und andererseits die Unabhängigkeit der einzelnen Rechnungskontrollbehörde nicht berücksichtigt werden würde. Am Relevantesten für die Zusammenarbeit des EuRH mit den ORKB dürften die parallelen Prüfungen sein, da hier auf die eigenen rechtlichen Grundlagen Bezug genommen werden kann, die Unabhängigkeit der einzelnen Kontrollbehörde gewahrt bleibt, aber zuletzt wiederum auf die gegenseitigen Erfahrungen und Ergebnisse aus der Rechnungsprüfung zurückgegriffen werden kann.

Im Ergebnis dürfte der Kern einer vertieften Zusammenarbeit daher vor allem die Kommunikation und der Erfahrungsaustausch zwischen den Rechnungshöfen sein.[567] Der Kontaktausschuss bietet hierzu ein geeignetes Forum, um einen solchen Austausch zu fördern. Die Rechnungshöfe dürften sich hinsichtlich ihrer Zusammenarbeit auf ihre Unabhängigkeit stützen und sich darüber hinaus auf bereits vorhandene einheitliche internationale Standards der Rechnungsprüfung im Rahmen der Lima-Deklaration und der ISA berufen. Die konkrete Überprüfung im Rahmen gemeinsamer Prüfungen erscheint dagegen ungeeignet, da hier erhebliche Hindernisse bestehen, damit der EuRH die Arbeit anderer Rechnungskontrollbehörden direkt verwerten könnte. Eine Zusammenarbeit erscheint aufgrund unterschiedlicher Prüfungsgrundlagen nur bedingt sinnvoll und förderlich. Im Vordergrund einer weitergehenden Zusammenarbeit steht folglich nicht die Festlegung weiterer einheitlicher Leitlinien oder die Vertiefung der rechtlich verankerten Zusammenarbeitspflicht, sondern vielmehr die tatsächliche Kooperation zwischen ORKB und dem EuRH. Das kann auf der einen Seite der fachliche Austausch zwischen dem EuRH und den ORKB im Rahmen des Kontaktausschusses sein, das kann aber auch der Rückgriff auf gegenseitige Prüfungsergebnisse der ORKB sein, die als Grundlage eigener Prüfungen genutzt werden. Zuletzt kann das auch die Durchführung gemeinsamer Prüfungen im Rahmen paralleler und abgestimmter Prüfungen sein, in denen sich der EuRH und die ORKB die erlangten Kenntnisse gegenseitig zunutze machen, andererseits in ihrer Prüfung aber gerade auf die spezifischen eigenen

566 Vgl. ISSAI 5800 „Leitfaden für die Prüfungszusammenarbeit unter ORKB" S. 5.
567 So auch *Broesigke* in Zavelberg, Die Kontrolle der Staatsfinanzen, S. 447.

rechtlichen Grundlagen eingehen und so einen individuellen Prüfungsbericht anfertigen.

4. Prüfungsergebnisse des Europäischen Rechnungshofes

Im Folgenden sollen Möglichkeiten der Prüfungsdarstellung des EuRH aufgezeigt werden. Der EuRH handelt wie bereits gesehen haben im Rahmen seiner Prüfungsergebnisse unverbindlich. Die Prüfungsdarstellung inform von Prüfungsberichten oder Stellungnahmen sind trotzdem die einzige Weise, in der die Prüfungstätigkeit des EuRH nach außen tritt und transparent wird. Nur durch die Ergebnisdarstellung kann der EuRH seiner bereits dargestellten Beratungs- und Kontrollfunktion nachkommen. Im Folgenden sollen die einzelnen Möglichkeiten und ihre Unterschiede dargestellt werden. Daraufhin soll insbesondere auch auf das kontradiktorische Verfahren zwischen EuRH und dem Prüfungsadressaten eingegangen werden. Zuletzt soll im Vordergrund stehen, ob der EuRH im Rahmen seiner rechtlichen Befugnisse, ausreichende Möglichkeiten hat seiner Funktion im Institutionengefüge der EU gerecht zu werden. Dabei dürften vor allem die fehlenden verbindlichen Handlungsmöglichkeiten im Fokus stehen, die dem EuRH keinerlei Möglichkeit zur Durchsetzung seiner Prüfungsergebnisse bieten. Es gilt diesbezüglich zu erörtern, inwieweit der EuRH durch verbindliche Handlungsmöglichkeiten gegenüber dem Prüfungsadressaten noch effizienter in der Rechnungsprüfung arbeiten könnte.

a) Handlungsformen

Der EuRH prüft im Rahmen eines mehrjährigen Prüfungsprogrammes[568], das dafür sorgen soll, dass die Prüfungen gleichmäßig auf verschiedene Bereiche verteilt werden, Prüfungsempfehlungen und deren Umsetzung über mehrere Jahre weiterverfolgt werden und letztlich der EuRH ein mehrjähriges Gesamtkonzept für seine Prüfungen hat. Im Zentrum der Ressourceneinteilung steht die Zuverlässigkeitserklärung, die einen erheblichen Teil der Ressourcen des EuRH vereinnahmt.[569] Jährlich plant der EuRH dann im Rahmen des Arbeitsprogrammes die Prüfungen, die im folgenden Haushaltsjahr vorgenommen werden sollen.[570]

568 Vgl. dazu das aktuelle Strategiepapier für den Zeitraum 2013–2017, abrufbar unter (Stand 10.10.2018): http://www.eca.europa.eu/Lists/ECADocuments/STRATEGY2013-2017/STRATEGY2013-2017_DE.PDF.

569 Vgl. dazu beispielsweise das Arbeitsprogramm 2017 des EuRH, S. 4.

570 Vgl. die Arbeitsprogramme des EuRH für das Haushaltsjahr 2017, 2016, 2015 etc.

Die Auswahl der Prüfungsthemen, die sich später in den Prüfungsergebnissen des EuRH wiederfinden lassen, werden unter Berücksichtigung der verschiedenen Stakeholder erarbeitet.[571] Die Ergebnisse der festgelegten Prüfungen werden dann im Rahmen der Zuverlässigkeitserklärung, der Jahresberichte, sowie der Sonderberichte und Stellungnahmen des EuRH veröffentlicht. Innerhalb der Zuverlässigkeitserklärung und der Jahresberichte finden die meisten Prüfungen statt.[572] Darüber hinaus veröffentlicht der EuRH regelmäßig Sonderberichte, die schon während eines Haushaltsjahres, also zeitlich gesehen möglichst nah an der Transaktion veröffentlicht werden können und in dieser Weise am ehesten einer „mitlaufenden Kontrolle“[573] des EuRH gerecht werden. Des Weiteren hat der EuRH die Möglichkeit auf Antrag eines anderen Unionsorganes eine Stellungnahme abzugeben.[574] Zuletzt hat der EuRH in jüngster Zeit weitere Produkte zu seinen Veröffentlichungen hinzugefügt. Insgesamt lässt sich schon an der Prüfungsplanung des EuRH erkennen, dass dieser sich mit seinen veröffentlichten Prüfungsergebnissen als Sachverständiger im Bereich Haushalt für alle Unionsorgane sieht.[575] Darüber hinaus sieht der EuRH die Anforderung an sich selbst, im Rahmen seiner Prüfungsergebnisse „relevante, qualitativ hochstehende und zeitnahe Produkte bereitzustellen, welche die EU dabei unterstützen, die Wahrnehmung der öffentlichen Rechenschaftspflicht für die öffentlichen Finanzmittel, die zur Verwirklichung der EU-Ziele eingesetzt werden, zu verbessern.“[576]

aa) Jahresberichte und Zuverlässigkeitserklärung

Der Jahresbericht wird durch den EuRH nach Abschluss eines jeden Haushaltsjahres mit den Bemerkungen der Organe veröffentlicht.[577] Der Jahresbericht untergliedert sich dabei in den Jahresbericht über die Ausführung des Haushaltsplans sowie die Tätigkeiten des EEF zusammen mit den Antworten der Organe. Er erscheint für das betreffende Haushaltsjahr immer bis spätestens

---

571 Vgl. Arbeitsprogramm 2017, S. 1.

572 Vgl. dazu das Arbeitsprogramm 2015, S. 4.

573 Vgl zur mitlaufenden Kontrolle: *Magiera* in: Grabitz u. a., EUV/AEUV Kommentar, Art. 287 AEUV Rn. 12, 18.

574 Vgl. Art. 287 Abs. 4 UAbs. 2 AEUV.

575 Der EuRH sieht sich dabei generell als unabhängiger Sachverständiger, der im Rahmen aller Prüfungsergebnisse als Informationsquelle fungiert, um eine fundierte Entscheidungsfindung zu fördern, vgl. dazu insbesondere das Strategiepapier des EuRH 2013–2017 S. 5.

576 Strategiepapier 2013–2017, S. 6.

577 Vgl. Art. 287 Abs. 4 AEUV.

zum 15. November des kommenden Haushaltsjahres.[578] Der Jahresbericht ist im Amtsblatt der EU zu veröffentlichen.[579] Neben dem Jahresbericht stehen noch die besonderen Jahresberichte, die der Überprüfung der Rechnungsführung der durch die EU errichteten sonstigen Stellen und Einrichtungen dienen.[580]

Die Zuverlässigkeitserklärung ist durch den Vertrag von Maastricht in die Handlungsformen des EuRH aufgenommen worden.[581] Danach soll der EuRH dem Rat sowie dem EuP eine „Erklärung über die Zuverlässigkeit der Rechnungsführung sowie die Rechtmäßigkeit und Ordnungsmäßigkeit der zugrunde liegenden Vorgänge“[582] vorlegen. Dabei darf darin nicht die vollumfängliche Prüfung aller Vorgänge verstanden werden, die aufgrund der Anzahl letztlich auch unmöglich wäre. Vielmehr geht es um eine wie in der Systemkontrolle bereits thematisierte systematische Überprüfung, die in ihrem Ablauf von der Durchführung der Prüfung der Sonderberichte erheblich abweicht und eine neue Darstellung hinsichtlich der Überprüfung des Gesamthaushalts ermöglicht.[583] Der EuRH prüft folglich im Rahmen der Zuverlässigkeitserklärung anhand einer „Zufallsstichprobe von Vorgängen und bewertet die Überwachungs- und Kontrollsysteme, um zu ermitteln, ob die Einnahmen und Zahlungen korrekt berechnet sind und mit den Rechtsvorschriften und Rahmenregelungen übereinstimmen.“[584] Die Einführung der Zuverlässigkeitserklärung wurde als Stärkung der Rechte und Befugnisse des EuRH bewertet. In Anbetracht der rechtlichen Bedeutung darf hierin jedoch keine rechtliche Erweiterung der Befugnisse des EuRH gesehen werden. Vielmehr kann dadurch die Arbeit des EuRH im Rahmen der Entscheidungsprozesse und am offensichtlichsten im Rahmen des Haushaltsentlastungsverfahrens pointierter dargestellt und verwertet werden. Der EuRH hat nach Einführung der Zuverlässigkeitserklärung ein Verfahren entwickelt anhand dessen die Zuverlässigkeitserklärung erarbeitet

578 Vgl. *Magiera* in: Grabitz u. a., EUV/AEUV Kommentar, Art. 287 AEUV Rn. 17.

579 *Niedobitek* in: Streinz u. a., EUV/AEUV Kommentar, Art. 287 AEUV Rn. 20.

580 *Magiera* in: Grabitz u. a., EUV/AEUV Kommentar, Art. 287 AEUV Rn. 17.

581 Vgl. *Magiera* in: Grabitz u. a., EUV/AEUV Kommentar, Art. 287 AEUV Rn. 20.

582 Art. 287 Abs 1 UAbs. 2 S. 1 AEUV.

583 Folglich bewegt sich die Zuverlässigkeitserklärung innerhalb des Rahmens, den Art. 287 Abs. 2 AEUV vorgibt; vgl. auch *Magiera* in: Grabitz u. a., EUV/AEUV Kommentar, Art. 287 AEUV Rn. 21; *Bieber* in: Groeben u. a., Europäisches Unionsrecht, Band 4 Kommentar, Art. 287 AEUV Rn. 24; *Niedobitek* in: Streinz u. a., EUV/AEUV Kommentar, Art. 287 AEUV Rn. 21.

584 Vgl. dazu der EuRH unter dem Punkt Prüfungsmethodik, abrufbar unter (Stand 10.10.2018): http://www.eca.europa.eu/de/Pages/AuditMethodology.aspx.

wird.[585] Sowohl der Jahresbericht als auch die Zuverlässigkeitserklärung, die als Teil des Jahresberichts veröffentlicht wird,[586] gehören zu den obligatorischen Ergebnissen des EuRH.[587]

bb) Sonderberichte und Stellungnahmen

Über die obligatorischen Jahresberichte und die Zuverlässigkeitserklärung hinaus, veröffentlicht der EuRH regelmäßig Sonderberichte, die der Gesetzgeber primärrechtlich unter den Begriff der Bemerkungen zählt.[588] Diese müssen im Gegensatz zu den Jahresberichten nicht im Amtsblatt der EU veröffentlicht werden. Trotzdem findet eine regelmäßige Veröffentlichung statt, wodurch eine erhöhte Transparenz gewährleistet wird.[589] Sonderberichte sind inhaltlich nicht von Jahresberichten zu unterscheiden, so befassen sie sich ebenso mit der Rechnungsprüfung an sich. Sie sind jedoch aktueller beziehungsweise zeitnaher, da sie zeitlich nicht gebunden sind wie Jahresberichte.[590] Darüber hinaus kann der Inhalt der Sonderberichte über den der Jahresberichte deutlich hinausgehen.[591] Der EuRH veröffentlichte in den vergangenen Haushaltsjahren jeweils um die 30 Sonderberichte, die Anzahl liegt also leicht unter der der Jahresberichte.[592] Durch die unterschiedliche Wirkungsweise inform einer mitlaufenden Kontrolle bieten Sonderberichte dabei eine für den EuRH wichtige Handlungsform, um auf aktuelle Ereignisse und Anforderungen reagieren zu können und seiner Stellung als unabhängiges europäisches Finanzkontrollorgan gerecht zu werden.

---

585 Vgl. die Veröffentlichung des EuRH zur DAS-Methode.

586 Vgl. Art. 148 Abs. 6 der Haushaltsordnung der Europäischen Union, ABl. der Europäischen Union Nr. L 298/1 vom 26.10.2012.

587 Zur Unterscheidung zwischen obligatorischen und fakultativen Ergebnissen *Mader*, Verteidigungsrechte im europäischen Gemeinschaftsverwaltungsverfahren, S. 292.

588 Vgl. Art. 287 Abs. 4 UAbs. 2 AEUV.

589 Vgl. zur Veröffentlichung von Sonderberichten Art. 70 der Durchführungsbestimmungen zur Geschäftsordnung des Rechnungshofs, sowie Art. 163 Abs. 1 UAbs. 5 der Haushaltsordnung der Europäischen Union, ABl. der Europäischen Union Nr. L 298/1 vom 26.10.2012; im Übrigen zur regelmäßigen Veröffentlichung von Sonderberichten *Magiera* in: Grabitz u. a., EUV/AEUV Kommentar, Art. 287 AEUV Rn. 18.

590 Vgl. *Freytag*, Der Europäische Rechnungshof, S. 115; *Bieber* in: Groeben u. a., Europäisches Unionsrecht, Band 4 Kommentar, Art. 287 AEUV Rn. 28f.

591 Vgl. *Freytag*, Der Europäische Rechnungshof, S. 116.

592 Im Jahr 2016 hat der EuRH 36 Sonderberichte veröffentlicht, 2015 25 Sonderberichte, 2014 24 Sonderberichte.

Neben den Sonderberichten kann der EuRH auf Antrag eines der anderen Unionsorgane Stellungnahmen abgeben.[593] Darüber hinaus kann das Antragsrecht auch durch den Wirtschafts- und Sozialausschuss, den Ausschuss der Regionen, den Bürgerbeauftragten, den Datenschutzbeauftragten und den Europäischen Auswärtigen Dienst ausgeübt werden.[594] Das Antragsrecht ist dabei für den EuRH jedoch keineswegs bindend; eine Bindung an den Antrag würde den EuRH in seiner Unabhängigkeit berühren, da diese wie gesehen auch dadurch ausgestaltet wird, dass der EuRH frei in der Auswahl der Prüfungsadressaten und der Prüfungsvorgänge ist.[595] Inhaltlich sind Stellungnahmen „vorwiegend [...] auf beabsichtigte Rechtsakte, geplante Interventionsmechanismen u. a."[596] gerichtet. Damit sind diese vor allem Ausdruck der beratenden Funktion des EuRH.[597] Eine Veröffentlichungspflicht besteht für Stellungnahmen nicht, die sich nicht auf Vorschläge oder Entwürfe beziehen, welche ein legislatives Konsultationsverfahren durchlaufen.[598] Allerdings werden Sonderberichte und Stellungnahmen in der Praxis ausnahmslos veröffentlicht.[599] Sowohl die Sonderberichte als auch die Stellungnahmen gehören zu den fakultativen Prüfungsergebnissen des EuRH.[600]

593 Vgl. Art. 287 Abs. 4 UAbs. 2 AEUV.

594 Vgl. Art. 163 Abs. 2 i.V.m. Art. 2 lit. b) Haushaltsordnung der Europäischen Union, ABl. der Europäischen Union Nr. L 298/1 vom 26.10.2012.

595 ebenso *Bergel*, Rechnungshöfe als vierte Staatsgewalt?, S. 173f. mit weiteren Anmerkungen über den Umfang der Stellungnahmepflicht gegenüber EuP und Rat; Vgl. *Ehlermann*, Der Europäische Rechnungshof, S. 27; *Magiera* in: Grabitz u. a., EUV/AEUV Kommentar, Art. 287 AEUV Rn. 18, wobei sich gegenüber dem EuP und dem Rat aus der Unterstützungspflicht des EuRH eine mittelbare Verpflichtung ergibt; *Niedobitek* in: Streinz u. a., EUV/AEUV Kommentar, Art. 287 AEUV Rn. 20.

596 *Magiera* in: Grabitz u. a., EUV/AEUV Kommentar, Art. 287 AEUV Rn. 19.

597 So auch *Freytag*, Der Europäische Rechnungshof, S. 116.

598 Vgl. Art. 163 Abs. 2 der Haushaltsordnung der Europäischen Union, ABl. der Europäischen Union Nr. L 298/1 vom 26.10.2012.

599 Der Sinn und Zweck der Veröffentlichung liegt dabei gerade in der Durchsetzung der Befugnisse, Schlussfolgerungen und Empfehlungen sowie in einer Verbreitung der Expertise des EuRH. Eine Nicht-Veröffentlichung würde demzufolge gerade nicht dem Interesse des EuRH selbst dienen. Daher kann die ausnahmslose Veröffentlichung in der Praxis nicht verwundern.

600 Vgl. zur Unterscheidung *Mader*, Verteidigungsrechte im europäischen Gemeinschaftsverwaltungsverfahren, S. 292.

cc) *Landscape-Analysen, Themenpapiere und Schnellanalysen*

Der EuRH hat sein Produktportfolio mittlerweile neben den Jahres- und Sonderberichten sowie Stellungnahmen um mehrere Produkte erweitert.[601] Dazu gehören einerseits Landscape-Analysen, die vor allem eine Zusammenfassung von Prüfungen umfassen und eine Thematik anhand dieser zusammengefassten Prüfungen analysieren. Diese dienen daher vor allem dazu, gesammeltes Wissen zu komprimieren und als Informationsquelle zur Verfügung zu stellen.[602] Einen ähnlichen Ansatz verfolgen auch die Themenpapiere, wobei in diesen die Themenbereiche stärker eingegrenzt werden.[603] Im Rahmen der Schnellanalysen werden spezifische Fälle untersucht und Fakten und gewonnene Kenntnisse aus diesen einzelnen Fällen zusammengestellt; die Analyse ist hier also noch themen- und fallspezifischer als in Landscape-Analysen und Themenpapieren.[604] Letztlich sollen diese Produktformen dafür sorgen, noch stärker und passender auf eine bestimmte Materie eingehen, aus den Prüfungen gewonnene Erkenntnisse noch spezifischer sammeln und folglich auch für zukünftige Prüfungen weiter verwertbar machen zu können.[605] Auch die Landscape-Analysen, Themenpapiere und Schnellanalysen werden ausnahmslos veröffentlicht, auch wenn eine solche Veröffentlichung rechtlich nicht vorgeschrieben ist.

b) Kontradiktorisches Verfahren

Die Ergebnisse des EuRH werden nicht einfach veröffentlicht, sondern durchlaufen davor das kontradiktorische Verfahren. Bevor die Jahres- oder Sonderberichte sowie die Stellungnahmen durch den EuRH angenommen werden,[606] muss den betroffenen Unionsorganen die Möglichkeit gegeben werden, auf den vorläufigen Prüfungsbericht zu reagieren. „Die Mitgliedstaaten sowie die Zuwendungsempfänger oder andere von der Prüfung betroffene Personen

---

601 Vgl. ECA Journal vom September 2017, S. 14, in dem auf die neuen Veröffentlichungsformen eingegangen wird.

602 Vgl. auf der Seite des EuRH unter „Unsere Produkte", abrufbar unter (Stand 10.10.2018): https://www.eca.europa.eu/de/Pages/AuditReportsOpinions.aspx.

603 Ebd.

604 Ebd.

605 Vgl. ECA Journal vom September 2017, S. 14.

606 Der EuRH nimmt die Berichte sowie Stellungnahmen mit der Mehrheit seiner Mitglieder an, wobei er für die Annahme bestimmter Arten von Berichten oder Stellungnahmen nach Maßgabe seiner Geschäftsordnung Kammern bilden kann, vgl. Art. 287 Abs. 4 UAbs. 2 AEUV.

nehmen nicht am formellen kontradiktorischen Verfahren teil und haben keinen Anspruch auf Veröffentlichung ihrer Antworten."[607] Allerdings werden ihre Anmerkungen bereits im Prüfungsprozess berücksichtigt.[608] Ein daneben bestehendes Anhörungsrecht kann jedoch durchaus dann bestehen, wenn sie im Prüfungsbericht namentlich kritisiert werden.[609] Dieses Anhörungsrecht wurde durch den EuGH bestätigt. So hat dieser festgelegt, dass „Berichte des Rechnungshofes, [...] durch die Rechte der darin genannten Personen unmittelbar beeinträchtigt werden, [...] für diese [...] so folgenschwer sein [können], dass den Betroffenen vor der endgültigen Verabschiedung der Berichte Gelegenheit gegeben werden muss, zu den darin enthaltenen Punkten, in denen sie namentlich genannt sind, Stellung zu nehmen."[610]

Das kontradiktorische Verfahren zeigt, dass die Berichte und Stellungnahmen des EuRH trotz ihrer rechtlichen Unverbindlichkeit durchaus Wirkung nach außen entfalten können und daher das Bedürfnis eines vor der Veröffentlichung eingerichteten Schutzmechanismus hervorrufen. Diese Sichtweise wird auch in den Urteilen des EuGH deutlich, der feststellt, dass zwar keine unmittelbare rechtliche Beeinträchtigung durch die Berichte vorliegt, jedoch Rechte und Interessen mittelbar beeinträchtigt werden können.[611]

c) Tragweite der Maßnahmen des Europäischen Rechnungshofes

Das kontradiktorische Verfahren konnte schon verdeutlichen, dass der EuRH im Rahmen seiner Prüfungen und der Darstellung der Prüfungsergebnisse die Möglichkeit hat, auf aktuelles politisches und rechtliches Geschehen Einfluss zu nehmen. Im Folgenden soll die Tragweite der Ergebnisdarstellung des EuRH näher beleuchtet werden. Es fällt zuerst auf, dass in vielen Bewertungen der Tätigkeit und Ergebnisdarstellung des EuRH die Unverbindlichkeit seiner Prüfungsergebnisse im Vordergrund steht. Zwar ist die rechtliche Unverbindlichkeit

---

607 *Inghelram* in: Lenz u. a., EU-Verträge Kommentar, Art. 287 AEUV Rn. 13.

608 Vgl. dazu Abschnitt IV. 2. a) cc).

609 Vgl. dazu Urteil des EuG vom 15.06.1999 in der Rechtssache T-277/97, sowie das Urteil des EuGH vom 10.07.2001 – C-315/99 P; dazu eine intensive Auseinandersetzung dieser Urteile im Hinblick auf das Anhörungsrecht bei *Mader*, Verteidigungsrechte im europäischen Gemeinschaftsverwaltungsverfahren, S. 303ff., wobei im Ergebnis feststeht, dass der EuGH ein Anhörungsrecht (im Übrigen entgegen des EuG) als allgemeinen Rechtsgrundsatz betrachtet, der auch im Falle der Berichte des EuRH einzuhalten ist.

610 Urteil des EuGH vom 10.07.2001 – C-315/99 P, Rn. 29.

611 Vgl. Urteil des EuGH vom 10.07.2001 – C-315/99 P, Rn. 28ff.

der Maßnahmen des EuRH offensichtlich und wurde im Rahmen dieser Arbeit bereits mehrfach thematisiert, gilt es darüber hinaus jedoch, die Effektivität der Maßnahmen des EuRH zu bewerten.

aa) Der Europäische Rechnungshof als „moralische Instanz"

Eine oft gewählte Bezeichnung des EuRH, wenn es um seine Wirkungsweise geht, ist die der moralischen Instanz.[612] Darüber hinaus wird jedoch durchaus richtig herausgearbeitet, dass der EuRH zwar moralische Instanz ist, jedoch im Rahmen seiner Tätigkeit als „moralisch zwingende Kraft"[613] tätig wird. Seine Ergebnisse können durch die Veröffentlichung politischen und gesellschaftlichen Druck erzeugen. Die gesteigerte Effektivität seiner Berichte lässt sich vor allem an der Umsetzung seiner Empfehlungen festmachen. So bewertet der EuRH in seinen Berichten jedes Jahr die Umsetzung der Empfehlungen der vergangenen Jahre.[614] Dabei lässt sich erkennen, dass der EuRH eine durchaus hohe Umsetzungsquote seiner Empfehlungen verzeichnen kann. So sind in der Auswertung im Rahmen des Jahresberichts zum Haushaltsjahr 2015 mehr als 75 % der ausgewerteten Empfehlungen vollständig oder weitgehend, weitere 15 % der ausgewerteten Empfehlungen zumindest teilweise umgesetzt worden.[615] In der Auswertung des Jahresberichts für das Haushaltsjahr 2014 wurden fast 60 % der ausgewerteten Empfehlungen bereits vollständig oder weitgehend umgesetzt, weitere 30 % der Empfehlungen wurden zumindest schon teilweise umgesetzt. In beiden Jahren verbleiben folglich lediglich 10 % der Empfehlungen hinter einer teilweisen Umsetzung zurück. Darüber hinaus kann man feststellen, dass die Kommission von ihrem Stellungnahmerecht im Rahmen des kontradiktorischen Verfahrens umfangreich Gebrauch macht.[616] Das lässt darauf schließen,

---

612 Vgl. so zum Beispiel *Mart* in: Zavelberg Die Kontrolle der Staatsfinanzen, S. 484ff.; *Graf*, Die Finanzkontrolle der Europäischen Gemeinschaft, S. 92; *Inghelram*, Common Mark. Law Rev. 2000, 129, 145, der auf die Äußerungen von *Hans Kutscher*, dem ehemaligen Präsidenten des EuGH verweist, der den EuRH als finanzielles Gewissen der EU (zu diesem Zeitpunkt noch EG) bezeichnet.

613 *Mart* in: Zavelberg, Die Kontrolle der Staatsfinanzen, S. 476.

614 Vgl. Jahresbericht für das Haushaltsjahr 2015, ABl. der Europäischen Union Nr. C 375 vom 13.10.2016, S. 140f.; 158ff.; S. 202ff.; S. 243ff.; S. 272f.; S. 284f.; S. 313f.; sowie im Jahresbericht für das Haushaltsjahr 2014, ABl. der Europäischen Union Nr. C 373 vom 10.11.2015, S. 126; S. 145; S. 162ff.; S. 210ff.; S. 257ff.; S. 273f.; S. 285ff.

615 Dieser Prozentsatz ergibt sich aus der Auswertung der in Fn. 446 genannten Weiterverfolgung früherer Empfehlungen des Jahresberichts für das Haushaltsjahr 2015.

616 An dieser Stelle auf einzelne Teile der Jahres- oder Sonderberichte zu verweisen, wäre wenig aussagekräftig. Schon die Struktur der Jahresberichte verdeutlicht die intensive

dass sie die Berichte einerseits ernst nimmt und sich inhaltlich intensiv mit den Berichten und Bemerkungen des EuRH beschäftigt und andererseits hinsichtlich der meisten Empfehlungen eine Umsetzung anstrebt. Zuletzt dürfte auch das durch den EuGH bestätigte Anhörungsrecht ein Indiz dafür sein, dass die Bedeutung der Prüfungsergebnisse nicht unterschätzt werden darf.[617]

Anhand dieser Auswertungen kann man erahnen, dass der EuRH seine Arbeit in der Finanzkontrolle und die Effektivität der Prüfungsergebnisse äußerst positiv entwickelt hat. Bei einer derart großflächigen Umsetzung darf neben der moralischen Instanz nicht die Effektivität der Prüfungen des EuRH in den Hintergrund treten, auch wenn die Umsetzung nicht zwingend vorgeschrieben ist.

bb) Arbeits- und Ergebnisqualität als Garantie für Effektivität

Ein Hauptgrund der eben gesehenen Effektivität dürfte die Arbeits- und Ergebnisqualität des EuRH sein. Dabei ist eine hohe Arbeits- und Ergebnisqualität in den Berichten und Stellungnahmen des EuRH unbedingt erforderlich, um bei den Adressaten Berücksichtigung zu finden.[618]

Lange sah sich der EuRH in diesem Zusammenhang immer wieder mit Kritik hinsichtlich seiner Arbeit konfrontiert.[619] Die derzeitige Umsetzung seiner Empfehlungen spricht jedoch für eine deutlich verbesserte Arbeits- und Ergebnisqualität, die zu einer großflächigen Berücksichtigung seiner Ergebnisse führt. Gründe für die Verbesserungen in diesem Bereich sind einerseits die Schwerpunktsetzung des EuRH, der deutlich macht, dass er sich vor allem durch die hohe Qualität seiner Prüfungsberichte auszeichnen möchte, und andererseits

---

Wahrnehmung des Stellungnahmerechts. So enthalten die Jahresberichte hälftig den Jahresbericht des EuRH und hälftig unmittelbar neben den Prüfungsfeststellungen die Antworten der Organe. Im Vergleich dazu enthielten die ersten Jahresberichte die Antworten der einzelnen Organe noch im Anhang.

617 Vgl. zu dem Anhörungsrecht Abschnitt IV. 4. b) sowie detaillierter unter Abschnitt V. 3.

618 Der Hof sieht für sich selbst die Anforderungen die Qualität seiner Berichte hoch zu halten, um damit der Rechenschaftspflicht innerhalb der EU gerecht zu werden, vgl. dazu S. 6 des Strategiepapiers 2013–2017 des EuRH; vgl. auch *Graf*, Die Finanzkontrolle der Europäischen Gemeinschaft, S. 94; *Mart* in: Zavelberg, Die Kontrolle der Staatsfinanzen, S. 487.

619 Vgl. zu der Kritik an der Arbeit und der Effektivität des EuRH *O'Keeffe* in: Curtin u. a., Institutional dynamics of European integration, S. 185; *Harden u. a.*, Eur. Public Law 1995, 599, 627; derselbe in Eur. Public Law 1995, 599, 618 zur zeitlichen Ineffektivität des EuRH; *Kok*, Common Mark. Law Rev. 1989, 345, 355; Timmann in: Jahrbuch der europäischen Integration 1981, S. 128f.

auch die deutlich verbesserten Beziehungen zu den übrigen Unionsorganen, in dieser Hinsicht insbesondere zur Kommission, zu der die Beziehung des EuRH lange Zeit belastet war.[620]

Die Effektivität der Prüfungsergebnisse des EuRH lässt sich auch an historischen Beispielen festmachen. Exemplarisch hierfür dürfte die Rolle des EuRH hinsichtlich der Korruptionsvorwürfe gegen die Santer-Kommission sein, bei der der EuRH durch zahlreiche Sonderberichte hinsichtlich der Korruptionsvorwürfe zur Aufklärung beitrug, was mittelbar zum Rücktritt der Kommission führte.[621]

Auch aktuelle Berichte des EuRH bekommen dabei erhöhte mediale Aufmerksamkeit, ein Zeichen dafür, dass der Haushalt der EU und die Transparenz immer mehr in den Vordergrund rücken. Hier kann beispielsweise der Sonderbericht zum Einheitlichen Aufsichtsmechanismus[622] genannt werden oder die Initiativen des EuRH im Bereich des Klimawandels[623]. Auch seitens der ORKB der Mitgliedstaaten wurde die erhöhte quantitative Berichterstattung der Medien zur Kenntnis genommen, im Übrigen aber auch darauf verwiesen, dass hier auch weiterhin noch Verbesserungsbedarf besteht.[624]

---

620 Vgl. dazu Abschnitt IV. 2. d) aa).

621 Vgl. *Bergel*, Rechnungshöfe als vierte Staatsgewalt?, S. 179; *Oppermann*, Europarecht, S. 116 Rn. 122; *Rossi*, EuR 2013, 170, 174.

622 Vgl. den Sonderbericht Nr. 29/2016 vom 18.10.2016, darüber berichtet in der Neuen Zürcher Zeitung am 18.11.2016, abrufbar unter: (Stand 10.10.2018): https://www.nzz.ch/wirtschaft/kritik-des-eu-rechnungshofs-die-maengel-der-bankenaufsicht-ld.129113.

623 Vgl. die Landscape-Analyse vom 19.09.2017 zu „Maßnahmen der EU in den Bereichen Energie und Klimawandel, darüber berichtet in der FAZ vom 19.09.2017, abrufbar unter (Stand 10.10.2018): http://www.faz.net/aktuell/wirtschaft/europaeischer-rechnungshof-kritisiert-eu-klimapolitik-15206149.html.

624 Vgl. den Internationalen Peer-Review des EuRH aus dem Jahr 2014, S. 32, 46.

V. Rechtsschutzmöglichkeiten

Es wurde bereits erläutert, welche Rechtsschutzmöglichkeiten der EuRH hat, wenn ihm bei einem Prüfungsadressaten Zugriffsrechte zu erforderlichen Unterlagen oder Dokumenten verweigert werden.[625] In diesem Abschnitt soll es um die Rechtsschutzmöglichkeiten der Prüfungsadressaten gegen die Berichte oder Stellungnahmen des EuRH gehen. Dabei steht für die Prüfungsadressaten im Vordergrund, sich gegen die in den Berichten und Stellungnahmen erhobenen Vorwürfe wehren zu können. Diesbezüglich konnte man bereits im Rahmen des kontradiktorischen Verfahrens sehen, dass hinsichtlich der Wirkung der Berichte und Stellungnahmen ein Schutzmechanismus für die anderen Unionsorgane besteht, durch den sich die Prüfungsadressaten und die Kommunikationspartner[626] zu den Schlussfolgerungen und Empfehlungen des EuRH äußern können. Trotzdem dürfte sich anhand der gewonnenen Erkenntnisse über die Tragweite der Maßnahmen des EuRH die Frage stellen, inwieweit sich die Unionsorgane auch gerichtlich gegen die Berichte und Stellungnahmen des EuRH wehren können, da diese zwar nicht rechtlich verbindlich sind, jedoch durchaus mittelbar die Rechte der Prüfungsadressaten beeinträchtigen können. Darüber hinaus stellt sich die Frage, inwieweit Mitgliedstaaten ebenfalls die Möglichkeit der Stellungnahme gegeben werden muss. Und nicht zuletzt dürften auch private Prüfungsadressaten ein Interesse an effektivem Rechtsschutz haben, wenn sie durch einen Bericht des EuRH betroffen sind.[627]

Sowohl bei den Unionsorganen als auch bei den Mitgliedstaaten und privaten Prüfungsadressaten soll dabei zwischen den Verteidigungsrechten im Prüfungsverfahren selbst und den Rechtsschutzmöglichkeiten nach Abschluss und Veröffentlichung der Prüfungsergebnisse differenziert werden.

---

625 Vgl. dazu Abschnitt IV. 2. a) + b).

626 Vgl. dazu das „Handbuch der Compliance-Prüfung“ S. 126.

627 Auch hier dürfte sich die Problematik der fehlenden rechtlichen Verbindlichkeit der Maßnahmen des EuRH stellen, vgl. dazu auch *Belemann*, DÖV 1990, 58, der sich zwar auf den BRH sowie Landesrechnungshöfe der BRD bezieht, die Problematik aber ebenso auf den EuRH übertragbar ist.

1. Rechtsschutzmöglichkeiten der Unionsorgane und Institutionen

In der Anfangszeit des EuRH bestand wenig Bedarf nach rechtlichem Schutz gegenüber Berichten des EuRH. Die Arbeit des EuRH stand selbst immer wieder in der Kritik und jeder Kritik des EuRH wurde damit entgegengetreten, dass sich der EuRH in seiner Zusammenarbeit destruktiv verhält.[628] Das Verhältnis zu Rat und insbesondere Kommission war wie gesehen lange Zeit belastet,[629] wodurch eine konstruktive Zusammenarbeit nicht stattfand und die Berichte des EuRH kaum Aufmerksamkeit innerhalb der Organe und auch innerhalb der Öffentlichkeit erhielten. Beispielhaft dürften hier nur die durch das EuP verweigerte Entlastung der Kommission in den Jahren 1980, 1982 und 1985 genannt sein, die in der Kommission stets ohne irgendwelche Konsequenzen blieb.[630] Grundlage dieser Entlastungsbeschlüsse war vor allen Dingen auch der Jahresbericht des EuRH.

a) Verteidigungsrechte im Verwaltungsverfahren

Insoweit dürfte sich unter Maßgabe des Bedeutungsgewinns der Prüfungsberichte des EuRH und der gesteigerten Arbeits- und Ergebnisqualität das Erfordernis nach Rechtsschutzmöglichkeiten gegen den EuRH deutlich erhöht haben. Fraglich bleibt jedoch, ob das Stellungnahmerecht der anderen Unionsorgane dem Schutzbedürfnis innerhalb der Prüfung des EuRH nicht schon genügt.

Durch die Stellungnahme bekommen die Adressaten der Prüfungsberichte die Möglichkeit, auf diese zu reagieren und ihre Sichtweise zu den festgestellten Defiziten darzulegen. In diesem Hinblick zielt das kontradiktorische Verfahren

---

628 Vgl. beispielsweise zu dem Vorwurf der destruktiven Kritik die Bemerkungen der Kommission zu dem Jahresbericht des EuRH für das Haushaltsjahr 1979: „Die Kommission bedauert, dass der Rechnungshof ihren Bemühungen um eine bessere Ausführung des Haushaltsplans nicht mehr Rechnung getragen und sich allzu häufig auf Kritiken beschränkt hat. Die Kommission würde es begrüßen, wenn diese Unausgewogenheit im Bericht des Rechnungshofs, der ihre Tätigkeit eher negativ als positiv beurteilt und daher zu einem für die Integration der Gemeinschaft ungünstigen Ergebnis gelangt, beseitigt würde.“, S. 249.

629 Vgl. Abschnitt IV. 3. d) aa).

630 Vgl. die Entlastungsbeschlüsse des EuP veröffentlicht in ABl. der Europäischen Gemeinschaften Nr. C 125/28 vom 17.05.1982, ABl. der Europäischen Gemeinschaften Nr. C 127/36 vom 14.05.1984 sowie ABl. der Europäischen Gemeinschaften Nr. C 125/45 vom 11.05.1987; zu den Folgen *Rossi*, EuR 2013, 170, 174.

gerade darauf ab, dem Rechtsschutzbedürfnis der Prüfungsadressaten zu dienen und seine Einwände im Rahmen der Prüfungsberichte frühzeitig zu berücksichtigen. Letztlich hat jedoch innerhalb des kontradiktorischen Verfahrens kein Unionsorgan das Recht, auf Prüfungsberichte und die Darstellung Einfluss zu nehmen. Das Stellungnahmerecht des betroffenen Unionsorgans beschränkt sich auf die Möglichkeit, die einzelnen Prüfungsfeststellungen zu kommentieren und den EuRH durch die eigene Sichtweise möglicherweise zur Änderung seiner Bemerkungen zu bewegen. Effektiv gibt das Stellungnahmerecht dem einzelnen Unionsorgan darüber hinaus die Möglichkeit, dem EuRH aufzuzeigen, ob und wo dieser beispielsweise hinsichtlich eines Prüfungsergebnisses einen nicht korrekten oder vollständigen Sachverhalt zugrunde gelegt hat. Dementsprechend steht das Recht zur Stellungnahme auf der einen Seite zur Sicherung der Rechte des betroffenen Unionsorgans im Verwaltungsverfahren, auf der anderen Seite aber auch als unerlässliches Qualitätssicherungsinstitut für den EuRH selbst.

b) Klagerechte der Unionsorgane

Als Klageverfahren gegen die veröffentlichten Prüfungsberichte käme die Nichtigkeitsklage in Betracht. Diese würde den aktivlegitimierten[631] EuP, Rat, Kommission, EZB und dem Ausschuss der Regionen die Möglichkeit geben, Prüfungsberichte unmittelbar vor dem EuGH anzugreifen. Art. 263 Abs. 1 S. 2 AEUV regelt jedoch, dass die Rechtmäßigkeit der Handlungen sonstiger Stellen nur insoweit angegriffen werden können, als dass diese Rechtswirkung gegenüber Dritten erzielen. Die Berichte, Stellungnahmen und sonstigen Veröffentlichungen des EuRH sind jedoch rechtlich unverbindlich, sodass eine Passivlegitimation hinsichtlich der Handlungen des EuRH ausscheidet.[632] Das EuP kann beispielsweise der Kommission trotz negativ ausfallendem Jahresbericht die Entlastung für den Haushalt erteilen. Betrachtet man insofern die Rolle des EuRH muss man sogar feststellen, dass eine Angreifbarkeit der Prüfungsberichte oder Stellungnahmen eine funktionelle Beeinträchtigung des EuRH bedeuten würde. Der EuRH lebt von seiner Unabhängigkeit und der Darstellung seiner Prüfungsergebnisse, ohne dass hierauf abseits des kontradiktorischen Verfahrens von jeglicher Seite Einfluss genommen werden darf. Würde sich der EuRH folglich mit jedem seiner Berichte gegenüber den anderen Unionsorganen und Institutionen angreifbar machen, wäre eine Wahrnehmung der öffentlichen

631 Vgl. Art. 263 Abs. 2, 3 AEUV.

632 So auch *Mader*, Verteidigungsrechte im europäischen Gemeinschaftsverwaltungsverfahren, S. 299.

Finanzkontrolle unter Umständen insofern geschwächt, als dass der EuRH sich bereits vorher einschränken könnte, um sich vor dem EuGH nicht angreifbar zu machen. Zudem würden Prüfungsergebnisse des EuRH der gerichtlichen Kontrolle unterzogen, was eine Beeinträchtigung der Unabhängigkeit bedeuten könnte. Inwiefern dem EuRH folglich sogar die rechtliche Unverbindlichkeit seiner Handlungen in dieser Hinsicht zugutekommen könnte und aus dem Grund einen Vorteil bietet, soll im Rahmen der Ergebnisse dieser Arbeit noch einmal eine Rolle spielen.

2. Rechtsschutzmöglichkeiten der Mitgliedstaaten

Es stellt sich auch die Frage, inwieweit Mitgliedstaaten sich gegen Prüfungsergebnisse des EuRH wehren können. Im Vergleich zu den Unionsorganen ergeben sich bereits Unterschiede bei der Beteiligung der Mitgliedstaaten im Prüfungsverfahren.

a) Verteidigungsrechte im Verwaltungsverfahren

Im Unterschied zu den Unionsorganen haben die Mitgliedstaaten nicht die Möglichkeit, sich im Rahmen einer Stellungnahme zu den Prüfungsergebnissen des EuRH zu äußern. Vielmehr stehen die Mitgliedstaaten insofern schutzlos den Veröffentlichungen des EuRH gegenüber. Zuständige Dienststellen und Prüfungsadressaten können lediglich während des Prüfungsverfahrens einbezogen werden.[633] Daher gilt es zu klären, ob die Mitgliedstaaten gegenüber den Veröffentlichungen des EuRH überhaupt schutzbedürftig sind, ihnen also Rechtsschutzmöglichkeiten oder zumindest die Möglichkeit zur Stellungnahme zustehen müsste und aus diesem Grund beispielsweise eine entsprechende Anwendung des Art. 287 Abs. 4 UAbs. 1 S. 2 AEUV auf die Mitgliedstaaten geboten ist.

Ein Schutzmechanismus besteht erst dann, wenn Prüfungsergebnisse inform von verbindlichen Rechtsakten oder Handlungen umgesetzt werden. Das erscheint im ersten Moment unbillig, da in dieser Hinsicht ein ähnliches Schutzbedürfnis im Verwaltungsverfahren wie bei den Unionsorganen bestehen könnte. Diese haben, wie bereits gesehen, das Recht, sich gegen Prüfungsergebnisse des EuRH zu wehren beziehungsweise schon im Rahmen des Prüfungsverfahrens Stellung zu nehmen. Eine Differenzierung zwischen Mitgliedstaaten und Unionsorganen vermag dabei auf den ersten Blick nicht zu überzeugen. Zwar

633 Vgl. Abschnitt IV. 2. a) cc).

kann durchaus angeführt werden, dass insbesondere die Kommission, die für die Ausführung des Haushaltsplans und damit für eine Vielzahl an Transaktionen für die verschiedensten Bereiche verantwortlich ist, als häufigster Adressat der Prüfungsberichte ein besonderes Bedürfnis hat, sich im Rahmen dieser zu wehren. Trotzdem darf dabei nicht außer Betracht fallen, dass 75 Prozent der Mittel über die Mitgliedstaaten in geteilter Verwaltung ausgegeben werden.[634] Somit spielen die Mitgliedstaaten bei den Haushaltsausgaben und folglich auch in den Prüfungen eine nicht zu vernachlässigende Rolle in den Berichten des EuRH. So erscheint in den Berichten des EuRH auch immer wieder Kritik hinsichtlich der Umsetzungs- und Kontrollmechanismen in den Mitgliedstaaten.[635] Ein Bedürfnis nach einem Stellungnahmerecht könnte danach durchaus bestehen. Letztlich darf jedoch nicht außer Acht gelassen werden, dass der Haushalt der Europäischen Union durch die Kommission verwaltet wird und diese damit letztverantwortlich ist.[636] Das EuP erteilt im Rahmen des Haushaltsentlastungsverfahrens „der Kommission Entlastung zur Ausführung des Haushaltsplans.“[637] Demnach lässt sich nicht vernachlässigen, dass die Kommission als primärer Adressat der Berichte des EuRH ein besonderes Bedürfnis nach Stellungnahme gegenüber den Prüfungsergebnissen des EuRH hat, das mit denen der Mitgliedstaaten nicht vergleichbar ist. Für die Mitgliedstaaten ergibt sich eine Betroffenheit in den Berichten und Stellungnahmen des EuRH nur dort, wo die Kommission im Rahmen der Haushaltsausführung der EU die Mittel dezentral über die Mitgliedstaaten verwaltet, was jedoch ebenfalls unter der Aufsicht der Kommission geschieht.[638] Letztverantwortlich zeigt sich demzufolge auch in diesen Bereichen die Kommission.[639] Gleiches gilt für solche Sonderberichte, die ein anderes Unionsorgan unmittelbar oder mittelbar kontrollieren.[640]

---

634 Vgl. dazu die Mitteilung der Kommission an das Europäische Parlament, den Rat und den EuRH, KOM (2010) 261, S. 2.

635 Beispielhaft sei hier nur auf Jahresbericht des EuRH über das Haushaltsjahr 2015, S. 215 ff., in dem Fehler dahingehend aufgedeckt wurden, bei denen Mitgliedstaaten nicht beihilfefähige Ausgaben gefördert haben, die mitgliedstaatlichen Vergabekriterien nicht mit den EU-Rechtsvorschriften übereinstimmten oder eine Vergabe unter Nichteinhaltung der Vergabekriterien erfolgte.

636 Vgl. Art. 17 Abs. 4 EUV sowie Art. 317 Abs. 1 AEUV.

637 Vgl. Art. 319 Abs. 1 S. 1 AEUV.

638 Vgl. *Martenczuk* in: Grabitz u. a., EUV/AEUV Kommentar, Art. 17 EUV Rn. 35.

639 Vgl. dazu auch die Kommission in KOM (2010), 261, S. 2.

640 Unter die mittelbare Kontrolle fallen Berichte, die sich inhaltlich mit einer Ausgabe beschäftigen, die wiederum unmittelbar mit einem Unionsorgan oder einer Institution zusammenhängt, beispielhaft sei auf die Kontrolle des Einheitlichen

Auch wenn die mitgliedstaatlichen Kontrollsysteme erheblichen Einfluss auf die Kontrolle und die festgestellte Fehlerquote des EuRH haben dürften, gilt für die Mitgliedstaaten, dass diese kein erhöhtes Bedürfnis nach Stellungnahme haben. Auch wenn eine dezentrale Mittelverwaltung und -kontrolle bereits vorhanden ist, besteht ein solches Bedürfnis am Ende nur beim Letztverantwortlichen. Eine Verletzung der Rechte der Mitgliedstaaten, da diese keine Möglichkeit zur Stellungnahme haben, ist nicht ersichtlich, schließlich können diese in dem Moment Rechtsschutz erlangen, wenn aus den Berichten und Stellungnahmen Maßnahmen ergriffen werden, die sich unmittelbar auf die Rechte der Mitgliedstaaten auswirken.

b) Klagerechte der Mitgliedstaaten

Ähnlich wie bereits für die Unionsorgane, kommt das Erheben einer Nichtigkeitsklage schon deshalb nicht in Betracht, da die Prüfungsergebnisse keinerlei verbindliche Rechtswirkung nach sich ziehen.[641]

Schon aufgrund dieser Unverbindlichkeit der Prüfungsergebnisse erscheint es vertretbar anzunehmen, dass ein Rechtsschutzbedürfnis der Mitgliedstaaten nicht vorliegt. Auf der anderen Seite muss jedoch festgestellt werden, dass die Verbindlichkeit von Handlungen eines Organs zwar in jedem Fall ein Rechtsschutzbedürfnis begründet, dem jedoch auch durch die Nichtigkeitsklage genüge getan wird, die Unverbindlichkeit jedoch nicht ohne Weiteres das Rechtsschutzbedürfnis entfallen lässt. Vielmehr können auch unverbindliche Handlungen so folgenschwer sein, dass diese ein Rechtsschutzbedürfnis erfordern.[642] Allerdings treffen Auswirkungen die Mitgliedstaaten immer nur dann, wenn tatsächlich verbindliche Konsequenzen aus den Empfehlungen des EuRH gezogen werden. In diesem Fall ist der effektive Rechtsschutz für die Mitgliedstaaten gewahrt, denn die Mitgliedstaaten haben zumindest in diesem Moment die Möglichkeit, sich gegen Handlungen oder Gesetzgebungsakte, die aus den Ergebnissen der Prüfungen des EuRH hervorgehen, zu wehren, da diesbezüglich eine Nichtigkeitsklage der Mitgliedstaaten zulässig wäre.

Darüber hinaus haben Mitgliedstaaten die Möglichkeit, entstandene Schäden im Rahmen der unionsrechtlichen Haftung geltend zu machen. Zwar ist die

---

Aufsichtsmechanismus, Sonderbericht Nr. 29/2016 des EuRH vom 18.10.2016, verwiesen.

641 Ebd.

642 Vgl. dazu den folgenden Abschnitt sowie insbesondere auch das Urteil des EuGH vom 10.07.2001 – C-315/99 P, Rn. 29.

Aktivlegitimation der Mitgliedstaaten bisher noch nicht entschieden worden, allerdings wird vertreten, dass diese im Rahmen der Haftung der EU anspruchsberechtigt sein.[643] Darüber hinaus wären die Anspruchsvoraussetzungen der unionsrechtlichen Haftung zu prüfen. „Eine Haftung der Union setzt nach ständiger Rechtsprechung der Unionsgerichte voraus, dass die Amtstätigkeit ihrer Organe oder Bediensteten einen Tatbestand erfüllt, ‚dessen Merkmale die Rechtswidrigkeit des dem Unionsorgan (bzw. Bediensteten) zur Last gelegten Verhaltens, das Vorliegen eines Schadens und das Bestehen eines Kausalzusammenhangs zwischen dem rechtswidrigen Verhalten und dem geltend gemachten Schaden sind'."[644] Problematisch dürfte bereits sein, ein rechtswidriges Verhalten, welches einen hinreichend qualifizierten Verstoß voraussetzt, festzustellen.[645] Der EuRH genießt im Rahmen seiner Prüfungstätigkeit durch seine Unabhängigkeit einen weiten Entscheidungsspielraum. Auch die Empfehlungen, die der EuRH ausspricht, sind im Rahmen seiner Unabhängigkeit nicht eingrenzbar. Der Verstoß ist hinreichend qualifiziert, „wenn das handelnde Organ die Grenzen seiner Befugnisse offenkundig und erheblich überschritten hat."[646] Denkbar wäre ein Haftungsanspruch also nur dann, wenn der EuRH seine Prüfungsbefugnisse erheblich und offenkundig überschreitet oder sogar offenkundig außerhalb seines Prüfungsauftrags handelt. Selbst wenn ein solcher Verstoß jedoch im Einzelfall annehmbar sein könnte, muss der Mitgliedstaat auch den entsprechenden Schaden aus der Handlung des EuRH nachweisen.[647] Zwar ist es theoretisch denkbar, dass der EuRH im Rahmen drastischer Prüfungsfeststellungen, die einen Mitgliedstaat diskreditieren, Schäden für diesen verursacht; in der Praxis ist eine solche Feststellung des EuRH, die ein Mitgliedstaat als Anlass zur Geltendmachung der unionsrechtlichen Haftung genommen hat, bisher jedoch nicht vorgekommen. Das dürfte sich vor allem damit begründen, dass zur Stellung eines Rechnungshofes und seiner Funktion auch gehört, seine Prüfungsfeststellungen sorgfältig zu formulieren. Deutliche Feststellungen, die einem einzelnen Mitgliedstaat schaden könnten, sind daher in

---

643 Vgl. *Jacob/Kottmann* in: Grabitz u. a., EUV/AEUV Kommentar, Art. 340 AEUV Rn. 40; *Gellermann* in: Streinz u. a., EUV/AEUV Kommentar, Art. 340 AEUV Rn. 9.

644 *Gellermann* in: Streinz u. a., EUV/AEUV Kommentar, Art. 340 AEUV Rn. 11.

645 Vgl. *Jacob/Kottmann* in: Grabitz u. a., EUV/AEUV Kommentar, Art. 340 AEUV Rn. 87ff. *Gellermann* in: Streinz u. a., EUV/AEUV Kommentar, Art. 340 AEUV Rn. 22ff.

646 Urteil des EuGH vom 25.05.1978 – Verbundene Rechtssachen aus 83 und 94/76, sowie 4, 15 und 40/77.

647 Vgl. *Gellermann* in: Streinz u. a., EUV/AEUV Kommentar, Art. 340 AEUV Rn. 27.

den Prüfungsergebnissen des EuRH nicht zu finden. Zwischen dem hinreichend qualifizierten Verstoß und dem Schaden müsste zuletzt auch ein Kausalzusammenhang bestehen. Der Mitgliedstaat müsste auch also nachweisen, dass der geltend gemachte Schaden gerade auf dem entsprechenden Verstoß des EuRH beruht.[648] Auch dieser Nachweis dürfte aufgrund der Unverbindlichkeit der Feststellungen des EuRH schwer zu führen sein.

Im Ergebnis lässt sich jedoch festhalten, dass ein Schadensersatzanspruch eines Mitgliedstaates gegen die Union durch eine Handlung des EuRH in der Theorie denkbar ist. Die Mitgliedstaaten stehen dementsprechend den Handlungen des EuRH nicht schutzlos gegenüber, selbst wenn diese nicht aufgrund ihrer Unverbindlichkeit im Rahmen einer Nichtigkeitsklage angegriffen werden können. Dass es durch einen Mitgliedstaat noch kein Verfahren gegen die Union aufgrund einer Handlung des EuRH gegeben hat, dürfte darauf zurückzuführen sein, dass der EuRH einerseits große Freiheiten in seiner Aufgabenwahrnehmung genießt und andererseits durch seine Handlungsformen und die Art seiner Prüfungsfeststellungen keine Schäden in einzelnen Mitgliedstaaten verursacht. Dies entspricht letztlich auch dem konstruktiven Prüfungsauftrag des EuRH, der zur Verbesserung der Verwendung öffentlicher Gelder führen soll.

3. Rechtsschutzmöglichkeiten Dritter

Anders könnte die Situation jedoch bei privaten, durch die Prüfungsergebnisse des EuRH betroffenen Adressaten sein. Grundsätzlich stellt sich zuerst die Frage, inwieweit der EuRH überhaupt berechtigt ist, Private in seinen Prüfungsberichten und Stellungnahmen zu nennen.[649] Problematisch erscheint in diesem Zusammenhang unter Zugrundelegung dieser Möglichkeit, dass die Berichte und Stellungnahmen des EuRH nicht rechtsverbindlich sind und daher unter Umständen der Einzelne keine Rechtsverletzung geltend machen kann.[650]

---

648 Vgl. *Gellermann* in: Streinz u. a., EUV/AEUV Kommentar, Art. 340 AEUV Rn. 28.

649 Zur Frage des rechtlichen Gehörs äußert sich hinsichtlich des Bundesrechnungshofes bereits *Haverkate,* AöR 1982, 539, 545ff., der zu dem Ergebnis gelangt, dass innerhalb des Prüfungsverfahrens kein Anspruch auf rechtliches Gehör besteht, allerdings durch die Prüfungsberichte durchaus subjektiv-öffentliche Rechte Dritter verletzt sein können.

650 Zur Problematik der unmittelbaren Betroffenheit *Tiemann,* DÖV 1975, 405, 409ff.

a) Verteidigungsrechte im Verwaltungsverfahren

Allerdings stellt sich bereits vorher die Frage, ob im Falle der Möglichkeit der Nennung eines Dritten nicht bereits im Prüfungsverfahren Schutzrechte des Einzelnen bestehen müssen. Zur Nennung einzelner Privater führt das EuG aus, dass der EuRH „im Bemühen um eine wirkungsvolle Erfüllung [seiner Prüfungsaufgaben] sich [...] ausnahmsweise, vor allem aber bei schweren Störungen, die die Rechtmäßigkeit und Ordnungsmäßigkeit der Einnahmen und Ausgaben oder die Erfordernisse der Wirtschaftlichkeit der Haushaltsführung ernsthaft berühren, veranlasst sehen [kann], den festgestellten Sachverhalt offenzulegen und damit unmittelbar beteiligte Dritte namentlich zu nennen. Diese Nennung ist insbesondere erforderlich, wenn das Verschweigen der Namen zu Verwechslungen Anlass geben oder gar Zweifel an der Identität der beteiligten Personen hervorrufen könnte, wodurch die Interessen von Personen beeinträchtigt sein könnten, die von der Untersuchung des EuRH betroffen, mit seinen Beanstandungen aber nicht gemeint sind.“[651] Aus diesen Festlegungen wird deutlich, dass eine namentliche Nennung von Dritten nur in sehr eingeschränkter Weise möglich ist, nämlich vor allem dann, wenn ansonsten Rechte anderer Unbeteiligter betroffen sein könnten und die Störung erheblich ist.[652] Der EuGH hat diese Sichtweise des EuG bestätigt.[653]

Durch die Möglichkeit der Nennung stellt sich die Frage, inwieweit Dritte daher auch Recht auf Anhörung und Stellungnahme gegenüber dem EuRH haben. Zwar sind „die Verabschiedung und Veröffentlichung der Berichte des EuRH [...] keine Entscheidungen, durch die die Rechte der darin genannten Personen unmittelbar beeinträchtigt werden, [diese können] aber so folgenschwer sein, dass den Betroffenen vor der endgültigen Verabschiedung der Berichte Gelegenheit gegeben werden muss, zu den darin enthaltenen Punkten, in denen sie namentlich genannt sind, Stellung zu nehmen.“[654] Das Recht auf Anhörung leitet der EuGH dabei nicht aus einer analogen Anwendung des Art 287 Abs. 4 UAbs. 1 S. 2 AEUV ab, sondern vielmehr erkennt er dieses als

---

651 Urteil des EuG vom 15.06.1999 in der Rechtssache T-277/97, Rn. 109; vgl. dazu auch zur Unvermeidbarkeit der Nennung von Namen in Einzelfällen *Haverkate*, AöR 1982, 539, 555.

652 So auch *Mader*, Verteidigungsrechte im europäischen Gemeinschaftsverwaltungsverfahren, S. 312.

653 Vgl. Urteil des EuGH vom 10.07.2001 – C-315/99 P, Rn. 39.

654 Urteil des EuGH vom 10.07.2001 – C-315/99 P, Rn. 29.

allgemeinen Rechtsgrundsatz an, der immer dann einschlägig ist, wenn Interessen Dritter spürbar beeinträchtigt sind.[655]

Der EuRH hat in diesem Zusammenhang verdeutlicht, dass die Rechte privater Dritter, die namentlich genannt werden, schon dadurch gewahrt werden, dass diese nach der Verabschiedung und Veröffentlichung der Berichte und Stellungnahmen die Möglichkeit haben, sich zu den Feststellungen des EuRH zu äußern.[656] Dem muss jedoch entgegengehalten werden, dass eine solche Sichtweise dem Sinn und Zweck des Stellungnahmerechts aus Art. 287 Abs. 4 UAbs. 1 S. 2 AEUV und auch dem grundsätzlichen Recht auf Anhörung widerspricht. Das kontradiktorische Verfahren im Rahmen der Finanzkontrolle ist auf eine vor der Verabschiedung und Veröffentlichung zu erfolgende Kommunikation zwischen den Unionsorganen und Einrichtungen gerichtet. Sinn und Zweck des Verfahrens ist es gerade, dafür zu sorgen, dass ein Adressat die Möglichkeit hat, auf ihn betreffende Prüfungsergebnisse zu reagieren und mit seiner Reaktion die in diesem Fall wohl eher theoretische Möglichkeit hat, vor Veröffentlichung noch einmal auf die Prüfungsergebnisse und Schlussfolgerungen Einfluss zu nehmen. Die Bereitschaft zur Änderung von Feststellungen in seinen Berichten und Stellungnahmen dürfte vor der Veröffentlichung erheblich größer sein als danach.[657]

Funktionell dürfte dieses Recht auf Anhörung nur wenig Relevanz für den Schutz der betroffenen Dritten haben. Die Einschränkungen, die der EuGH bezüglich der namentlichen Nennung Dritter getroffen hat, dürften wohl in allen Fällen dazu führen, dass eine unterbliebene Anhörung aufgrund der Schwere der Störung, die den EuRH zur Nennung veranlasst hat, nicht zu einer inhaltlichen Änderung des Berichts oder der Stellungnahme führt, wodurch die Rechtmäßigkeit des Handelns des EuRH im Ergebnis nicht beeinträchtigt ist. Trotzdem darf aus diesem Umstand nicht geschlossen werden, dass eine Anhörung insofern entbehrlich werden würde, da das Anhörungsrecht nicht effektiv sei.[658] Das Vorhandensein von Rechtsschutzmöglichkeiten kann und darf nicht davon abhängig gemacht werden, inwieweit sie erfolgsversprechend sind.

---

655 Vgl. Urteil des EuGH vom 10.07.2001 – C-315/99 P, Rn. 28.

656 Vgl. Urteil des EuG vom 15.06.1999 – T-277/97, Rn. 98.

657 So auch Urteil des EuGH vom 10.07.2001 – C-315/99 P, Rn. 31; *Mader*, Verteidigungsrechte im europäischen Gemeinschaftsverwaltungsverfahren, S. 314.

658 Vgl *Mader*, Verteidigungsrechte im europäischen Gemeinschaftsverwaltungsverfahren, S. 309, der in seinen Ausführungen richtigerweise das Erfordernis der Effektivität der Anhörung als Aushöhlung des Anhörungsrechts entlarvt.

Die Schutzrechte von privaten Dritten sind folglich vor allem präventiv gesichert worden, nämlich bereits dadurch, dass eine Nennung von Namen nur in engen Grenzen zulässig ist und diese Ausnahme einem strengen Maßstab unterliegt.[659] Daher richtet sich das Recht auf Anhörung eines Dritten vor allem nicht auf die inhaltliche Änderung der Prüfungsberichte oder Stellungnahmen, sondern vor allem darauf, dass ein Dritter präventiv die Möglichkeit hat, die Entscheidung des EuRH, ob eine namentliche Nennung sich innerhalb der rechtlich zulässigen Grenzen, die der EuGH gesetzt hat, bewegt, zu hinterfragen.

Im Ergebnis haben Dritte also die Möglichkeit, im Rahmen des Anhörungsrechts und letztlich auch gerichtlich geltend zu machen, dass eine Nennung in einem Bericht oder einer Stellungnahme des EuRH sich außerhalb der rechtlich zulässigen Grenzen bewegt.[660]

Letztlich war die rechtliche Basis der Rechte von Dritten im Prozess der Ergebnisdarstellung unzureichend. Der EuGH hat demzufolge die Grenzen, in denen Dritte namentlich betroffen sein dürfen, eng gezogen. Betrachtet man im Vergleich dazu die Regelungen des Bundesrechnungshofes, muss festgestellt werden, dass hier bereits in der Prüfungsordnung des Bundesrechnungshofes entsprechende Regelungen getroffen worden sind.[661] Das Stellungnahmerecht der Dritten, die namentlich genannt werden, ist dabei bereits in der Prüfungsordnung festgelegt.[662] Eine vergleichbare Regelung in der Prüfungsordnung gibt es für den EuRH nicht.[663] Dieser hat die Nennung Dritter und ihre Beteiligung allerdings in seinem Handbuch zur Prüfung dargelegt. Dabei wird die Rechtsprechung des EuG und des EuGH aufgenommen. In dem Handbuch verdeutlicht der EuRH, dass „in Fällen, in denen Dritte in einem Hofbericht entweder direkt namentlich angeführt oder vom Leser ohne Weiteres erschlossen werden können, die Faktenlage und ihre Auslegung unbedingt mit äußerster Sorgfalt verifiziert werden."[664] Weiterhin nimmt der EuRH dabei

---

659 Die durch den EuGH erarbeiteten Grundsätze zur namentlichen Nennung Dritter wurde durch den EuRH in seine Handbücher eingearbeitet, vgl. dazu „Handbuch zur Compliance-Prüfung" S. 127 sowie „Handbuch zur Wirtschaftlichkeitsprüfung" S. 92.

660 Wie auch im Urteil des EuGH vom 10.07.2001 – C-315/99 P geschehen, vgl. Rn. 33.

661 Vgl. § 9 PO des Bundesrechnungshofes.

662 Vgl. § 9 Abs. 3 PO des Bundesrechnungshofes.

663 Die Regelung des Art. 76 der Durchführungsbestimmungen der Geschäftsordnung des EuRH bleibt dabei weit hinter den in den Urteilen ausgearbeiteten Grundsätzen sowie hinter vergleichbaren Normen in der nationalen Finanzkontrolle zurück.

664 „Handbuch der Prüfung der Rechnungsführung und Compliance-Prüfung" S. 127; vgl. dazu auch das „Handbuch der Wirtschaftlichkeit" S. 92.

auch die Bedingungen der Rechtsprechung für die Möglichkeit der Nennung auf.[665]

In der Praxis ist bereits durch diese in der Rechtsprechung entwickelten und in den Handbüchern des EuRH festgehaltenen Voraussetzungen für die namentliche Nennung ein System geschaffen worden, das dem Einzelnen bereits frühzeitig Schutz vor einer Nennung und dem Eingriff in individuelle Rechte bietet. Grundsätzlich kommt es in der Praxis äußerst selten vor, dass tatsächlich Namen in Berichten des EuRH genannt werden oder überhaupt individualisierbar sind. Darin kann ein deutliches Indiz gesehen werden, dass der Schutz hinsichtlich Dritter greift.

b) Klagerechte des einzelnen Prüfungsadressaten

Denkbar ist an dieser Stelle vor allem die Möglichkeit des Einzelnen, im Rahmen einer Nichtigkeitsklage oder im Rahmen einer Klage auf Schadensersatz aufgrund einer Handlung des EuRH vorzugehen.

Wird aufgrund einer Empfehlung oder Feststellung des EuRH eine Maßnahme getroffen, die eine natürliche oder juristische Person unmittelbar betrifft, kann diese gem. Art. 263 Abs. 4 AEUV gegen die Maßnahme im Rahmen der Nichtigkeitsklage vorgehen. Die Klagebefugnis ergibt sich dann bereits daraus, dass der oder die Betroffene Adressat der Unionshandlung ist.[666]

Fühlt sich eine natürliche oder juristische Person jedoch bereits durch eine Handlung des EuRH an sich verletzt, fehlt es hinsichtlich der Nichtigkeitsklage wieder an der Rechtswirkung der Maßnahme des EuRH. In Betracht kommt hier allerdings wiederum im Rahmen der Unionshaftung gegen die Handlung des EuRH vorzugehen. Während ein Haftungsanspruch aus einer Feststellung oder Empfehlung des EuRH ähnlich wie bei den Mitgliedstaaten nur schwer denkbar erscheint, sind bei Dritten Besonderheiten hinsichtlich eines möglichen Schadensersatzanspruchs zu beachten. Durch das gerade dargestellte Anhörungsrecht von Dritten, kommt ein möglicher Verstoß des EuRH gegen das Anhörungsrecht in Betracht, das der natürlichen oder juristischen Person die Möglichkeit eines Schadensersatzanspruchs eröffnet. Als anspruchsberechtigt kommen alle natürlichen und juristischen Personen einschließlich der öffentlich-rechtlichen

---

665 Diese werden in 3 Bedingungen zusammengefasst: Es müssen besondere Umstände vorliegen, die die Nennung erforderlich machen, diese müssen verhältnismäßig sein und der Person muss ein Recht auf Anhörung zugestanden werden, vgl. „Handbuch der Prüfung der Rechnungsführung und Compliance-Prüfung“ S. 127.

666 Vgl. dazu *Dörr* in: Grabitz u. a., EUV/AEUV Kommentar, Art. 263 AEUV Rn. 57.

Körperschaften in Betracht.[667] Allerdings hat die Rechtsprechung die Möglichkeiten eines solchen Schadensersatzanspruchs bereits erheblich eingeschränkt. Durch die Verletzung der Rechte im Verwaltungsverfahren liegt noch kein Verstoß vor, der einen Schadensersatzanspruch begründet. Vielmehr kommt es im Kausalzusammenhang darauf an, dass der EuRH bei einer Anhörung des namentlich Genannten, seinen Bericht abgeändert hätte und von der namentlichen Nennung Abstand genommen hätte.[668] Entscheidend dafür dürfte sein, ob der EuRH im Rahmen seiner Prüfung festgestellte „Tatsachen unzutreffend oder parteiisch gewürdigt"[669] hat oder „objektiv und vollständig"[670] festgestellt hat. Für eine erfolgreiche Klage ist also nicht nur die Verletzung des Anhörungsrechts erforderlich, sondern darüber hinaus auch Ursächlichkeit der Verletzung für die Handlung des EuRH.[671] Konsequenterweise müsste bereits der hinreichend qualifizierte Verstoß abgelehnt werden, da anhand der Rechtsprechung nicht die Verletzung des Anhörungsrechts entscheidend ist, sondern vielmehr die erfolgte namentliche Nennung des Dritten im Prüfungsbericht. Erfolgte die Nennung des Dritten daher im Rahmen der durch die Rechtsprechung ausgearbeiteten Grundsätze, kann eine Verletzung des Anhörungsrechts keinen Anspruch aus unionsrechtlicher Haftung mehr begründen. Diese Rechtsprechung vermag hinsichtlich des Anhörungsrechts bedenklich erscheinen, suggeriert sie, dass eine Verletzung des Anhörungsrechts nur dann relevant ist, wenn eine erfolgte Anhörung tatsächlich auch zur Änderung des Prüfungsberichts geführt hätte. In der Praxis dürfte ein derartiger Kausalzusammenhang nur in solchen Fällen nachzuweisen sein, in denen der EuRH offenkundig Tatsachen unzutreffend würdigt. Das dürfte aufgrund der engen Grenzen, in denen der EuRH Dritte überhaupt namentlich nennen darf, in den seltensten Fällen einschlägig sein.

Im Ergebnis besteht die Möglichkeit von Dritten, Schadensersatzansprüche gegen die Union aufgrund von Handlungen des EuRH geltend zu machen. Allerdings sind die Voraussetzungen durch die Rechtsprechung eng ausgelegt worden. Eine Verletzung des Anhörungsrechts ist danach nur dann kausal, wenn der Bericht parteiisch und unzutreffend war. Diese Rechtsprechung muss auch kritisch gesehen werden, droht sie das Anhörungsrecht eines Dritten auszuhöhlen. Allerdings überzeugt es, das Anhörungsrecht im Zusammenhang mit

667 Vgl. *Gellermann* in: Streinz u. a., EUV/AEUV Kommentar, Art. 340 AEUV Rn. 9.
668 *Mader*, Verteidigungsrechte im europäischen Gemeinschaftsverwaltungsverfahren, S. 362.
669 Vgl. Urteil des EuG vom 15.06.1999 – T-277/97, Rn. 124.
670 Vgl. Urteil des EuG vom 15.06.1999 – T-277/97, Rn. 142.
671 Vgl. Urteil des EuGH vom 10.07.2001 – C-315/99 P, Rn. 34.

dem entsprechenden Bericht des EuRH zu sehen und nicht bereits in jeder Verletzung des Anhörungsrechts eine unionsrechtliche Haftung zu begründen. Letztlich erscheint es vertretbar, nur denjenigen als verletzt zu betrachten, der unzutreffend im Bericht des EuRH genannt wurde.

VI. Resümee

Der EuRH hat innerhalb der 40 Jahre seines Bestehens eine vielschichtige Entwicklung hinter sich. Mit einem Rechnungshof, der zwischenstaatlich tätig ist, dürfte in der EU eine Finanzkontrollstruktur geschaffen worden sein, die staatsähnlich ist und in der EU ihrer Zeit voraus. Die Finanzkontrolle in der EU hat sich der innerstaatlichen Finanzkontrolle in den einzelnen Mitgliedstaaten zusehends angenähert. Bedenkt man, dass der Umfang der finanziellen Mittel der EU im Verhältnis zu den Mitgliedstaaten nicht vergleichbar ist, dürfte diese originär europäische Finanzkontrolllösung durchaus beachtenswert sein. In dieser Arbeit wurde der Blick zuerst auf die Entwicklung des EuRH gelenkt, um sogleich eine funktionelle und strukturelle Einordnung des relativ jungen EU-Organs vorzunehmen. Der Vergleich der EU-Finanzkontrolle mit den mitgliedstaatlichen sowie internationalen Finanzkontrollstandards hat gezeigt wie nah sich der EuRH bereits an diesen Kontrollstandards bewegt. Dass die Finanzpolitik in der EU ein Entwicklungsfaktor ist, dürfte nicht zuletzt auch die aktuelle Diskussion zur Erweiterung der Währungsunion auf möglichst alle EU-Staaten und die mögliche Einsetzung eines EU-Finanzministers zeigen.[672] Während die Budget- und Investitionsstruktur der EU innerhalb dieser Diskussion angestoßen wurde, hat die Kontrollstruktur bereits 40 Jahre Entwicklung hinter sich. Im Folgenden sollen noch einmal die zentralen Ergebnisse dieser Arbeit zusammengefasst werden.

1. Der Europäische Rechnungshof als Zwischengewalt

Eine funktionelle Einordnung von Rechnungshöfen in die Gewaltenstruktur eines Staates oder wie in unserem Fall in einen Staatenverbund erscheint aufgrund der Aufgabenverteilung nicht eindeutig. Der EuRH ist einerseits ein kontrollierendes Organ, was ihn vor allem mit der Exekutivkontrolle in Verbindung bringt, hat aber andererseits auch eine Hilfsfunktion zugunsten des EuP beispielsweise hinsichtlich des Haushaltsentlastungsverfahrens. Der EuRH hat

672 Zu dieser öffentlich geführten Diskussion vergleiche beispielsweise Zeit Online vom 14.09.2017, abrufbar unter (Stand 10.10.2018): http://www.zeit.de/wirtschaft/2017-09/europaeische-union-wolfgang-schaeuble-eurozone-erweiterung. sowie Zeit Online vom 15.09.2017, abrufbar unter (Stand 10.10.2018): http://www.zeit.de/wirtschaft/2017-09/euro-erweiterung-eu-finanzminister-tallinn.

jedoch im Laufe der Zeit zudem immer verstärkter seine Beratungsfunktion geprägt. Mittlerweile kann man den EuRH als haushaltspolitischen Sachverständigen bezeichnen, der einerseits zwar kontrolliert, andererseits aber auch entscheidender Ratgeber in der Gesetzgebungs- und Mittelverwendungsbewertung sein kann. Seine Rolle hat vor allem auch mit einem Bedeutungsgewinn seiner Arbeit- und Ergebnisqualität zu tun. Eine Einordnung in die Exekutive, in die Rechnungshöfe generell und auch der EuRH im Speziellen wohl am ehesten eingeordnet werden könnten, erscheint dieser Entwicklung nicht ausreichend Rechnung zu tragen, insbesondere weil es nicht überzeugend erscheinen dürfte, den EuRH in die gleiche Gewalt einzuordnen, in die auch die vom EuRH kontrollierte Kommission eingeordnet ist. Eine alternative Einordnung des EuRH als Gewalt sui generis wird den Anforderungen und Qualitäten der europäischen Finanzkontrolle durch den EuRH ebenso wenig gerecht. Sie vermittelt den Eindruck, der EuRH wäre generell nicht in die bereits vorhandene Gewaltenstruktur einordenbar und darüber hinaus durch seinen Einfluss die Einordnung in eine eigene Gewalt geboten. Dieser Eindruck kann in beiderlei Hinsicht nicht überzeugen. Auf der einen Seite haben wir die exekutiven, legislativen und in eingeschränktem Maße sogar organisatorischen judikativen Tendenzen des EuRH bereits festgestellt.[673] Die Schwierigkeit der Einordnung liegt demzufolge nicht im Fehlen von Einordnungsindizien, sondern viel eher in der eindeutigen Zuordnung. Auf der anderen Seite muss man konstatieren, dass die Einordnung als Gewalt sui generis die Rolle von Rechnungshöfen in der institutionellen Struktur von Staaten und im Fall des EuRH von einem Staatenverbund verkennt. Der EuRH prägt keine eigene autonome Staatsgewalt. Ein derartiger Einfluss kann dem EuRH nicht zugeschrieben werden und dürfte im Ergebnis auch nicht den Anspruch und die Funktion der Finanzkontrolle wiedergeben. Er ist vielmehr Sachverständiger der EU, der überall dort Einfluss hat, wo seine Finanzkontrollexpertise gebraucht wird.

Die Einordnung als Zwischenorgan schafft daher die begriffliche Klarheit, die einerseits den Schluss darauf zulässt, dass der EuRH sich innerhalb der vorhandenen Gewaltenstruktur bewegt, seine Funktion allerdings zwischen den Institutionen greift und sich nicht schwerpunktmäßig in eine der Gewalten einordnen lässt. Da die Gewaltenteilung in der EU nicht strikt umgesetzt ist, wiederspricht eine solche Einordnung auch nicht dem Verständnis einer funktionellen Gewaltenteilung, sondern bestätigt vielmehr die vom EuGH ausgearbeiteten Grundsätze des institutionellen Gleichgewichts. Dementsprechend ist der EuRH eine

673 Vgl. dazu Abschnitt III. 1.

Zwischengewalt, die als Verbindungsorgan zwischen Legislative und Exekutive im Rahmen des institutionellen Gleichgewichts die Aufgabe eines unabhängigen Sachverständigen wahrnimmt, der durch diese Funktion durchaus geeignet ist, einen Ausgleich innerhalb der Machtstruktur der einzelnen Organe zu schaffen sowie Diskussions- und Entscheidungsgrundlagen zu liefern. Letztlich füllt der EuRH in seiner Arbeit mittlerweile die Rolle einer klassischen Rechnungsprüfungsbehörde nach mitgliedstaatlichem Vorbild aus. Seine Funktionen teilen sich demnach in Kontrolltätigkeit inform von Verwaltungskontrolle und parlamentarischer Kontrolle, sowie in Beratungstätigkeit inform von Verwaltungsberatung sowie eben auch legislativer Beratung auf. An dieser Stelle eine eindeutige Zuordnung vorzunehmen, ist innerhalb der Tätigkeit des EuRH nicht überzeugend möglich und dürfte im Ergebnis auch wenig sinnvoll sein.

2. Der „unabhängige“ Rechnungsprüfer des Europäischen Rechnungshofes

Der Status der Mitglieder und der einzelnen Rechnungsprüfer im Rahmen eines Rechnungsprüfungsorgans spielt eine entscheidende Rolle für seine eigene Arbeit und die Arbeit des Organs. Aus diesem Grund wurde die Gewährleistung der Unabhängigkeit als entscheidende Voraussetzung für seine Arbeit analysiert und die Schwachstellen der Unabhängigkeit herausgearbeitet. An dieser Stelle konnten einige Schwächen im Rahmen des Status festgestellt werden. Während sich herausgestellt hat, dass die internationalen Standards der Unabhängigkeit[674] in großen Teilen eingehalten worden sind, hat sich jedoch auch gezeigt, dass insbesondere das europäische Ernennungsverfahren durchaus noch Schwächen aufweist.

Hierin spiegelt sich hinsichtlich der Rolle des EuP ein generelles Problem der EU wieder. Das EuP nimmt in vielerlei Hinsicht nicht die Rolle eines klassischen nationalstaatlichen Parlaments ein, daher dürften sich die Schwächen an dieser Stelle vor allem auf generelle Schwächen in der Unionsstruktur zurückführen lassen. Die fehlenden Beteiligungsrechte des EuP dürften also weniger auf den Status des EuRH und seiner Mitglieder abzielen, sondern vielmehr im EuP selbst liegen. Bedenkt man jedoch die strukturelle Nähe des EuRH zu dem EuP und insbesondere auch die Kompetenzverknüpfung inform dessen, dass sich das EuP bei der Haushaltsentlastung vor allem auch auf die Arbeit des EuRH stützt, ist das Erfordernis einer erhöhten Rückkopplung der Mitglieder des EuRH an

674 Vgl. §§ 5–7 der Deklaration von Lima.

dieser Stelle besonders hervorzuheben. Es bleibt abzuwarten, inwieweit sich die Rolle eines EuP in der Zukunft verändern wird. Im Ergebnis dürfte von dieser Frage aber auch die Beteiligung im Ernennungsverfahren abhängen. Anhand der zunehmenden Kooperation zwischen den Unionsorganen mit dem EuRH zeigt sich, dass das Vertrauensverhältnis zwischen EuP und EuRH nicht berührt ist und die mangelnden Beteiligungsrechte des EuP sich in jüngster Zeit auch nicht entscheidend auf die Unabhängigkeit der Mitglieder und Mitarbeiter des EuRH ausgewirkt haben.

Gleiches dürfte auch für die Wiederwahlmöglichkeit der Mitglieder gelten, die zumindest auf die Arbeit des EuRH und die Kritik im Rahmen seiner Prüfungen keinen Einfluss zu haben scheint. Trotzdem erscheint es offensichtlich, dass an dieser Stelle ein überflüssiges Einfallstor für Einflussmöglichkeiten auf den Status der Mitglieder des EuRH geschaffen wurde. Auch wenn sich dieses bisher nicht entscheidend auf deren Unabhängigkeit ausgewirkt hat, dürfte an dieser Stelle Nachholbedarf für die gesetzliche Ausgestaltung bestehen. Sowohl das Anhörungsrecht als auch die Wiederwahlmöglichkeit bedürfen daher einer rechtlichen Nachbesserung.

Ansonsten konnte festgestellt werden, dass potentielle Schwachpunkte sogar geeignet sind, die Stellung der Mitglieder und die Stellung des EuRH zu stärken. An dieser Stelle sei auf das Merkmal der besonderen Eignung hingewiesen, das bei der Ernennung dazu geführt hat, dass vor allem auch Parlamentarier im Ernennungsverfahren berücksichtigt werden. Aufgrund der durchaus vorhandenen parlamentarischen Nähe der Arbeit des EuRH kann diese Mischung aus klassischen Rechnungsprüfern und Parlamentariern zu einer durchaus fruchtbaren Zusammenarbeit führen, der es nicht an Relevanz in der eigenen Arbeit für die anderen Unionsorgane fehlt. In diesem Zusammenhang lässt sich die Kritik der nationalen ORKB nicht bestätigen, die eine Schwäche des EuRH vor allem auch aufgrund seiner zunehmenden parlamentarischen Besetzung ausgemacht haben.[675] Die darüber hinausgehende Sicherung der persönlichen Unabhängigkeit durch Überarbeitung der Verhaltenskodizes, die jährliche Aktualisierung der Unabhängigkeit und die sofortige Hinweispflicht auf mögliche Abhängigkeitsprobleme gewährleisten einen ausreichenden Schutz der persönlichen Unabhängigkeit der Mitglieder.

Im Ergebnis muss man festhalten, dass der Status des Rechnungsprüfers im Rahmen des EuRH die internationalen Standards im Großen und Ganzen einhält. Trotz der angesprochenen Defizite im Rahmen des Ernennungsverfahrens

675 Vgl. den Internationalen Peer-Review des EuRH aus dem Jahr 2014, S. 5.

und der Wiederwahlmöglichkeit gibt es an der Unabhängigkeit der Mitglieder des EuRH im Ergebnis keinen Zweifel.

3. Zugangsbefugnisse des Europäischen Rechnungshofes

Anders dürfte die Sachlage hinsichtlich der Zugangsbefugnisse des EuRH liegen. Die bisherige Praxis der Geltendmachung des EuRH durch Kommunikation mit dem Prüfungsadressaten sowie bei Scheitern des Zugangs durch Geltendmachung dieser Defizite im abschließenden Prüfungsbericht hat sich in vielen Fällen als effektiv erwiesen. Trotzdem kann dies rechtlich keine zufriedenstellende Lösung sein. Der EuRH muss als unabhängiges Rechnungsprüfungsorgan in jedem Fall die Möglichkeit haben, seine Rechte und Befugnisse geltend zu machen. Ansonsten bleibt seine Arbeit immer auch von der Bereitschaft zur Zusammenarbeit der Prüfungsadressaten abhängig, was hinsichtlich einer effektiven Finanzkontrolle nicht akzeptabel wäre. Probleme haben sich nicht zuletzt bei der Prüfung der EZB im Rahmen des SSM oder in der Effizienzkontrolle des EuGH ergeben.

Auf der einen Seite könnte hier das Abkommen zwischen EuRH, EIB und Kommission[676] als Lösungsansatz in Betracht kommen. Gerade in Beziehung zur EZB und zum EuGH könnten klare Regelungen zum Dokumentenzugang die Prüfung des EuRH erheblich erleichtern und auch den Zeitaufwand einer Prüfung verringern. Doch im Ergebnis darf dabei nicht verkannt werden, dass die Problematik sich nicht auf das Recht auf Zugang zu prüfungsrelevanten Informationen und Dokumenten bezieht. Vielmehr geht es häufiger um die bestehende Prüfungskompetenz des EuRH und die Reichweite dieser Kompetenz. Daher erklärt sich auch, warum die Probleme vor allem hinsichtlich der EIB und der EZB auftauchen, da hier das Mandat des EuRH eingeschränkt ist. Auch hinsichtlich des EuGH sind die Probleme relativ einfach zu erklären, dürfte eine Finanzkontrollüberprüfung von Gerichten und Richtern immer eine nicht unproblematische Angelegenheit auch hinsichtlich der Unabhängigkeit der Richter und der Geheimhaltung der Informationen in Zusammenhang mit den Fällen sein. Ein interinstitutionelles Abkommen wäre also nur insofern sinnvoll, wenn die Organe sich innerhalb dieses Abkommens auf eine einheitliche Reichweite des Mandats des EuRH einigen können. Dann dürften sich die Zugangsprobleme von selbst erübrigen, da das Zugangsrecht schließlich in keinem Fall

---

676 Vgl. die Vereinbarung in ihrer aktuellen Fassung vom 27.10.2016 abrufbar unter (Stand 10.10.2018): http://www.eib.org/attachments/thematic/acctrip_en.pdf.

als solches bezweifelt wurde. Schließlich sollte es an dieser Stelle auch in Betracht kommen, ein Verfahren vor dem EuGH anzustrengen, um die Reichweite des eigenen Mandats im Verhältnis zu EIB, EZB und EuGH zu klären. Zwar droht hier ein jahrelanges Verfahren, allerdings bestehen beispielsweise die Probleme der Reichweite mit der EIB bereits über Jahrzehnte und eine endgültige Klärung könnte ein für alle Mal Klarheit schaffen.[677]

Daraus ergibt sich auch das Bedürfnis, die Rechte und Befugnisse des EuRH hinsichtlich der Prüfungskompetenz und der Durchsetzungsmöglichkeit der Zugangsrechte näher zu definieren. Denn das derzeitige Durchsetzungsverfahren des EuRH dürfte nicht einer effektiven Rechtssicherung entsprechen. An einigen Stellen bleiben offene Fragen hinsichtlich der gerichtlichen Durchsetzungsmöglichkeiten des EuRH. Der EuRH ist hier einerseits auf das Entgegenkommen des Prüfungsadressaten und andererseits auf äußere Einflüsse angewiesen, die den Druck auf den Prüfungsadressaten erhöhen sollen. Daher bedarf die gerichtliche Geltendmachung der Zugangsrechte einer Konkretisierung, sei es bezogen auf die Durchsetzung der Zugangsrechte gegenüber dem EuGH selbst oder gegenüber der EIB oder sei es bezogen auf die Durchsetzung der Zugangsrechte gegenüber den Mitgliedstaaten. So lange der EuRH sich hier nicht auf klare Regelungen berufen kann, sind die Zugangsrechte, auch wenn sich in der Praxis noch keine Auswirkungen gezeigt haben, eingeschränkt. Gleiches gilt für die Frage, inwiefern der EuRH die direkte Möglichkeit hat, Zugangsrechte unmittelbar gegenüber den Mitgliedstaaten geltend zu machen. Die Möglichkeit der mittelbaren Geltendmachung über die Kommission besteht zwar,[678] die Abhängigkeit, die hierdurch jedoch in der Geltendmachung der eigenen Rechte von einem anderen Unionsorgan besteht, ist bedenklich für die Unabhängigkeit des EuRH. Neben der wichtigen Eigenschaft der Unabhängigkeit des EuRH, die dadurch durchaus berührt sein könnte, ist die rechtliche Situation für ein Organ nicht zufriedenstellend, wenn die Durchsetzung eigener Rechte nicht selbst vorangetrieben werden kann. Ob aus diesem Grund schon eine Aktivlegitimation des EuRH im Rahmen des Vertragsverletzungsverfahrens in Betracht kommt, bleibt bisher offen, eine solche mögliche Rechtsfortbildung des EuGH kann jedoch nicht über die rechtliche Unsicherheit hinwegtäuschen. Insofern bedarf

677 Nicht zuletzt die Einrichtung neuartiger Finanzierungsmöglichkeiten wie die Einrichtung des EFSI haben dazu geführt, dass die Zugangsprobleme hinsichtlich der EIB aktuell bleiben.

678 So bereits gesehen in dem Urteil des EuGH vom 15.11.2011 – C-539/09, in dem die Kommission wegen verweigertem Zugang eines Mitgliedstaats gegenüber dem EuRH ein Vertragsverletzungsverfahren einleitete.

es hier einer Nachbesserung des Gesetzgebers, sei es durch eine eingeschränkte Aktivlegitimation des EuRH im Rahmen des Vertragsverletzungsverfahrens oder durch die Festlegung, dass die Weiterverfolgung der Zugangsrechte durch die Kommission verbindlich ist.

4. Eingeschränkte vertrauensvolle Zusammenarbeit

Schon die Problematik bei der Geltendmachung von Zugangsbefugnissen hat gezeigt, dass die vertrauensvolle Zusammenarbeit wie sie in Art. 287 Abs. 3 UAbs 1 S. 3 AEUV niedergelegt ist, von der tatsächlichen Praxis erheblich abweicht. Während der Gesetzeswortlaut nahelegt, die Rechnungsprüfungsorgane der Mitgliedstaaten und der EuRH hätten die Pflicht zusammenzuarbeiten, was sich beispielsweise in regelmäßiger Kommunikation, der Durchführung gemeinsamer Prüfungen und der Vereinheitlichung von Prüfungsstandards wiederspiegeln könnte, stellt sich die Situation in der Realität anders dar. Die Kommunikation zwischen den Rechnungsprüfungsbehörden der Mitgliedstaaten und dem EuRH findet zwar durchaus statt, schließlich besteht dafür unter anderem auch der Kontaktausschuss; durch Einblicke in die Prüfungspraxis der Rechnungshöfe ist jedoch deutlich geworden, dass die Zusammenarbeit nur sehr eingeschränkt ist. Das begründet sich vor allem auch dadurch, dass sich die einzelnen mitgliedstaatlichen Rechnungsprüfungsbehörden sowie der EuRH auf ihre Unabhängigkeit berufen. Daher besteht erst einmal grundsätzlich die Einschränkung, dass jede Art von verpflichtender Zusammenarbeit eine Einschränkung dieser Unabhängigkeit bedeuten könnte. Dieses sehr allgemein gehaltene Argument, das gegen eine verstärkte Zusammenarbeit sprechen könnte, kann jedoch nicht vollends überzeugen. Schließlich formuliert der Gesetzgeber die vertrauensvolle Zusammenarbeit bereits unter Berücksichtigung der „Wahrung ihrer Unabhängigkeit"[679].

Gerade die Wiederverwendbarkeit von Prüfungsergebnissen anderer Rechnungsprüfungsbehörden bei der eigenen Informationssammlung sowie der Austausch von Prüfungserfahrungen bei der Rechnungsprüfung muss aus diesem Grund verstärkt werden. Grundsätzlich dürfte diese Verstärkung der Zusammenarbeit auch nicht den Grundsätzen der Unabhängigkeit widersprechen. Die Wiederverwendung von Prüfungsergebnissen dürfte die Unabhängigkeit nicht berühren, schließlich bedarf es bei dieser keiner verbindlichen Übernahme von Prüfungsergebnissen, sondern diese dienen lediglich als Grundlage für eigene

679 Art. 287 Abs. 3 UAbs. 1 S. 3 AEUV.

Prüfungen oder können bei Übereinstimmung der Standards mit bereits durchgeführten Prüfungen sogar teilweise übernommen werden.[680] Eine direkte Verwertung von Prüfungsergebnissen wäre wiederum daran gebunden, dass überhaupt nach denselben Maßstäben geprüft würde. Das ist jedoch nicht der Fall. Während der EuRH die Einhaltung der europäischen Regelungen überprüft, prüfen die nationalen Kontrollbehörden nach nationalen Vorschriften. Nicht grundlos weist der EuRH daher darauf hin, dass die Prüfungen lediglich als „erhärtende Nachweise für die Prüfungen des Hofes herangezogen werden"[681] können.

Eine Zusammenarbeit innerhalb der ORKB und dem EuRH findet bisher im Kontaktausschuss statt. Hier wurden gemeinsame Arbeitsgruppen gebildet, die eine vertiefte Zusammenarbeit fördern und in gemeinsamen Arbeitsgruppen Prüfungen durchführen sollen. Der Ansatz solche Arbeitsgruppen zu bilden und andererseits auch die Zusammenarbeit selbst zu reflektieren,[682] erscheint durchaus geeignet, die Zusammenarbeit der ORKB mit dem EuRH zu verbessern. Gemeinsame Prüfungen dürften zumindest inform der Durchführung paralleler oder gemeinsamer Prüfungen eine Rolle spielen, wobei immer auch berücksichtigt werden muss, dass durch das Hindernis verschiedener rechtlicher Grundlagen, anhand derer eine Ausgabe von unterschiedlichen Rechnungskontrollorganen überprüft wird, und verschiedener Prüfungsmaßstäbe und -schwerpunkte die Kooperation innerhalb der Prüfung nur eingeschränkt möglich ist. Daher bringt die gemeinsame Durchführung von Prüfungen auch hinsichtlich des ursprünglich gewählten Ansatzes der Ressourceneinsparung nur eingeschränkte Vorteile mit sich. Es dürfte daher vor allem auch von der Prüfungsmaterie an sich abhängen, ob eine koordinierte Prüfung inform paralleler oder gemeinsamer Prüfung tatsächlich einen Gewinn für die unterschiedlichen Rechnungskontrollorgane darstellt.

Eine weitere Problematik des Kontaktausschusses dürfte die Zusammensetzung sein. Für die Zusammenarbeit mit dem EuRH spielen vor allem auch die regionalen Rechnungsprüfungsbehörden eine zentrale Rolle, schließlich fallen

---

680 Eine solche Wiederverwendung von Prüfungsergebnissen ist bereits in den ISA vorgesehen, vgl. International standards on auditing (ISAs), S. 743ff.

681 „Handbuch der Prüfung der Rechnungsführung und Compliance-Prüfung" S. 109.

682 Der Kontaktausschuss hat zur Untersuchung des Rahmens der Zusammenarbeit des Kontaktausschusses eine Taskforce eingerichtet, die vor allem mit den Stärken und Schwächen der Zusammenarbeit analysieren und Lösungsmöglichkeiten für die Behebung zukünftiger Herausforderungen machen soll, vgl. dazu den Sachstandsbericht des Kontaktausschusses aus Oktober 2016, S. 18.

eine Vielzahl der Prüfungen nicht in die Prüfungskompetenz der ORKB, sondern betreffen eben auch regionale Rechnungsprüfungsbehörden. Eine Einbeziehung dieser regionalen Rechnungsprüfungsbehörden in den Kontaktausschuss und damit auch in die Zusammenarbeit der europäischen Finanzkontrolle dürfte demnach förderlich sein.

Im Zentrum der Zusammenarbeit der ORKB und des EuRH dürfte daher vor allem auch der Informations- und Erfahrungsaustausch stehen, von dem alle ORKB und der EuRH profitieren könnten.

5. Schutzmechanismen gegen den Europäischen Rechnungshof

Im Gegensatz zu den Zugangsbefugnissen des EuRH hat der Gesetzgeber hinsichtlich der Schutzmechanismen für Prüfungsadressaten durchaus differenzierte Vorkehrungen getroffen. In diesem Zusammenhang sei auf das kontradiktorische Verfahren hingewiesen, innerhalb dessen Prüfungsadressaten zu den Prüfungsergebnissen des EuRH Stellung nehmen können. Ein Bedürfnis seitens der Prüfungsadressaten gerichtlich gegen Prüfungsergebnisse des EuRH vorzugehen, dürfte aber in den meisten Fällen nicht bestehen, schließlich mangelt es den Prüfungsergebnissen wie bereits geklärt an der Verbindlichkeit.

Sollten Prüfungsadressaten, die Entscheidungsträger sind,[683] Entscheidungen beziehungsweise Empfehlungen und Schlussfolgerungen des EuRH nicht mittragen, die auf Grundlage des Prüfungsergebnisses des EuRH getroffen werden, ist das unproblematisch möglich, indem sie diese nicht umsetzen. Schon aus diesem Grund dürfte kein Bedürfnis der Prüfungsadressaten bestehen, sich gegen die unverbindlichen Maßnahmen des EuRH gerichtlich zu wehren, wenn sie danach, sollten die Prüfungsergebnisse zu verbindlichen Entscheidungen führen, noch die Möglichkeit dazu haben. Gleiches gilt für die Mitgliedstaaten, die sich spätestens dann gegen die verbindlichen Maßnahmen wehren können. Von der Prüfung betroffene Dienststellen haben darüber hinaus im Rahmen der Prüfung die Gelegenheit, sich zu den Feststellungen zu äußern.

Trotzdem gibt es bestimmte Fälle, in denen ein solches Rechtsschutzbedürfnis besteht. Anerkannt ist hier beispielsweise das Anhörungsrecht und die gerichtliche Geltendmachung von Schadensersatzansprüchen gegen Prüfungsergebnisse des EuRH, wenn der EuRH private Prüfungsadressaten in seinen Prüfungsberichten namentlich nennt und eine solche Nennung nicht von der eingeschränkten Möglichkeit der Nennung umfasst wird. Eine Nennung ist

683 Das dürfte vor allem die Kommission sein.

demzufolge nur dann denkbar, wenn der EuRH „im Bemühen um eine wirkungsvolle Erfüllung [seiner Prüfungsaufgaben] sich [...] ausnahmsweise, vor allem aber bei schweren Störungen, die die Rechtmäßigkeit und Ordnungsmäßigkeit der Einnahmen und Ausgaben oder die Erfordernisse der Wirtschaftlichkeit der Haushaltsführung ernsthaft berühren, veranlasst sehen [kann], den festgestellten Sachverhalt offenzulegen und damit unmittelbar beteiligte Dritte namentlich zu nennen. Diese Nennung ist insbesondere erforderlich, wenn das Verschweigen der Namen zu Verwechslungen Anlass geben oder gar Zweifel an der Identität der beteiligten Personen hervorrufen könnte, wodurch die Interessen von Personen beeinträchtigt sein könnten, die von der Untersuchung des EuRH betroffen, mit seinen Beanstandungen aber nicht gemeint sind."[684] Im Falle einer Nennung steht dem Betroffenen ein Anhörungsrecht zu. Dieses dürfte im Ergebnis keinen Einfluss auf den Prüfungsbericht des EuRH haben, da die Grenzen, innerhalb derer überhaupt eine Nennung denkbar ist, so eng gezogen sind, dass der EuRH sich der schweren Störung besonders sicher sein muss. Eine darüber hinausgehende Möglichkeit der Nennung privater Prüfungsadressaten ist nicht ersichtlich, wobei eine Nennung von Dritten in der Praxis äußerst selten vorkommt. Sollte eine Nennung doch vorkommen, stehen dem Betroffenen im Übrigen möglicherweise Schadensersatzansprüche zu. Die Rechtsprechung hat an dieser Stelle ausreichende Grundsätze geschaffen, die einerseits bereits als präventiver Schutzmechanismus greifen und andererseits dem Einzelnen ein Anhörungsrecht zugestehen. Diese Grundsätze wurden auch in die Handbücher für die Prüfung des EuRH übernommen.[685] Wird die Anhörung des Dritten versäumt, ist nach der Rechtsprechung nicht die Verletzung des Anhörungsrechts entscheidend, für die Geltendmachung eines unionsrechtlichen Haftungsanspruchs, sondern es kommt darauf an, inwieweit die versäumte Anhörung Einfluss auf die Nennung des Dritten im Prüfungsbericht hatte. Nennt der EuRH allerdings zutreffend und unparteiisch den Namen eines Dritten, was auch nach einer Anhörung nicht anders beurteilt worden wäre, fehlt es am Kausalzusammenhang zwischen der Pflichtwidrigkeit und dem Schaden.

684 Urteil des EuG vom 15.06.1999 in der Rechtssache T-277/97, Rn. 109.

685 Vgl. „Handbuch zur Compliance-Prüfung" S. 127 sowie „Handbuch zur Wirtschaftlichkeitsprüfung" S. 92.

6. Verbindliche Handlungskompetenzen für den Europäischen Rechnungshof

Im Rahmen dieser Arbeit stand unter anderem im Raum, ob der EuRH zur Durchsetzung seiner Befugnisse und zur Durchsetzung einer effektiven Finanzkontrolle verbindlicher Handlungskompetenzen bedarf. Dieser Schluss erscheint auf den ersten Blick durchaus naheliegend und sinnvoll, haben die Prüfungsberichte und Stellungnahmen des EuRH keine unmittelbare Rechtswirkung. Der EuRH kann folglich auf strukturelle Schwächen im Rahmen des Haushaltes und der Mittelverwendung lediglich hinweisen, ist jedoch bei der Behebung dieser Schwächen auf die Durchführung der betroffenen Organe und Einrichtungen angewiesen. Eine eigene Durchsetzungsmöglichkeit von Prüfungsempfehlungen und die daraus resultierende Einklagbarkeit von solchen Empfehlungen erscheinen im ersten Moment durchaus als geeignet, die Position des EuRH zu stärken und ihn in ein einflussreiches Unionsorgan zu verwandeln. Ob diese Stärkung dem EuRH dienen würde und die Finanzkontrolle der EU verbessern würde, darf jedoch bezweifelt werden.

Problematisch erscheinen verbindliche Handlungskompetenzen bereits unter dem Gesichtspunkt der Unabhängigkeit des EuRH. Der EuRH lebt davon, mit einer gewissen Unbekümmertheit Vorgänge und Transaktionen in der EU zu überprüfen. Jegliche Verbindlichkeit in seinen Maßnahmen würde ihn gleichzeitig dem politischen Druck bezogen auf die Effektivität der Maßnahmen aussetzen. Denn am Ende würde er daran gemessen werden, inwieweit die empfohlenen Maßnahmen tatsächlich greifen. Die Gefahr, dass insbesondere, wenn sich Maßnahmen als ineffektiv herausstellen, die Unvoreingenommenheit des EuRH und damit auch seine Unabhängigkeit beeinträchtigt wären, erscheint nicht ausgeschlossen. In diesem Fall dürfte die Arbeit des EuRH sogar effektiver, weil unabhängiger, ohne verbindliche Handlungskompetenzen sein.

Darüber hinaus lässt sich auch anführen, dass der EuRH in seiner Arbeit auf die Zusammenarbeit der anderen Unionsorgane und der Mitgliedstaaten inform der ORKB angewiesen ist. Eine Zusammenarbeit lebt auch immer davon, dass beide konstruktiv und nicht destruktiv zusammenarbeiten. Die Gefahr verbindlicher Empfehlungen des EuRH wäre nicht zuletzt die, dass er damit den Unmut seiner Kooperationspartner auf sich zieht, wenn diese mit einer Schlussfolgerung oder Empfehlung nicht einverstanden sind. Dabei ist der EuRH vor und während der Prüfung auf diese Zusammenarbeit angewiesen. An dieser Stelle bestünde die Gefahr, dass sich der EuRH in der Kritik im Rahmen seiner Empfehlungen sogar zurückhält, um das Kooperationsverhältnis zwischen den

Organen und Mitgliedstaaten nicht zu gefährden. Ein solcher Interessenskonflikt ist der Arbeit des EuRH in jedem Fall nicht dienlich.

Zudem dürfte auch die funktionelle Betrachtung der Finanzkontrolle[686] gegen solche verbindlichen Handlungskompetenzen sprechen. Ein Rechnungshof ist in den meisten Mitgliedstaaten kein korrigierendes Organ, sondern vielmehr ein kontrollierendes und beratendes Organ. Auch in den einzelnen Mitgliedstaaten sind die meisten Rechnungsprüfungsbehörden nicht mit verbindlichen Handlungskompetenzen ausgestattet. Ein Sachverständiger lebt in seiner Unabhängigkeit gerade davon, dass er am Ende keine eigene Entscheidung treffen muss, sondern vielmehr eine Entscheidung unter Berücksichtigung und auf Grundlage seiner Einschätzung getroffen wird. Dass sein Wort Gewicht hat, hängt dabei nicht von dem Umstand ab, selbst Entscheidungsträger zu sein, sondern lediglich von seiner eigenen Kompetenz und Reputation, die sich in seiner Arbeit ausdrückt. Verbindliche Handlungskompetenzen würden den EuRH demzufolge auch funktionell völlig neu in die Gewaltenstruktur der EU einordnen.

Weiterhin dürfte auch die Analyse der Tragweite der Maßnahmen des EuRH keinen anderen Schluss zulassen.[687] Dass an der bereits vorhandenen Effektivität in großen Teilen keine Zweifel bestehen, hat sich aus den bisherigen Ausführungen ergeben.[688] Insoweit besteht auch kein Bedürfnis nach einer Effektivitätssteigerung der Berichte und Stellungsnahmen des EuRH. Der EuRH hat nicht mit einem Einflussdefizit seiner Maßnahmen zu kämpfen. Vielmehr leben seine Maßnahmen und die Effektivität seiner Arbeit von der Qualität und den mittlerweile verbesserten interinstitutionellen Beziehungen. Nicht zuletzt die Jahr für Jahr verringerte Fehlerquote der EU im Rahmen des Haushalts dürfte Beleg genug für die Effektivität der Finanzkontrolle auf europäischer Ebene sein.

Zuletzt würde es gegen verbindliche Handlungskompetenzen des EuRH auch Rechtsschutzmöglichkeiten der Prüfungsadressaten geben. Somit wären Prüfungsberichte und verbindliche Beschlüsse des EuRH auch gerichtlich angreifbar und überprüfbar. Die Unabhängigkeit des EuRH gebietet es jedoch, dass Prüfungsergebnisse nicht in ihren Feststellungen gerichtlich überprüfbar sein dürfen;[689] ansonsten wäre der EuGH die letzte Instanz in der Finanzkontrolle.

---

686 Vgl. Abschnitt III. 1. c) bb).

687 Vgl. Abschnitt IV. 4. c).

688 Vgl. insbesondere Abschnitt IV. 4. c) aa).

689 Zumindest dann, wenn sie nicht einen Adressaten unmittelbar beeinträchtigen, vgl. dazu die Ausführungen zu möglichen Ansprüchen von Dritten bei namentlicher Nennung.

Alles in allem muss man feststellen, dass verbindliche Handlungskompetenzen für den EuRH viel eher kontraproduktiv wären. Daher erscheint es geboten, dass der EuRH nicht innerhalb seiner Kompetenzausstattung in seinen Kompetenzen nach der Prüfung gestärkt wird, sondern vielmehr dürfte eine Stärkung, beziehungsweise Klarstellung bestehender Prüfungskompetenzen erhebliche relevanter sein.

VII. Thesen

Der Europäische Rechnungshof ist im Rahmen einer funktionellen Betrachtung als Zwischengewalt in die Gewaltenstruktur der Europäischen Union einzuordnen, die einen wichtigen Beitrag zum institutionellen Gleichgewicht in der EU leistet.

Die Rechtsstellung der Mitglieder des Europäischen Rechnungshofes ist vergleichbar mit den Prüfern nationaler Rechnungskontrollbehörden ausgestaltet, lediglich das Ernennungsverfahren weist noch einzelne Schwächen auf.

Der Zugang zu prüfungsrelevanten Dokumenten ist vor allem hinsichtlich der EIB, EZB und des EuGH problematisch, was damit zusammenhängt, dass zwischen den Organen ein unterschiedliches Verständnis der Reichweite des Mandats des EuRH besteht.

Die vertrauensvolle Zusammenarbeit des Europäischen Rechnungshofes und den ORKB findet ihre Grenzen in divergierenden Maßstäben bei der Prüfung und der Unabhängigkeit der Rechnungshöfe. Daher sollte im Zentrum einer vertieften Zusammenarbeit nicht die Durchführung gemeinsamer Prüfungen, sondern vielmehr ein noch intensiverer Informations- und Erfahrungsaustausch stehen, in den beispielsweise auch regionale Rechnungshöfe einbezogen werden müssen.

Der Rechtsschutz privater Prüfungsadressaten bei namentlicher Nennung wurde durch die Rechtsprechung geprägt und hat dadurch eine Niederlegung in den Prüfungsgrundsätzen des EuRH gefunden, wodurch eine umfassende Sicherung der Rechte Dritter umgesetzt wurde.

Verbindliche Handlungskompetenzen würden die Position des EuRH hinsichtlich seiner Stellung und seiner Prüfungsdurchführung schwächen.

Literaturverzeichnis

Achenbach, Jelena von Demokratische Gesetzgebung in der Europäischen Union: Theorie und Praxis der dualen Legitimationsstruktur europäischer Hoheitsgewalt, 1. Auflage, Heidelberg 2014 (zitiert: *Achenbach*, Demokratische Gesetzgebung in der Europäischen Union)

Achterberg, Norbert Rezension zu Petzold, Norbert „Die Gewaltenteilung in den Europäischen Gemeinschaften", Zeitschrift Europarecht 1968, S. 240–245 (zitiert: *Achterberg*, EuR 1968, 240)

Aigner, Heinrich Plädoyer für einen Europäischen Rechnungshof, 1. Auflage, Luxembourg 1973 (zitiert: *Aigner*, Plädoyer für einen Europäischen Rechnungshof)

Aigner, Heinrich „Finanzkontrolle der Europäischen Gemeinschaften: Entwicklung und Perspektiven", Zeitschrift für Parlamentsfragen 1978, S. 186–192 (zitiert: *Aigner*, ZParl 1978, 186)

von Arnim, Hans Herbert „Grundprobleme der Finanzkontrolle", Deutsches Verwaltungsblatt 1983, S. 664–675 (zitiert: *Arnim*, DVBl 1983, 664)

Beckensträter, Friedrich Wilhelm Die Stellung der Rechnungshöfe im System der Dreiteilung der Staatsgewalt, 1. Auflage, Frankfurt am Main 1963 (zitiert: *Beckensträter* Die Stellung der Rechnungshöfe im System der Dreiteilung der Staatsgewalt)

Belemann, Gerd Dieter „Rechtsschutzprobleme im Bereich der Finanzkontrolle", Die Öffentliche Verwaltung 1990, S. 58–63 (zitiert: *Belemann*, DÖV 1990, 58)

Bergel, Philipp Rechnungshöfe als vierte Staatsgewalt? Verfassungsvergleich der Rechnungshöfe Deutschlands, Frankreichs, Österreichs, Spaniens, des Vereinigten Königreichs und des Europäischen Rechnungshofs im Gefüge der Gewaltenteilung, 1. Auflage, Göttingen 2010 (zitiert: *Bergel*, Rechnungshöfe als vierte Staatsgewalt?)

Bergmann, Jan/ Mickel, Wolfgang W. Handlexikon der Europäischen Union, 5. Auflage, Baden-Baden 2015 (zitiert: *Bergmann/Mickel*, Handlexikon der Europäischen Union)

Bieber, Roland in: Magiera, Siegfried Entwicklungsperspektiven der Europäischen Gemeinschaft: Vorträge und Diskussionsbeiträge der Staatswissenschaftlichen Fortbildungstagung 1985 der Hochschule für Verwaltungswissenschaften Speyer, 1. Auflage, Berlin 1985, S. 37–61 (zitiert: *Bieber* in: Magiera, Entwicklungsperspektiven der Europäischen Gemeinschaft)

Blasius, Hans „Finanzkontrolle und Gesetzgebung – Können die Rechnungshöfe einen Beitrag zur Gesetzgebung leisten?“, Die Öffentliche Verwaltung 1989, S. 298–306 (zitiert: *Blasius,* DÖV 1989, 298)

Blasius, Hans „Recht und Finanzkontrolle in den Gestaltungsräumen von Politik und Verwaltung“, Die Öffentliche Verwaltung 1988, S. 819–828 (zitiert: *Blasius,* DÖV 1988, 819)

Blasius, Hans „Der Rechnungshof: Kontrolleur und Informant“, Die Öffentliche Verwaltung 1993, S. 642–648 (zitiert: *Blasius,* DÖV 1993, 642)

Blasius, Hans/ Stadtmann, Burkhard „Justiz und Finanzkontrolle“, Die Öffentliche Verwaltung 2002, S. 12–19 (zitiert: *Blasius,* DÖV 2002, 12)

Broesigke, Tassilo in: Zavelberg, Heinz Günter (Hrsg.), Die Kontrolle der Staatsfinanzen: Geschichte und Gegenwart, 1. Auflage, Berlin 1989, S. 435–448 (zitiert: *Broesigke* in Zavelberg, Die Kontrolle der Staatsfinanzen)

Brunner, Gotthard in: Schiffer, Eckart/ Karehnke, Helmut (Hrsg.), Verfassung, Verwaltung, Finanzkontrolle: Festschrift für Hans Schäfer zum 65. Geburtstag am 26. Januar 1975, 1. Auflage, Köln 1975, S. 169–187 (zitiert: *Brunner* in: Schiffer, Verfassung, Verwaltung, Finanzkontrolle)

Brück, Werner/ Kühne, Horst A. „Die Neuregelung der Finanzkontrolle der Europäischen Gemeinschaften“, Die Öffentliche Verwaltung 1977, S. 23–27 (zitiert: *Brück/Kühne,* DÖV 1977, 23)

Bugnot, Patricia „La Cour des comptes des Communautués européennes: premier bilan“, Revue du Marché commun 1982, S. 609–623 (zitiert: *Bugnot,* RMC 1982, 609)

Calliess, Christian/ Ruffert, Matthias EUV/AEUV Das Verfassungsrecht der Europäischen Union mit Europäischer Grundrechtecharta, 5. Auflage, München 2016 (zitiert: *Bearbeiter* in: Calliess u. a., EUV/AEUV Kommentar)

Chavaki, Paraskevi „Betrugsbekämpfung in der Europäischen Union“, Zeitschrift für Europarechtliche Studien 1999, S. 431–466 (zitiert: *Chavaki* ZEuS 1999, 431)

Cromme, Franz „Eine Konsequenz aus der Krise: Fortentwicklung der EU als Staatenverbund? – Verknüpfung intergouvernementalen und supranationalen Handelns in der EU“, Die Öffentliche Verwaltung 2012, S. 209–216 (zitiert: *Cromme,* DÖV 2012, 209)

Dauses, Manfred A. Handbuch des EU-Wirtschaftsrechts, 31 Ergänzungslieferung, München 2012 (zitiert: *Bearbeiter* in: Dauses, Handbuch des EU-Wirtschaftsrechts)

Dederer, Hans Georg in: Hofmann, Klaus/ Naumann Kolja (Hrsg.), Europäische Demokratie in guter Verfassung? Tagungsband zum Kolloquium von Mehr Demokratie e.V. und der Demokratie Stiftung an der Universität Köln,

1. Auflage, Baden-Baden 2010 (zitiert: *Dederer* in: Hofmann/Naumann, Europäische Demokratie in guter Verfassung?)

Desmond, Barry Managing the finances of the European Union: the role of the European Court of Auditors – the role of the European Court of Auditors, 1. Auflage, Dublin 1996 (zitiert: *Desmond* Managing the finances of the European Union)

Desmoulin, Gil „La Cour et les états: Qui contrôle qui?", Revue du Marché commun et de l'Union européenne 2005, S. 515–523 (zitiert: *Desmoulin,* RMC 2005, 515)

Doehring, Karl Allgemeine Staatslehre: eine systematische Darstellung, 3. Auflage, Heidelberg 2004 (zitiert: *Doehring,* Allgemeine Staatslehre)

Edds, John A. in: Geist, Benjamin (Hrsg.), State audit: development in public accountability, 1. Auflage, New York 1981, S. 164–182 (zitiert: *Edds* in: Geist, State audit)

Ehlermann, Claus-Dieter Der Europäische Rechnungshof: Haushaltskontrolle in der Gemeinschaft, 1. Auflage, Baden-Baden 1976 (zitiert: *Ehlermann,* Der Europäische Rechnungshof)

Frenz, Walter Handbuch Europarecht: Band 6: Institutionen und Politiken, 1. Auflage, Heidelberg 2011 (zitiert: *Frenz,* Institutionen und Politiken)

Freytag, Michael Der Europäische Rechnungshof: Institution, Funktion und politische Wirkung, 1. Auflage, Baden-Baden 2005 (zitiert: *Freytag,* Der Europäische Rechnungshof)

Friedmann, Bernhard Der Europäische Rechnungshof und die Wirtschafts- und Finanzhilfen der EU für Mittel- und Osteuropa, 1. Auflage, Köln 1994 (zitiert: *Friedmann,* Der Europäische Rechnungshof und die Wirtschafts- und Finanzhilfen der EU für Mittel- und Osteuropa)

Friedmann, Bernhard in: Piehl, Ernst (Hrsg.), Europa in Ostdeutschland – Zur Zwischenbilanz und zu den Perspektiven der europäischen Strukturförderung in den Neuen Bundesländern und Berlin sowie in den Reformländern von Mittel- und Osteuropa, 1. Auflage, Bonn 1996, S. 265–267 (zitiert: *Friedmann* in: Piehl, Europa in Ostdeutschland)

Friedrich, Christina/Inghelram, Jan „Die Klagemöglichkeiten des Europäischen Rechnungshofs vor dem Europäischen Gerichtshof", Die Öffentliche Verwaltung 1999, S. 669–676 (zitiert: *Friedrich/Inghelram,* DÖV 1999, 669)

Geiger, Rudolf/Khan, Daniel-Erasmus/ Kotzur, Markus/ Eisenhut, Dominik/ Henrich, Sophie/ Richter, Clemens/ Suh, Chun-Kyung Paulus/ Wessendorf, Nikolai EUV, AEUV: Vertrag über die Europäische Union, Vertrag über die Arbeitsweise der Europäischen Union: Kommentar (zitiert: *Bearbeiter* in: Geiger EUV/AEUV Kommentar)

Giegerich, Thomas „Organstreit vor dem Gerichtshof der Europäischen Gemeinschaften – Zur aktiven Parteifähigkeit des Europäischen Parlaments im Nichtigkeitsklageverfahren", Zeitschrift für ausländisches öffentliches Recht und Völkerrecht 1990, S. 812–835 (zitiert: *Giegerich,* ZaöRV 1990, 812)

Grabitz, Eberhard/ Hilf, Meinhard/ Nettesheim, Martin Das Recht der Europäischen Union, 62. Ergänzungslieferung, München 2017 (zitiert: *Bearbeiter* in: Grabitz u. a., EUV/AEUV Kommentar)

Graf, Rainer Die Finanzkontrolle der Europäischen Gemeinschaft, 1. Auflage, Baden-Baden 1999 (zitiert: *Graf,* Die Finanzkontrolle der Europäischen Gemeinschaft)

von der Groeben, Hans/ Schwarze, Jürgen/ Hatje, Armin, Europäisches Unionsrecht – Vertrag über die Europäische Union – Vertrag über die Arbeitsweise der Europäischen Union – Charta der Grundrechte der Europäischen Union, Band 1, 7. Auflage, Baden-Baden 2015 (zitiert: *Bearbeiter* in: Groeben u. a., Europäisches Unionsrecht, Band 1 Kommentar)

von der Groeben, Hans/ Schwarze, Jürgen/ Hatje, Armin, Europäisches Unionsrecht – Vertrag über die Europäische Union – Vertrag über die Arbeitsweise der Europäischen Union – Charta der Grundrechte der Europäischen Union, Band 2, 7. Auflage, Baden-Baden 2015 (zitiert: *Bearbeiter* in: Groeben u. a., Europäisches Unionsrecht, Band 2 Kommentar)

von der Groeben, Hans/ Schwarze, Jürgen/ Hatje, Armin, Europäisches Unionsrecht – Vertrag über die Europäische Union – Vertrag über die Arbeitsweise der Europäischen Union – Charta der Grundrechte der Europäischen Union, Band 4, 7. Auflage, Baden-Baden 2015 (zitiert: *Bearbeiter* in: Groeben u. a., Europäisches Unionsrecht, Band 4 Kommentar)

Groß, Thomas „Exekutive Befugnisse der Rechnungshöfe", Verwaltungsarchiv 2004, S. 194–222 (zitiert: *Groß,* Verwaltungsarchiv 2004, 194)

Grupp, Klaus Die Stellung der Rechnungshöfe in der Bundesrepublik Deutschland: unter besonderer Berücksichtigung der historischen Entwicklung der Rechnungsprüfung, 1. Auflage, Berlin 1972 (zitiert: *Grupp,* Die Stellung der Rechnungshöfe in der Bundesrepublik Deutschland)

Gräfe, Horst in: Schiffer, Eckart/ Karehnke, Helmut (Hrsg.), Verfassung, Verwaltung, Finanzkontrolle: Festschrift für Hans Schäfer zum 65. Geburtstag am 26. Januar 1975, 1. Auflage, Köln 1975, S. 349–371 (zitiert: *Gräfe* in: Schiffer, Verfassung, Verwaltung, Finanzkontrolle)

Gräfe, Horst in: Geist, Benjamin (Hrsg.), State audit: development in public accountability, 1. Auflage, New York 1981, S. 337–348 (zitiert: *Gräfe* in: Geist, State audit)

Götz, Heinrich „Die Beratungstätigkeit der regionalen Kontrollorgane in Deutschland, dargestellt am Beispiel des Rechnungshofs Rheinland-Pfalz",

Beitrag hrsg. vom Rechnungshof Rheinland-Pfalz, 2001 (zitiert: *Götz*, Die Beratungstätigkeit der regionalen Kontrollorgane)

Harden, Ian/White, Fidelma/Donnelly, Katy "The Court of Auditors and Financial Control and Accountability in the European Community", European Public Law 1995, S. 599–632 (zitiert: *Harden u. a.*, Eur. Public Law 1995, 599)

Hauser, Norbert „Stellung des Bundesrechnungshofs im System der Gewaltenteilung und in der öffentlichen Verwaltung", Deutsches Verwaltungsblatt 2006, S. 539–543 (zitiert: *Hauser*, DVBl. 2006, 539)

Haverkate, Görg „Der Schutz subjektiv-öffentlicher Rechte in der Rechnungsprüfung", Archiv des öffentlichen Rechts 1982, S. 539–561 (zitiert: *Haverkate*, AöR 1982, 539)

Hilf, Meinhard Die Organisationsstruktur der Europäischen Gemeinschaften: rechtliche Gestaltungsmöglichkeiten und Grenzen, 1. Auflage, Berlin 1982 (zitiert: *Hilf* Die Organisationsstruktur der Europäischen Gemeinschaften)

Hillgruber, Christian/ Epping, Volker BeckOK Grundgesetz, 34. Edition, München 2017 (zitiert: *Bearbeiter* in: BeckOK GG)

Inghelram, Jan "The European Court of Auditors: Current legal issues", Common Market Law Review 2000, S. 129–146 (zitiert: *Inghelram*, Common Mark. Law Rev. 2000, 129)

Isensee, Josef Außenvertretung der deutschen Rechnungshöfe in der Europäischen Union: bundesstaatliche Fragen der Mitwirkung in informellen Gremien der zwischen und überstaatlichen Zusammenarbeit, 1. Auflage, Heidelberg 2001 (zitiert: *Isensee* Außenvertretung der deutschen Rechnungshöfe in der Europäischen Union)

Klein, Eckart Die verfassungsrechtliche Problematik des ministerialfreien Raumes: ein Beitrag zur Dogmatik der weisungsfreien Verwaltungsstellen, 1. Auflage, Berlin 1974 (zitiert: *Klein*, Die verfassungsrechtliche Problematik des ministerialfreien Raumes)

Kluth, Winfried Die demokratische Legitimation der Europäischen Union: eine Analyse der These vom Demokratiedefizit der Europäischen Union aus gemeineuropäischer Verfassungsperspektive, 1. Auflage, Berlin 1995 (zitiert: *Kluth*, Die demokratische Legitimation der Europäischen Union)

Kok, Chris "The Court of Auditors of the European Communities: The other European Court in Luxembourg", Common Market Law Review 1989, S. 345–367 (zitiert: *Kok*, Common Mark. Law Rev. 1989, 345)

Korthals, Gernot „Beiträge der Rechnungshöfe zur Verwaltungsreform", Die Öffentliche Verwaltung 2000, S. 855–860 (zitiert: *Korthals*, DÖV 2000, 855)

Krebs, Walter in: von Arnim, Hans Herbert (Hrsg.) Finanzkontrolle im Wandel: Vorträge und Diskussionsbeiträge der 15. Verwaltungswissenschaftlichen

Arbeitstagung 1988 des Forschungsinstituts für öffentliche Verwaltung bei der Hochschule für Verwaltungswissenschaften Speyer, 1. Auflage, Berlin 1989, S. 65–81 (zitiert: *Krebs* in: Arnim, Finanzkontrolle im Wandel)

Krebs, Walter Kontrolle in staatlichen Entscheidungsprozessen: ein Beitrag zur rechtlichen Analyse von gerichtlichen, parlamentarischen und Rechnungshof-Kontrollen, 1. Auflage, Heidelberg 1984 (zitiert: *Krebs,* Kontrolle in staatlichen Entscheidungsprozessen)

Laffan, Brigid "Becoming a 'Living Institution': The Evolution of the European Court of Auditors", Journal of Common Market Studies 1999, S. 251–268 (zitiert: *Laffan,* J. Common Mark. Stud. 1999, 251)

Lenz, Carl Otto/ Borchardt, Klaus-Dieter EU-Verträge Kommentar: EUV – AEUV – GRCh, 6 Auflage, Köln 2013 (zitiert: *Bearbeiter* in: Lenz u. a., EU-Verträge Kommentar)

Läufer, Thomas Die Organe der EG – Rechtsetzung und Haushaltsverfahren zwischen Kooperation und Konflikt: ein Beitrag zur institutionellen Praxis der EG, 1. Auflage, Bonn 1990 (zitiert: *Läufer,* Die Organe der EG)

Mader, Oliver Verteidigungsrechte im europäischen Gemeinschaftsverwaltungsverfahren: Herkunft, Inhalt und Grenzen grundrechtlicher Verfahrensgarantien im unmittelbaren Vollzug sowie die Folgen ihrer Verletzung, unter besonderer Berücksichtigung der externen Finanzkontrolle, 1. Auflage, Passau 2005 (zitiert: *Mader,* Verteidigungsrechte im europäischen Gemeinschaftsverwaltungsverfahren)

Magiera, Siegfried in: von Arnim, Hans Herbert (Hrsg.), Finanzkontrolle im Wandel: Vorträge und Diskussionsbeiträge der 15. Verwaltungswissenschaftlichen Arbeitstagung 1988 des Forschungsinstituts für öffentliche Verwaltung bei der Hochschule für Verwaltungswissenschaften Speyer, 1. Auflage, Berlin 1989, S. 221–241 (zitiert: *Magiera* in: Arnim, Finanzkontrolle im Wandel)

Magnette, Paul in: Smismans, Stijn (Hrsg.), Civil society and legitimate European governance, 1. Auflage, Cheltenham 2006, S. 23–41 (zitiert: *Magnette* in: Smismans, Civil society and legitimate European governance)

Mart, Marcel in: Zavelberg, Heinz Günter (Hrsg.), Die Kontrolle der Staatsfinanzen: Geschichte und Gegenwart, 1. Auflage, Berlin 1989, S. 469–492 (zitiert: *Mart* in: Zavelberg, Die Kontrolle der Staatsfinanzen)

Maunz, Theodor/Dürig, Günter/ Herzog, Roman, Grundgesetz Kommentar, 57. Ergänzungslieferung, München 2010 (zitiert: *Bearbeiter* in: Maunz u. a., Grundgesetz Kommentar)

Meyer, Jürgen/Hölscheidt, Sven „Die Europäische Verfassung des Europäischen Konvents", Europäische Zeitschrift für Wirtschaftsrecht 2003, S. 613–621 (zitiert: *Meyer/Hölscheidt,* EuZW 2003, 613)

Mutius, Albert von in: Zavelberg, Heinz Günter (Hrsg.), Die Kontrolle der Staatsfinanzen: Geschichte und Gegenwart, 1. Auflage, Berlin 1989, S. 305–323 (zitiert: *von Mutius* in Zavelberg, Die Kontrolle der Staatsfinanzen)

Mutius, Albert von in: Boening, Wolfgang/ Mutius, Albert von (Hrsg.), Finanzkontrolle im repräsentativ-demokratischen System: Dokumentation der zweiten wissenschaftlichen Fachtagung des Landesrechnungshofs Schleswig-Holstein und des Lorenz-von-Stein-Instituts am 23/24. Februar 1989, 1. Auflage, Heidelberg 1990, S. 161–171 (zitiert: *von Mutius* in: Boening/Arnim Finanzkontrolle im repräsentativ-demokratischen System)

Mähring, Matthias „Externe Finanzkontrolle im europäischen Mehrebenensystem“, Die Öffentliche Verwaltung 2006, S. 195–204 (zitiert: *Mähring,* DÖV 2006, 195)

Möllers, Christoph Gewaltengliederung: Legitimation und Dogmatik im nationalen und internationalen Rechtsvergleich, 1. Auflage, Tübingen 2005 (*Möllers,* Gewaltengliederung)

Nawrath, Axel „Die internationale Zusammenarbeit der Rechnungshöfe“, Die Öffentliche Verwaltung 2000, S. 861–866 (zitiert: *Nawrath,* DÖV 2000, 861)

Oeter, Stefan „Bundesstaat, Föderation, Staatenverbund – Trennlinien und Gemeinsamkeiten föderaler Systeme“, Zeitschrift für ausländisches öffentliches Recht und Völkerrecht 2015, S. 733–752 (zitiert: *Oeter,* ZaöRV 2015, 733)

Oppermann, Thomas/Classen, Claus-Dieter/ Nettesheim, Martin Europarecht: ein Studienbuch, 7. Auflage, München 2016 (zitiert: *Oppermann,* Europarecht)

O'Keeffe, David in: Curtin, Deirdre/ Heukels, Ton/ Blokker, Niels/ Lawson, Rick (Hrsg.), Essays in honour of Henry G. Schermers Vol. 2: Institutional dynamics of European integration, 1. Auflage, Dordrecht 1994, S. 177–194 (zitiert: *O'Keefe* in: Curtin u. a., Institutional dynamics in European integration)

Petzold, Herbert Die Gewaltenteilung in den europäischen Gemeinschaften, 1. Auflage, Göttingen 1966 (zitiert: *Petzold,* Die Gewaltenteilung in den europäischen Gemeinschaften)

Price, Sir Norman “The Court of Auditors of European Communities“, Yearbook of European Law 1983, S. 239–248 (zitiert: *Price,* YEL 1983, 239)

Prieß, Hans-Joachim/Spitzer, Harald „Die Betrugsbekämpfung in der Europäischen Gemeinschaft“, Europäische Zeitschrift für Wirtschaftsrecht 1994, S. 297–304 (zitiert: *Prieß/Spitzer,* EuZW 1994, 297)

Reister, Erwin Haushalt und Finanzen der Europäischen Gemeinschaften, 1. Auflage, Baden-Baden 1975 (zitiert: *Reister,* Haushalt und Finanzen)

Reister, Erwin „Parlamentarisches Budgetrecht und der Rechnungshof der Europäischen Gemeinschaften: Ornamentik oder Demokratisierung der gemeinschaftlichen Finanzverfassung?", Zeitschrift Europarecht 1976, S. 69–78 (zitiert: *Reister,* EuR 1976, 68)

Rengeling, Hans-Werner/ Middeke, Andreas/ Gellermann, Martin Handbuch des Rechtsschutzes in der Europäischen Union, 3. Auflage, München 2014 (zitiert: *Bearbeiter* in: Rengeling u. a., Handbuch des Rechtsschutzes in der Europäischen Union)

Reus, Andreas/ Mühlhausen, Peter „Öffentliche Finanzkontrolle durch unabhängige Rechnungshöfe: Rechtsgrundlagen und Prüfungsmethodik", Verwaltungsrundschau 2010, S. 1–11 (zitiert: *Reus/Mühlhausen,* VR 2010, 1)

Rossi, Matthias „Zur Entlastungsbefugnis des Europäischen Parlaments", Zeitschrift Europarecht 2013, S. 170–194 (zitiert: *Rossi,* EuR 2013, 170)

Schneider, Paul Georg „Zusammenwirken von Parlament und Rechnungshof zur Kontrolle der öffentlichen Haushaltswirtschaft", Beitrag hrsg. vom Rechnungshof Rheinland-Pfalz, 1984 (zitiert: *Schneider,* Zusammenwirken Rechnungshof und Parlament)

Schneider, Paul Georg „Zusammenwirken von Parlamen und Rechnungshof zur Kontrolle der öffentlichen Haushaltswirtschaft", Beitrag hrsg. vom Rechnungshof Rheinland-Pfalz, 1998 (zitiert: *Schneider,* Externe Finanzkontrolle in Deutschland)

Schulze, Harald in: Engelhardt, Gunther/ Schulze, Harald/ Thieme, Werner (Hrsg.), Stellung und Funktion der Rechnungshöfe im Wandel, 1. Auflage, Baden-Baden 1993, S. 33–42 (zitiert: *Schulze* in: Engelhardt, Stellung und Funktion der Rechnungshöfe im Wandel)

Schulze-Fielitz, Helmuth „Grenzen rationaler Gesetzgebung, insbesondere im Leistungsrecht", Die Öffentliche Verwaltung 1988, S. 758–768 (zitiert *Schulze-Fielitz,* DÖV 1988, 758)

Schwarze, Jürgen/ Becker, Ulrich/ Bär-Bouyssière, Bertold EU-Kommentar, 3. Auflage, Baden-Baden 2012 (zitiert: *Bearbeiter* in: Schwarze u. a., EU-Kommentar)

Schäfer, Friedrich Der Bundestag: eine Darstellung seiner Aufgaben und seiner Arbeitsweise, 4. Auflage, Opladen 1982 (zitiert: *Schäfer,* Der Bundestag)

Sigg, Wolfgang Die Stellung der Rechnungshöfe im politischen System der Bundesrepublik Deutschland: zugleich ein Beitrag zur Finanzkontrolle der Universitäten, 1. Auflage, Berlin 1983 (zitiert: *Sigg,* Die Stellung der Rechnungshöfe im politischen System der Bundesrepublik)

Skiadas, Dimitrios V. "EC: The Role of the European Court of Auditors in the Battle against Fraud and Corruption in the European Communities", Journal of Financial Crime 1998, S. 178–185 (zitiert: *Skiadas,* J. Finance. Crime 1998, 178)

Skiadas, Dimitrios V. "European Court of auditors and European Investment Bank: An Uneasy Relationship", European Public Law 1999, S. 215–225 (zitiert: *Skiadas,* Eur. Public Law 1999, 215)

Stern, Klaus Das Staatsrecht der Bundesrepublik Deutschland: Grundbegriffe und Grundlagen des Staatsrechts Band 1, Strukturprinzipien der Verfassung, 2. Auflage, München 1984 (zitiert: *Stern,* Grundbegriffe und Grundlagen des Staatsrechts, Strukturprinzipien der Verfassung)

Stern, Klaus Das Staatsrecht der Bundesrepublik Deutschland: Staatsorgane, Staatsfunktionen, Finanz- und Haushaltsverfassung, Notstandsverfassung Band 2, 1. Auflage, München 1980 (zitiert: *Stern,* Staatsorgane, Staatsfunktionen, Finanz- und Haushaltsverfassung, Notstandsverfassung)

Stern, Klaus „Bundesrechnungshof und Finanzkontrolle aus verfassungsrechtlicher Sicht", Die Öffentliche Verwaltung 1990, S. 261–264 (zitiert: *Stern,* DÖV 1990, 261)

Stern, Klaus in: Zavelberg, Heinz Günter (Hrsg.), Die Kontrolle der Staatsfinanzen: Geschichte und Gegenwart, 1. Auflage, Berlin 1989, S. 11–42 (zitiert: *Stern* in Zavelberg, Die Kontrolle der Staatsfinanzen)

Streinz, Rudolf/ Kruis, Tobias/ Michl, Walther EUV/AEUV – Vertrag über die Europäische Union und Vertrag über die Arbeitsweise der Europäischen Union, 2. Auflage, München 2012 (zitiert: *Bearbeiter* in: Streinz u. a. EUV/ AEUV Kommentar)

Störring, Jens Michael Die Beratungsfunktion des Bundesrechnungshofes und seines Präsidenten: historische Entwicklungen, Rechtsgrundlagen und Praxis, 1. Auflage, Berlin 2013 (zitiert: *Störring,* Die Beratungsfunktion des Bundesrechnungshofes und seines Präsidenten)

Ternes, Stefan Johannes Die Finanzkontrolle in der Europäischen Gemeinschaft, 1. Auflage, Frankfurt am Main 1996 (zitiert: *Ternes,* Die Finanzkontrolle in der Europäischen Gemeinschaft)

Theato, Diemut R./ Graf, Rainer Das Europäische Parlament und der Haushalt der Europäischen Gemeinschaft, 1. Auflage, Baden-Baden 1994 (zitiert: *Theato/Graf,* Das Europäische Parlament und der Haushalt der Europäischen Gemeinschaft)

Tiemann, Burkhard „Zur staatsrechtlichen Stellung und Funktion des Bundesrechnungshofes nach der Haushaltsreform", Deutsches Verwaltungsblatt 1970, S. 954–960 (zitiert: *Tiemann,* DVBl. 1970, 954)

Tiemann, Burkhard/ Tiemann, Susanne „Zum staatsrechtlichen Standort der Finanzkontrolle in rechtsvergleichender Sicht", Der Staat 1974, S. 497–526 (zitiert: *Tiemann/Tiemann,* Der Staat 1974, 497)

Tiemann, Susanne Die staatsrechtliche Stellung der Finanzkontrolle des Bundes, 1. Auflage, Berlin 1974 (zitiert: *Tiemann,* Die staatsrechtliche Stellung der Finanzkontrolle des Bundes)

Tiemann, Susanne „Rechtsschutzprobleme im Bereich öffentlicher Finanzkontrolle“, Die Öffentlichte Verwaltung 1975, S. 405–413 (zitiert: *Tiemann*, DÖV 1975, 405)

Timmann, Hans-Jörg Der Rechnungshof in: Jahrbuch der Europäischen Integration 1981 (zitiert: *Timmann* in: Jahrbuch der Europäischen Integration 1981)

Vedder, Christoph/ Heintschel von Heinegg, Wolff/ Eisenhut, Dominik Europäisches Unionsrecht: EUV, AEUV, Grundrechte-Charta, 1. Auflage, Baden-Baden 2012 (zitiert: *Bearbeiter* in: Vedder u. a., Europäisches Unionsrecht Kommentar)

Vogel, Klaus „Verfassungsrechtliche Grenzen der öffentlichen Finanzkontrolle“, Deutsches Verwaltungsblatt 1970, S. 193–200 (zitiert: *Vogel*, DVBl. 1970, 193)

Wagner, Norbert Berthold „50 Jahre Bundesrechnungshof“, Archiv des öffentlichen Rechts 2001, S. 93–133 (zitiert: *Wagner*, AöR 2001, 93)

Walder, Stephan The budgetary procedure of the European Economic Community, 1. Auflage, Wien 1992 (zitiert: *Walder*, The budgetary procedure of the European Economic Community)

Weitendorf, Stephanie Die interne Betrugsbekämpfung in den Europäischen Gemeinschaften durch das Europäische Amt für Betrugsbekämpfung (OLAF): Eine Untersuchung unter besonderer Berücksichtigung des Rechtsschutzes und des Bestehens von Verteidigungsrechten für Gemeinschaftsbedienstete, 1. Auflage, Münster 2006 (zitiert: *Weitendorf*, Die interne Betrugsbekämpfung in den Europäischen Gemeinschaften durch das Europäische Amt für Betrugsbekämpfung (OLAF))

Wittrock, Karl „Möglichkeiten und Grenzen der Finanzkontrolle. Das Verhältnis des Bundesrechnungshofes zum Bundestag“, Zeitschrift für Parlamentsfragen 1982, S. 209–219 (zitiert: *Wittrock*, ZParl 1982, 209)

Wittrock, Karl „Warum muss Finanzkontrolle unabhängig sein?“, Deutsches Verwaltungsblatt 1984, S. 823–826 (zitiert: *Wittrock*, DVBl. 1984, 823)

Wittrock, Karl „Der Rechnungshof als Berater“, Die Öffentliche Verwaltung 1989, S. 346–349 (zitiert: *Wittrock*, DÖV 1989, 346)

Zavelberg, Heinz Günter in: von Arnim, Hans Herbert (Hrsg.), Finanzkontrolle im Wandel: Vorträge und Diskussionsbeiträge der 15. Verwaltungswissenschaftlichen Arbeitstagung 1988 des Forschungsinstituts für öffentliche Verwaltung bei der Hochschule für Verwaltungswissenschaften Speyer, 1. Auflage, Berlin 1989, S. 17–37 (zitiert: *Zavelberg* in: Arnim, Finanzkontrolle im Wandel)

Zavelberg, Heinz Günter „Die Arbeit der Rechnungshöfe im internationalen Bereich“, Die Öffentliche Verwaltung 1993, S. 1000–1003 (zitiert: *Zavelberg*, DÖV 1993, 1000)

www.ingramcontent.com/pod-product-compliance
Ingram Content Group UK Ltd.
Pitfield, Milton Keynes, MK11 3LW, UK
UKHW021939290926
8980IPUK00016B/1703

9 783631 803592